W0244946

Paul C. Martin

C a s h -
Strategie
gegen den Crash

Paul C. Martin

Cash
Strategie gegen den Crash

Wirtschaftsverlag Langen-Müller/Herbig

© 1985 by Wirtschaftsverlag Langen-Müller/Herbig
Albert Langen · Georg Müller Verlag GmbH, München
Alle Rechte vorbehalten
Schutzumschlag: Christel Aumann, München
Satz + Druck: Jos. C. Huber KG, Dießen
Binden: Thomas Buchbinderei, Augsburg
Printed in Germany
ISBN: 3-7844-7163-3

Inhalt

Nur ganz vorsichtig
umblättern

»The country can regard the present with satisfaction and anticipate the future with optimism«

Calvin Coolidge, US-Präsident, Dezember 1928

»You ain't seen nothing yet«

Ronald Reagan, US-Präsident, November 1984

Lieber Leser,

was haben Sie am 12. Oktober 1984 gemacht? War
der 12. Oktober 1984 für Sie nur ein hundsgemeiner
Freitag, an dem Sie sich aufs Wochenende freuten?
Haben Sie sich den steigenden Dollarkurs notiert und
ihren Bestand an IBM-Aktien aufgestockt, weil die
Firma 22 Prozent Ertragsplus meldete? Konnten Sie
an die Weihnachtsgeschenke denken oder buchten
Sie schon Ostern in Zermatt?
Was Sie auch taten an jenem 12. Oktober 1984 – eines
haben Sie gewiß übersehen. Daß dieser 12. Oktober
1984 einer der wichtigsten Tage der Weltwirtschafts-
Geschichte gewesen ist. Wenn nicht der wichtigste,
so bestimmt der schönste. Denn an jenem 12. Oktober 1984 erschien das »Wall Street Journal«, die
größte seriöse Tageszeitung der freien Welt, die täglich an die vier Millionen Leser findet, Leser aus der
Kaufkraftklasse »extrafein«, erschien also die kapitalistische Internationale mit dieser Schlagzeile:

9

50 CENTS

e | *Fearless Forecast*

om | Economists Don't See Threats to Economy

.liate | Portending Depression

'e its
hold
nave
point
zbal-
of its
!ley.
eled

Government Now Has Tools
To Avert Any Collapse,
Panel of Experts Agrees

Ja, Sie haben richtig gelesen!

Es kann jetzt nie mehr was passieren! Es ist an der Zeit, endlich furchtlos (fearless) zu sein. Die Ökonomen, sehen keinerlei Gefahr, daß es so etwas Schlimmes wie eine »Depression« noch einmal geben könne. Denn:

»Die Regierung hat *jetzt* Werkzeuge in der Hand, um *jeden* Kollaps zu verhindern!«

Jetzt – nach 5000 Jahren Wirtschaftsgeschichte, die nichts waren, als eine einzige schlimme Folge von Auf und Abs, von Crashs und Krisen, von Hoffnungen und Haussen, von Baissen und von Bitternis. *Jetzt* endlich, seit dem 12. Oktober 1984 soll die ganze

Welt wissen, daß es anders ist. Jetzt kann nie mehr
»was passieren«!
Die »Experten«, die im »Wall Street Journal« sprechen, jene »Economists«, sind nicht irgendwelche.
Die Zeitung hat nicht Hinz und Kunz gefragt: »Can a
Great Depression happen again?« Sondern das Beste
und Feinste, was die Zunft aufzubieten hat: Zehn
»eminente Analysten«, die so berühmt sind, daß man
sich kaum traut, ihre Namen niederzuschreiben. Drei
Nobelpreisträger sind darunter und zwei ehemalige
Chefs der amerikanischen **Notenbank.** Zum Beispiel:
Paul A. Samuelson. Der erste, der mit dem Nobel-
preis für Ökonomie bekränzt wurde. Der Professor
an der reichsten Universität der Welt, dem Massa-
chusetts Institute of Technology M.I.T., der Verfas-
ser der »Economics«, des bekanntesten wirtschafts-
wissenschaftlichen Lehrbuchs der Gegenwart, das
seit 1948 Dutzende von Auflagen erlebt hat. Samuelson sagt:

»Noch eine Depression nach dem Muster der dreißiger
Jahre erscheint ganz einfach unmöglich.«

Hurrah, und Danke, Professor Samuelson!
Arthur F. Burns. Chef der amerikanischen Noten-
bank unter den Präsidenten Nixon, Ford und Carter,
Chefberater des Präsidenten Eisenhower. Bis 1985
US-Botschafter in Bonn. Burns sagt:

»Ich schlafe gut. Ich sehe keine neue Große Depression
in meinen Karten – aus dem einfachen Grund, weil der
Staat den Zusammenbruch verhindern kann, und verhindern wird!«

Dann legen Sie sich bitte wieder hin, Professor Burns. Wir danken Ihnen!

Die Namen der anderen Experten, für die auch alles paletti ist: **Milton Friedman**, Nobelpreisträger; **John Kenneth Galbraith**, bedeutendster Ökonom der amerikanischen Linken; **Lawrence Klein**, Nobelpreisträger (»die neuen Technologien haben aufgeholt, die Investitionen stimmen wieder und promoten einen **long-run growth**«); **Charles P. Kindleberger**, der berühmteste Crash- und Krisen-Historiker der Gegenwart; **Robert Hall**, Statistik-Professor in Stanford, der von Amts wegen feststellen darf, wann eine Rezession begonnen hat und wann sie zu Ende ging; **William McChesney Martin**, langjähriger Chef der US-Notenbank von Truman bis Nixon; und **Geoffrey H. Moore**, Direktor des »Center for International Business Cycle Research« der Columbia University, der fröhlich flötet:

»Die heutigen Rezessionen bleiben einfache Rezessionen, aus ihnen entsteht nichts Schlimmeres, weil vor allem der Zusammenbruch bei den Konsumausgaben verhindert werden kann, indem Transfer-Zahlungen den Menschen helfen, *immer weiter* zu konsumieren, auch wenn ihre Löhne mal sinken sollten.«

Ein einziger macht sich ein bißchen »Sorgen« wegen des geschwollenen amerikanischen Defizits. Das ist Harvard-Professor **Martin Feldstein**, der 1984 als Reagans Chef-Berater ausgestiegen ist. Seine Auffassung faßt das WSJ dennoch frohgemut zusammen:

»Insgesamt aber ist er überzeugt, daß die Wirtschaft größere Troubles vermeiden wird.«

Vor allem weil es mit der Inflation so schön flupscht, ist der Martin Feldstein unbesorgt:

»Die Inflation kommt nicht so schnell zweistellig zurück, und ich bin besonders glücklich mit der Geldpolitik.«

Wie schön, daß nicht nur nichts mehr passieren kann, sondern daß auch alle jetzt ganz glücklich sind. Daß wir anderen, die ja nicht ein Bruchteil soviel von Wirtschaft verstehen wie diese großen Cracks, jetzt auch glücklich sein dürfen.
Das war's eigentlich schon, lieber Leser. Ich empfehle Ihnen, mein Buch hier wieder ins Regal zu stellen. Soll doch der Verlag drauf sitzenbleiben. Wie kann er nur so dämlich sein, ein solches Buch herauszubringen, wo doch jetzt bewiesen ist, daß **Crashs** und **Depressionen** *endgültig* der Vergangenheit angehören. Ich darf mich höflichst verabschieden –

Ihr

Paul C. Martin

WARNUNG! Wer trotzdem weiterliest, richtet sich bewußt gegen Nobelpreisträger und Notenbank-Präsidenten. Er mißtraut Politikern, Experten und Bankiers. Er ist ganz auf sich allein gestellt. Auf sich und seinen Kopf.

Der Ferrari über dem Hafen

Von einem großen Seher aus der Schweiz und dem Gequatsche der Marxisten

»Wer die Dynamik einer Krise oder einer Revolution in sich fühlt, dem stehen die kommenden Dinge klar vor Augen.«

Felix Somary, 1955

Rechts ist Gas

Rechts ist Gas, sagt sich Billie Joe und drückt die Fußsohle nach unten. Wie ein waidwunder Panther schießt der »Testarossa« nach vorn. Billie Joe spürt die Kraft der Maschine zwischen seinen Schulterblättern. Er streckt sich bequem aus und schaut triumphierend aus dem Fenster.

Beifall. Da und dort winken sie. Einige rufen »Hurrah« und »Weiter so«. Die Gesichter, an denen Billie Joe, jetzt schneller werdend, vorbeifliegt, staunen. Sie wollen es noch nicht glauben, daß alles so einfach ist. Gas geben und Gas geben und Gas geben.

Der rote Ferrari ist mit qualmenden Reifen in eine Kurve geschwänzelt. Herrlich. Einige Frauen schreien spitz. Vor Billie Joe liegt eine lange Gerade. Sie ist leicht nach hinten geneigt, so daß er nicht sieht, was nach der Geraden kommt. Er dreht voll auf. Die Menschen, die rechts und links wie Mauern stehen, kann er jubeln hören. Alle reißen die Arme hoch. Und dann sieht er es.

Das Ende der Gerade. Sie hört einfach auf. So etwas hat er noch nie gesehen. Eine wunderschöne Betonpiste, die einfach aufhört. Für eine Zehntelsekunde überlegt Billie Joe, ob er jetzt noch bremsen soll. Die nächste Zehntelsekunde sagt ihm, daß das nicht mehr geht. Dann drücke ich eben ganz runter, das Gas, sagt Billie Joe. Und er merkt, wie die Piste zu Ende ist. Und er merkt, wie es geht. Er gibt Vollgas, der rote Ferrari schießt geradeaus. Er hört Beifallsschreie der Menschen, an denen er schon vorbei ist. Er kann sich zufrieden zurücklehnen. Alles ist gut, der Motor dreht, so schnell er kann, der Ferrari fährt weiter. Alles ist gut. Es geht. Es geht eben doch. Der Ferrari kann nicht nur fahren. Er kann auch fliegen.

Wenige Augenblicke später wird Billie Joe erleben, wie sich der Wagen nach vorn neigt und auf die Seite legt. Diese leichte Unannehmlichkeit wird er durch ein Hin- und Herrutschen auf dem Sitz korrigieren. Einige Augenblicke lang wird er noch fliegen.

Dann wird der Ferrari das graubraune Wasser des Hafenbeckens streifen, explodieren und in einer riesigen Fontäne versinken.

Eine dramatische Szene, meine Damen und Herren. Und wir sind mitten drin.

Der Ferrari ist die Weltwirtschaft. Am Steuer die Politiker. Sie geben Gas: Pumpen mit immer neuen und immer höheren Krediten die Weltwirtschaft auf. Wir, das Publikum, sind begeistert. Denn wir wollen, daß es immer schneller immer weiter geht. Der traumhafte Spurt des Ferrari läßt sich nicht noch mehr beschleunigen. Denn mehr als Vollgas geht nicht, weil nicht noch mehr Kredite gegeben werden können. Bremsen geht auch nicht mehr. Das Ende der Reise ist schon viel zu nahe.

Denn das Ende der Piste liegt schon hinter uns. Noch schießen wir mit herrlichem Tempo vorwärts. Jetzt ist der Jubel am größten. Denn diese Nummer hat nun wahrlich noch niemand gesehen. Ein Ferrari, der, weil er so traumhaft schnell beschleunigt hat, jetzt auch noch fliegen kann.

Jetzt, da wir alle schweben, jetzt, da wir keine Berührung mehr haben zur Realität, jetzt ist es am schön-

18

sten. Nur leider: Jetzt steht die großartige Nummer mit der Beschleunigung der Weltwirtschaft mit immer mehr und immer neuen und immer höheren Krediten vor dem Abschluß.

Dieses Ende ist der **Crash**.

Die Explosion des Fahrzeugs, der jämmerliche Untergang im dreckigen Wasser des Hafenbeckens. Und der Tod von Billie Joe, der uns weismachen wollte, daß es geht.

Reden ist Gold

Charles Joseph de Ligne (1735 bis 1814) war der liebenswürdigste Mensch des Rokoko. Geboren in Brüssel, lebte er wie ein Franzose, und er starb als österreichischer Feldmarschall. Seine Beerdigung war ein Staatsakt mit Böllerschüssen und klingendem Spiel – das glänzendste Ereignis des gewiß nicht glanzlosen Wiener Kongresses, damals, als die Herrscher Europas ihren Kontinent neu aufteilten wie die Tante Helga am Sonntagnachmittag die Torte.

Candlelight-Dinners beim Prinzen de Ligne waren das Höchste, was man im Rokoko erleben konnte. Die erlesensten Gaumenfreuden unterbrach der Gastgeber mit nicht minder erlesenen Einfällen. Der Prinz de Ligne war ein geistreicher Zeuge seiner Zeit und ein Meister des prägnanten Stils. Zu seiner wichtigsten Maxime erklärte er diesen Satz:

»Wer eine Krise kommen sieht, der schweigt.«

Gegen diese Maxime des Prinzen de Ligne, dieses Meisters der Lebensart und Weltklugheit, wird im-

19

mer wieder gesündigt. Auch dieses Buch, das Sie jetzt vor Augen haben, ist ein Sünde wider die feine Art des Herrn de Ligne. Aber für mich ist reden Gold, nicht schweigen.

Der größte Krisen-Ansager aller Zeiten, der Mann also, der am hartnäckigsten gegen die Maxime des Herren mit der Allonge-Perücke verstoßen hat, hieß **Felix Somary**. Dieser Somary lebte von 1881 bis 1956. Mitten in sein Leben fiel die größte Wirtschaftskrise der neueren Zeit, die sogenannte »Weltwirtschaftskrise« der Jahre 1929 und folgende. Diese Krise hat Somary mit einer geradezu penetranten Sicherheit vorhergesagt, so als würde heute jemand behaupten, der FC Bayern gewinnt sein nächstes Freundschaftsspiel gegen den TSV Oberammergau.

Wer war dieser Felix Somary? Was machte ihn mit seiner düsteren Prognose so sicher?

Er kam im November 1881 als Sohn eines Advokaten in Wien auf die Welt und wuchs auf in einer Stadt, die an Arroganz bis heute nicht mehr übertroffen wurde. Mit 17 war er bereits Student, um ihn herum Ökonomen von größtem Rang, wie **Schumpeter, Pribram, Lederer, Hilferding und Ludwig von Mises**. 1906 trat er in die Anglo-Österreichische Bank ein, zu Beginn des Weltkrieges erschien sein Buch »Bankpolitik« – bis heute ein Standardwerk.

Nach Krieg und Zusammenbruch, nach dem endgültigen Ende von Hohenzollern, Habsburgern und geordneten, auf Gold basierenden Welt-Währungsverhältnissen, tritt er in das feine Züricher Privatbankhaus Blankart & Cie ein. Seine Geschäftspolitik definiert er bündig:

»Ich sehe es als meine Hauptaufgabe an, den *Goldwert der Vermögen* unserer Klienten zu erhalten ...«*)

Das war schon eine Kunst, weil in den Jahren zwischen den beiden Weltkriegen zwei grundverschiedene Großwetterlagen einander abwechselten: zuerst eine Welle von **Inflationen**, die mit vielen »alten« Währungen 1923/24 zu Ende ging. Danach eine Welle von **Deflationen**, die bis in die Mitte der 1930er Jahre anhielt und von diversen **Kriegskonjunkturen** abgelöst wurde.

Gerade den Umschlag von Inflation zu Deflation erkannt und richtig gedeutet zu haben ist Somarys großes Verdienst. Wir werden nachher **beweisen**, daß jede Inflation in Deflation umschlagen **muß**. Soweit ging Somary nicht. Aber er hatte das untrügliche Feeling für die Dinge, die gegen Ende der 1920er Jahre unausweichlich auf die Weltwirtschaft zukommen mußten. Der große Historiker und Diplomat **Carl J. Burkhardt** urteilt über ihn:

»Kein Zweifel, Somary war ein Krisenspezialist, und der *Krisenablauf* war ihm so vertraut wie ein *seit jeher begangener Pfad* ...«

Mit sicherem Gespür entlarvt Somary die Vorstellung von einer »Stabilität« *nach* einer Inflationsphase als dümmliche Vorstellung. Die gleichen Sprüche hören wir *heute* wieder, von Politikern und Bankiers,

---

*) Die Zitate stammen aus **Somarys** »Erinnerungen aus meinem Leben« (4. Auflage, Zürich, Manesse-Verlag, 1959) sowie aus einem Vortrag, den er im März 1956, vier Monate vor seinem Tode, an der Harvard University halten konnte, mit dem Titel »Gehören Krisen der Vergangenheit an«. Das Manuskript wurde freundlicherweise von **Dr. Wolfgang Somary**, Zürich, zur Verfügung gestellt.

die uns einreden wollen, daß eine Inflation (die der 1970er Jahre) einfach dadurch »zu Ende geht«, daß die Preise nicht mehr weiter steigen, sondern »auf einmal« wunderbarerweise *»stabil«* bleiben. Somary zu solchen Wunschbildern:

»Mit der Stabilisierung der … Währungen verschwand das tiefe wirtschaftliche Mißtrauen, und an seine Stelle trat fast unvermittelt *ein überschwenglicher Optimismus* … Auf beiden Seiten des Ozeans begann eine Haussespekulation, die sich in wenigen Jahren progressiv verstärkte. Ich sah diese Bewegung … und den *vollen Zusammenbruch mit Grauen kommen* …«

Was Felix Somary 1925 kennenlernte (»Stabilisierung der Währungen«), erleben wir in der Gegenwart seit Mitte 1982 erneut (»Sieg über die Inflation«). Wir haben den »überschwenglichen Optimismus« (Ronald Reagan ist toll!) und die bekannte »Haussespekulation«, die sich »progressiv verstärkt«, die an vielen Börsen bereits in die bekannte **Blow-off-Phase** übergegangen ist – sogar in Wien!

Somary contra Keynes und die Einsamkeit des Propheten vor dem Krach

Otto von Habsburg, der Somarys Gedanken über »Krise und Zukunft der Demokratie« als Buch herausgegeben hat, spricht in seinem Vorwort von der »Einsamkeit« des Propheten, von der man sich kaum Vorstellungen macht.*)

---

*) 2. Auflage im Verlag Herold, Wien/München; auch die **Peutinger-Gesellschaft** hat »Krise und Zukunft der Demokratie« herausgegeben.

22

Er gilt allen als Miesmacher, Scharlatan, gar als Witzfigur. Genauso werden die Crash-Propheten heute als **Kassandras** oder auch als **Gurus** abgetan. Solche komischen Bezeichnungen sollen beim ahnungslosen Sparer die Vorstellung erwecken, solche Leute seien nicht ganz klar im Kopf.

Aber hören wir, was Somary über sich und die großen ökonomischen Cracks seiner Zeit, vor allem die **Professoren** und **Bankiers**, zu berichten hat. Wenige Monate *vor* dem New Yorker Börsenkrach standen sich Somary und **John Maynard Keynes** gegenüber, der schon damals, Ende der 1920er Jahre, als der führende Ökonom des Abendlandes angesehen wurde.

»Ich traf Keynes in der Berliner Wohnung des Hamburger Bankiers Melchior, eines Partners von Warburg. Keynes fragte mich, welche Haltung ich meinen Klienten empfehle.

›Sich von der kommenden Krise so weit als möglich fernzuhalten und den Markt zu meiden‹, antwortete ich.

Keynes war entgegengesetzter Meinung. *›Es kommt keine Krise mehr in unserer Zeit‹,* insistierte er, und er fragte mich eingehend nach meiner Beurteilung einzelner Gesellschaften.

›Ich halte den Markt für sehr interessant und die Preise für niedrig‹, sagte Keynes. ›Von woher soll denn eine Krise kommen?‹

›Vom Unterschied zwischen Schein und Wirklichkeit. Ich habe noch nie so schwere Unwetter heraufziehen gesehen‹, antwortete ich.

Der Biograph von Keynes (Somary meint Roy Harrod, PCM) rühmt ihm seine *Voraussicht der Krise* nach. Ich konnte das Gegenteil deutlich genug konstatieren.«

Im September 1928 sprach Somary auf einer Tagung des »Vereins für Socialpolitik« in Zürich. In diesem

Verein, den es auch heute noch gibt, waren praktisch alle »Experten« Mitglied. Somary berichtet:

»Von den Nationalökonomen hatte ich keine Unterstützung zu erwarten ... Wohin ich blickte, fand ich Unverstand oder Feindseligkeit ... Ich stand mit meiner Ansicht *ganz allein.* Es lohnt sich, in den Vereinsberichten, Vorträgen und Diskussionen dieser Tagung nachzulesen – ein Jahr vor dem Ausbruch der schwersten Krise *lebte alles in breiter Beschaulichkeit, ohne einen Schimmer von Vorahnung.* Und hier waren die Nationalökonomen von Deutschland, Österreich und der Schweiz vereinigt! ...
Aber die braven Schulmeister, die da in Zürich zusammensaßen spürten keinen Hauch von dem Sturm, der da heranbrauste ... Auch am Abend in meinem Hause waren **Herkner, Sombart, Emil Lederer** sich darin einig, daß eine Krise nicht in Sicht sei – seien doch *die Warenpreise überhaupt nicht gestiegen.* Das tönte ganz ähnlich wie die Ansicht von **Keynes.**
Die Verhandlungen erinnerten mich an die Erzählung von Anatole France: der Mönch, der mit heißem Interesse über alte Kriege liest und dabei nicht merkt, daß fremde Feinde in seine Zelle eindringen. Es waren hier Vertreter von mindestens einem Dutzend Konjunkturtheorien anwesend, *aber keiner ahnte das nahe Kommen der größten Krise unserer Generation.«*

Natürlich ist das heute ganz genau dasselbe. Vor allem die Vorstellung, daß schon deshalb nichts »passieren« könne, weil die Preise sich doch sichtlich beruhigten, tritt uns heute wieder an. Daß aber gerade *dies* das sicherste Symptom für den nahen Ausbruch der Krise ist, ahnt niemand.
Bei Politikern und ihren Financiers war Somary besonders unbeliebt:

»Damals stand ich mit meiner Haltung völlig isoliert da, und man nahm mir meine dringenden Alarmrufe – in den Regierungen wie in der Geschäftswelt – allseits übel ...
Vor einem ihm *unter Gelächter* zustimmenden Chor von Bankiers in Berlin machte sich der Präsident der National City Bank in New York (heute: Citibank, PCM), Mitchell, über den ›Raben von Zürich‹ lustig, der fortwährend seine Krach-Warnung hinauskrähte ... die Kurse seien von ihren Höhepunkten noch weit entfernt ...«

Heute hören wir bekanntlich Dow-Jones-Schätzungen von 3000 Punkten, wie sie der bekannteste »Kapitalmarkt-Experte« Europas, **Roland Leuschel** von der Banque Lambert in Brüssel, von sich gibt, wiewohl er gleichzeitig die »Möglichkeit« einer Deflation an die Wand malt. Und so wie heute jeder noch auf den im **Blow-off** dahindonnernden Börsenzug aufspringen will, so war es zu Somarys Zeiten auch:

»Ein guter Teil meiner Klienten, die ich von allen Effektenmärkten streng ferngehalten hatte, begann unruhig zu werden; überall sonst mache man *so große Gewinne,* meinten sie, nur wir blieben in steriler Untätigkeit; ob ich mir denn einbilde, gegen die ganze Welt recht zu behalten? Ich antwortete auf solche Klagen mit dem Rat, das Konto bei uns zu schließen, und nicht wenige folgten dieser Empfehlung ...«

Das Geschwätz des Marx vom »Untergang«

Kaum reden erwachsene Menschen vom Crash, stehen sofort ein paar Linke auf und schreien »Hier«.
Die Linken bilden sich nämlich ein, daß ihr großer Manitu eine »Zusammenbruchstheorie« entwickelt

hätte. Und daß alles, was nunmehr auf die armen Menschen zueilt, vom großen Manitu »exakt vorhergesagt« worden sei. Der Marxismus zählt zu den Wirtschafts-»Wissenschaften«, die behaupten, mit Hilfe von Formeln und Zahlen präzise Aussagen machen zu können. Wobei »Aussagen« immer heißt: Aussagen *über die Zukunft.*

Zunächst ist die schmerzliche Mitteilung zu machen, daß **Marx & Engels** *keine* Zusammenbruchstheorie entwickelt haben. Auch das Wort stammt nicht von ihnen, sondern von einem späteren Marxisten namens **Eduard Bernstein**, auf den wir gleich zu sprechen kommen.

Karlchen Marx behauptet bekanntlich, daß die Arbeiter »ausgebeutet« würden. Das per Ausbeutung Herausgequetschte dient dazu, dem Kapitalisten einen unerhörten Lebensstil, Champagner, Weiber und so, zu finanzieren. Da aber der Kapitalismus nicht *alles* verknallen kann, muß er das restliche Herausgequetschte *investieren,* es halt in der Firma stehenlassen. Er schlägt's zum **Kapital**. Das Kapital steigt dadurch immer weiter an.

Starke Theorie, nicht wahr?

Aber sie wird noch stärker! Denn nun häufeln alle Kapitalisten immer mehr **Kapital** an. Dadurch tritt aber etwas Unschönes ein: Der **Profit** geht relativ zu dem *bereits investierten* **Kapital** immer mehr *zurück.* Oder wie es der Meister selbst unnachahmlich auszudrücken pflegt:

»Die Profitrate fällt«

Darauf muß man erst mal kommen! Für alle, die das nicht gleich geschnallt haben, hier noch einmal ein Rechenbeispiel:

Am Anfang hat der Kapitalist
ein Kapital in Höhe von   1.000.000,– DM

Er beutet 100 Arbeiter aus,
von denen er einen Profit
kassiert in Höhe von   200.000,– DM

Seine Profitrate ist also
schlicht und ergreifend   20 Prozent

Von dem Profit verbraucht er
(Schampus!) die Hälfte, also   100.000,– DM

Den Rest schlägt er wieder zum
Kapital (Marx nennt das **Akkumu-
lation**); dieses wächst also auf   1.100.000,– DM

Nun startet der Kapitalist **das zweite Geschäftsjahr,** mit den gleichen 100 Mann und einem Kapital von 1,1 Millionen DM.

Er hat das Kapital jetzt von   1.100.000,– DM

Er beutet wieder 100 Arbeiter
aus, von denen er einen Profit
kassiert (siehe oben) in Höhe von   200.000,– DM

Seine **Profitrate ist also ge-
fallen**, und zwar auf   18,2 Prozent

Und so heiter und so weiter. Das ist auch schon die ganze »Theorie«, die dann noch mit einigem Schnickschnack ein bißchen spannend gemacht wird.*) Was aber immer auf die gleiche Chose hinausläuft:

Je länger und je intensiver der Kapitalist seine Arbeiter ausbeutet, um so höher wird sein Gewinn *(absolut)* und um so niedriger muß seine Profit*rate* werden *(relativ)*. Womit sich das »Geschäft« also immer mehr »verschlechtert« – allerdings nur optisch.

Oder anders ausgedrückt:

Am besten läuft der Kapitalismus gleich nach dem Start. Wenn man also möglichst wenig Kapital hat und möglichst viele Arbeiter. Den allerfettesten Profit würde sogar der Kapitalist machen, der *überhaupt kein* Kapital hat und *trotzdem* die Arbeiter ausbeuten kann.

Je länger der Kapitalismus mit seiner **Kapital-Akkumulation** zugange ist, um so länger werden die Gesichter der Kapitalisten. Denn ihre Buchhaltung signalisiert ihnen von Jahr zu Jahr miesere Geschäfte. Die Kapitalisten aber sind so trottelig, daß sie nicht merken, was ihnen da für ein Streich gespielt wird. Klar, daß bei den miesen Geschäften folgendes passiert:

---

*) **Walter Eltis** von der Universität in Oxford hat die Marxsche Theorie am ausführlichsten dargestellt: »Marx's Theory of the Declining Rate of Profit and the Collapse of Capitalism«, in: »The Classical Theory of Economic Growth«, London (Macmillian, 1984), Seite 265 ff. In einer ausführlichen Simulations-Rechnung läßt Eltis das »Kapital« von 80,0 auf sage und schreibe 28.284,3 ansteigen. Aber selbst nach einer solch massiven **Akkumulation** ergibt sich noch eine **Profitrate** von 14,81 Prozent!

28

1. Immer mehr Kapitalisten *geben auf.* Sie verkaufen ihre Buden an andere, besser wirtschaftende Konkurrenten oder werden von ihnen übernommen. Das ist die Theorie von der **zunehmenden Konzentration des Kapitals in immer weniger Händen.**

2. Immer mehr Arbeiter werden *arbeitslos.* Weil die Kapitalisten buchstäblich keinen Platz mehr in ihren Etablissements haben. Alles steht voller Maschinen (= Kapital). Weil sich die Arbeiter am Rande des Existenz-Minimums immer schneller vermehren. Weil im Laufe des Konzentrationsprozesses auch immer mehr Betriebsstätten geschlossen werden. Und so weiter. Das ist die Theorie von der **industriellen Reserve-Armee.**

Das war's dann auch. Mit diesem Schluß-Bildchen läßt Karl Marx seine Leser allein. Die sollen sich einen Reim drauf machen, der etwa so aussieht:

Weil das mit den immer *weniger* und immer wackeliger werdenden *Kapitalisten* auf der einen und den immer *mehr* und immer wütender werdenden *Arbeitern* auf der anderen Seite nicht »gut gehen« kann, kommt es zur *Revolution.*

***Das* ist dann das Ende des Kapitalismus: die REVOLUTION. Aber *nicht* der »Zusammenbruch«, eine »Krise« oder so was ähnliches.**

Eigentlich sollte jedem Marxisten klar sein, daß Marx schon deshalb niemals vom »Zusammenbruch« des Kapitalismus überzeugt gewesen sein konnte, weil der Kapitalismus, so wie Marx ihn definiert, *niemals zusammenbrechen kann!*

Warum nicht?

Ei, ganz einfach. Weil eine Firma, die noch Gewinne ausweist, nicht »zusammenbricht«. Wie sollte sie auch? Selbst wenn nach Marx die **Profitrate** immer weiter sinkt und sinkt und sinkt. Es bleibt aber doch eine *Profit*rate, Herrschaften! Da wird immer etwas auf der Passivseite der Bilanz erscheinen. Und so lange etwas auf der Passivseite der Bilanz erscheint, dort wo das Wort GEWINN steht, kann es keine Pleite geben. Wie denn?

Karlchen Marx hat sich insofern selbst ein Bein gestellt. Er will zwar, daß der verhaßte Kapitalismus verschwindet. Aber so, wie er das mit seiner Theorie von der **fallenden Profitrate** erklärt, kann der Kapitalismus nicht kaputtgehen. Dazu hätte Marx eine Theorie von der **steigenden Verlustrate** entwickeln müssen. Wozu es aber nicht gereicht hat.

Edi Bernstein contra Kalle Kautsky

Mitte der neunziger Jahre des vorigen Jahrhunderts hatte der Kapitalismus seinen *vorletzten* wirtschaftlichen Tiefpunkt erreicht. Damals ging es allen so schlecht wie dann erst wieder während der 1930er Jahre.

Die deutschen Marxisten, politisch vereinigt in der »Socialdemokratischen Partei« **SPD**, warteten begierig darauf, daß sich »etwas rühren« würde. Viele hofften, daß jetzt der »Sozialismus« vor der Türe stünde. Offen eine *Revolution* zu fordern, traute man sich nicht. So etwas hätten die strammen deutschen

Staatsorgane nicht durchgehen lassen. Also beschränkten sich die Genossen darauf, auf das große »Ereignis« zu warten, das die Parteiführung mit dem schönen Wort »**Kladderadatsch**« umschrieb.

Für den Oktober 1898 war ein Parteitag der SPD in Stuttgart angesetzt. Der ist deshalb wichtig, weil zu diesem Parteitag ein Marxist namens **Eduard Bernstein** (1850–1932) ein Papier abgab, das mit einem Schlag die *Zusammenbruchs- bzw. Krisen- bzw. Untergangstheorie-Debatte* aufriß. Es trug den Titel »Die Voraussetzungen des Sozialismus und die Aufgaben der Sozialdemokratie«. Das Papier wurde ein Bestseller.

Gegen Bernstein trat ein anderer Marxist auf; er hieß **Karl Kautsky** (1854–1938), der ein Gegen-Buch verfaßte, mit dem Titel »Bernstein und das Sozialdemokratische Programm. Eine Antikritik.« Es erschien 1899 und wurde auch ein Bestseller.

In die Bernstein-Kautsky-Debatte müssen wir ein wenig hineinhorchen, weil sie uns beweist, daß die Linken mit dem, was **Marx & Engels** verzapft haben, *keine* logisch schlüssige Theorie vom »Untergang« des Kapitalismus auf die Beine stellen können.

Das ist wichtig, weil *nachher* PCM's unwiderlegliche Krisen- bzw. Zusammenbruchstheorie kommt, die nichts mit der marxistischen Kapitalismus-Kritik zu tun hat.

Bernstein schreibt an den Stuttgarter Parteitag der SPD:

»Ich bin der Anschauung entgegengetreten, daß wir vor einem *in Bälde zu erwartenden Zusammenbruch der bürgerlichen Gesellschaft stehen* und daß die Sozialdemokratie ihre Taktik durch die *Aussicht auf eine solche bevorste-hende große soziale Katastrophe bestimmen, beziehungs-weise von ihr abhängig machen soll* ...«

Die Anhänger einer solchen »Katastrophentheorie« hatten sich innerhalb der SPD auf die visionären, wenn auch qualmig formulierten Aspekte im »Kom-munistischen Manifest« von 1848 bezogen. Darin war bekanntlich offen der *Umsturz* gefordert worden, weil die Proletarier nichts zu verlieren hätten als »ihre Ketten«.

Bernstein rückt behutsam ab vom »Manifest« und schreibt:

»Es liegt ... auf der Hand, daß, indem die wirtschaftliche Entwicklung eine weit größere Spanne Zeit in Anspruch nahm als vorausgesetzt wurde, sie auch *Formen* annehmen, zu Gestaltungen führen *mußte,* die im ›Kommunistischen Manifest‹ nicht vorausgesehen wurden und nicht vorausgesehen werden konnten. *Die Zuspitzung der gesellschaftlichen Verhältnisse hat sich nicht in der Weise vollzogen, wie sie das* ›*Manifest‹ schildert.* Es ist nicht nur nutzlos, es ist auch die größte Torheit, dies zu verheimlichen ...«

Bernstein war besonders angetan von dem, was wir heute als eine »bessere Verteilung von Einkommen und Vermögen« bezeichnen, die sich im Laufe des 19. Jahrhunderts deutlich gezeigt hatte: »Die Zahl der Besitzenden ist nicht kleiner, sondern größer geworden«.

Und er ist angetan von dem, was wir heute die »Selbstheilkräfte des Marktes« nennen. Immerhin war es der verhaßten Bourgeoisie gelungen, aus der schweren Depression nach dem Wiener Börsenkrach von 1873 mit eigener Kraft herauszukommen. In der *zweiten* Hälfte der 1890er Jahre war weltweit zu betrachten, was wir heute einen »Wirtschaftsaufschwung« nennen. Bernstein bewundert » ... die Anpassungsmöglichkeiten der modernen Wirtschaft ...«; Kautsky bekennt 1899: »Nun seit etwa drei Jahren haben wir wieder eine Zeit allgemeiner Prosperität ...«

So kommt der Genosse Edi schließlich zu einem sensationellem Schluß:

»Nicht vom Rückgang, sondern von der *Zunahme des gesellschaftlichen Reichtums* hängen die Aussichten des Sozialismus ab ... Wäre die Gesellschaft so konstituiert oder hätte sie sich so entwickelt, wie die sozialistische Doktrin es *bisher* unterstellte, dann würde allerdings der *ökonomische Zusammenbruch nur die Frage einer kurzen Spanne Zeit sein.* Aber das ist eben, wie wir sehen, *nicht der Fall.*«

Für die Strammen war dies natürlich starker Tobak. Denn mit diesen Bernsteinschen Etüden in Sachen **Crash** war der herkömmliche Marxismus tot. Was in der SPD bis heute folgt, war demnach vorgezeichnet: statt der Ballonmütze das Dinner-Jacket. Und die goldenen Manschetten-Knöpfe, mit denen wir die großen Arbeiterführer von Harold Wilson über Bruno Kreisky bis Willy Brandt bewundern durften. Von der »Zunahme des gesellschaftlichen Reichstums« hängen die Aussichten ab. Aha!*)

---

*) Der Chef des österreichischen Gewerkschaftsbundes, ein Alt-Sozialist namens **Benya,** hat dies 1984 gerade wieder formuliert: »Man soll die Kuh, die man melken will, nicht schlachten.«

In der Partei gab es einen Aufschrei, den besagter Kalle Kautsky formulierte, aber es handelte sich nur um verbale Pflichtübungen, die nicht über die grundsätzliche Schwierigkeit des »wissenschaftlichen Sozialismus« hinwegtäuschen konnten:

Karl Marx kat keine schlüssige Krisentheorie entwikkelt.

Das gibt Kautsky schließlich selbst zu, wenn er schreibt:

»Es dürften kaum Reden oder Zeitungsartikel deutscher Parteigenossen zu finden sein, in denen mit Bestimmtheit behauptet würde, eine *Geschäftskrise* werde die soziale Revolution einleiten, oder das Proletariat könne nur während einer Geschäftskrisis die politische Macht erobern.«

Die Wechselreitereien des Karl Marx und Engels' Stochern ...

Der Gedanke, daß es *dennoch* einmal eine so saftige Krise geben könne, daß das mit der Machtergreifung des Proletariats funktioniert, war aus den Köpfen freilich nicht hinauszutreiben. Wenn der Sozialismus, woran keiner zweifelte, schon eine »historische Notwendigkeit« wäre – ja, verflixt nochmal, wie *anders* sollte er hereinbrechen, wenn nicht wenigstens im »Zusammenhang« mit *irgendeiner* Krise?
Wie groß die Sehnsucht nach einem entsprechenden »Ereignis« war, nach irgend etwas, das sich »rührt«, zeigen zahllose Briefe von Marx himself. So schreibt

er am 19. April 1859 (zu einem Zeitpunkt also, da sich nun wirklich überhaupt nichts tat) an **Ferdinand Lassalle:**

»Hier in England geht der Klassenkampf aufs erfreulichste voran ...«

Genausogut hätte er berichten können, daß im Londoner Westend irgendwo ein Eimer umgefallen sei. Der »Klassenkampf« geht »aufs erfreulichste voran«, soso. Nichts als eine unsägliche Floskel, kurzum Stuß.

Wenn es dennoch bumpert, fällt Marx in sein übliches Gejammere, weil ihm wieder Geld fehlt. So in einem weiteren Brief an Lassalle vom 15. Februar 1861:

»Ich habe nicht, meinem Vorhaben gemäß, meinem ersten Brief an Dich einen zweiten folgen lassen, weil in der Zwischenzeit eine Krisis eintrat. Nämlich eine *Geldkrisis.* Dana (der Herausgeber der ›New York Tribune‹, wo Marx Mitarbeiter war, PCM) schrieb mir von Neuyork, daß sie (die ›Tribune‹) alle ihre europäischen Korrespondenten entlassen ... Unter diesen Umständen, und bei den Geldausgaben, die mir durch die Krankheit meiner Frau erwachsen, muß ich nach Holland zu meinem Onkel Philips (nicht verwandt mit dem heutigen Elektro-Giganten, haha, PCM), *um meine Geldangelegenheiten überhaupt in Ordnung zu bringen.* Da ich dazu Reisegeld brauche, habe ich auf Dich einen *Wechsel* von 20 Pfund (about 34 Taler) auf sechs Wochen Sicht (gezogen) ...«

Aha! Während also eine jener ersehnten *Krisen* eintritt, die dem Kapitalismus endlich den Garaus machen könnte, denkt der große Manitu nicht an die *Revolution,* sondern ans *Wechselreiten* auf Kosten des begüterten Lassalle. Armer Marxismus!

Später wird das Erwähnen von »Krisen« zu einem sinnentleerten Ritual. So schreibt Engels in einer Fußnote zu dem von ihm edierten dritten Band des »Kapitals« (1894):

»So birgt jedes der Elemente, das einer Wiederholung der *alten* Krisen entgegenstrebt, den Keim einer *weit gewaltigeren* künftigen Krise in sich.«

Das ist nichts als planloses Herumstochern in Wortspielen: »alte« Krise, »künftige« Krise. Und wenn Engels schließlich an gleicher Stelle vermutet, daß wir uns

»in der Vorbereitungsperiode *eines neuen Weltkrachs von unerhörter Vehemenz* befinden ...«

so ist dies nichts als Sprücheklopfen, weil sich Worte, wie »Weltkrach« und »unerhörte Vehemenz« doch gar zu gut anhören! Ähnlich stößt Kautsky kurz nach Engels' Tod (1895) hervor:

»Die Börse bereitet sich bereits auf den *kommenden Krach* vor. Sie scheint weitsichtiger zu sein, als manche unserer jüngeren Sozialisten ... Die ganzen bürgerlichen Praktiker rechnen bereits mit einer *Krisis,* die sie binnen wenigen Jahren erwarten.«

Auch das sind alberne, durch nichts zu belegende Sprüche, die Sozialisten auch heute noch gern ablassen, weil sie im Ernst nicht wissen, was überhaupt läuft. Mit denen sie aber, wenn etwas »schief« geht, behaupten können, das sei nach ihrem »System« zwangsläufig eingetreten und sie hätten es völlig korrekt vorhergesagt.

36

Dann aber kömmt das
Fräulein Doctor Luxemburg

Nur eine Person aus dem Kreis der Schüler von Marx und Engels ist schließlich dem Kapitalismus hinter die Schliche gekommen, ein Persönchen, ein Mädel. Das zierliche Fräulein Doctor **Rosa Luxemburg.** Jene Frau, die man im Winter 1919 zusammen mit **Karl Liebknecht** am Berliner Landwehrkanal ermordet hat. Jedesmal, wenn ich in Berlin bin und es zu einem Besuch an der Mauer reicht, lasse ich mich an die Stelle am Landwehrkanal fahren, wo Rosa-Rosa starb. Eine kleine Gedenktafel ist zu sehen, fünf Minuten zu Fuß hinter dem Hotel »Schweizerhof«. Legen Sie dort auch mal gelegentlich ein Blümchen ab. Denn Rosa-Rosa hat uns alle auf die richtige Fährte gesetzt.

Der Kapitalismus, sagt sie, geht unter in einem großen Crash.

Crash aber ist, wie wir sehen werden, eine große *Forderungsvernichtung.* Mit **Marx,** in dessen Lebenswerk Worte wie »Liquiditätsdruck« oder »Überschuldung« noch nicht einmal in Fußnoten vorkommen, hat die Theorie von Doctor Rosa nichts zu tun. Die richtige Fährte nimmt Rosa Luxemburg in einer Artikelserie in der »Leipziger Volkszeitung« vom September 1898 auf, wo sie sich zum Thema »Sozialreform oder Revolution?« ausläßt – also zu einem Stoff, der damals die sozialdemokratischen Herzen erhitzte. Von dieser Artikelserie gibt es eine kurze Zusammenfassung von **Eduard Bernstein:**

»Vom *Kredit* behauptet Fräulein Luxemburg, er sei, weit entfernt, den Krisen entgegenzuwirken, gerade das *Mittel, sie auf die höchste Spitze zu treiben.*

Er erst ermöglicht die maßlose Ausdehnung der kapitalistischen Produktion, die Beschleunigung des Austausches der Waren, des Kreislaufs des Produktionsprozesses und sei auf diese Weise das Mittel, den Widerspruch zwischen Produktion und Verbrauch so oft als möglich zum Ausbruch zu bringen.

Er spiele den Kapitalisten die Disposition über fremde Kapitale und damit die Mittel zu *waghalsigster Spekulation* in die Hand. Trete aber die Stockung ein, *so verschärfe er durch sein Zusammenschrumpfen die Krise.*

Seine Funktion sei, den Rest von Stabilität aus allen kapitalistischen Verhältnissen zu verbannen, alle kapitalistischen Potenzen in höchstem Grade dehnbar, relativ und empfindlich zu machen.«

Das ist richtig! Nur darauf muß man erst mal kommen. Als Rosa Luxemburg ihre Theorie formulierte, war von kreditären Übersteigerungen oder gar von massiven »Kreditkrisen« nämlich keine Spur. Marx hatte zum Thema »Kreditkrisen« einige Randbemerkungen gemacht, wobei er allerdings auf zeitlich so fern liegende Ereignisse, wie den Pariser Mississippi-Schwindel des **John Law**, zurückgreifen mußte. Das war im Jahre 1720 gelaufen!

Auch hatte Rosa Luxemburg weder eine Vorstellung von einer *Hochzinsphase,* so wie wir sie heute weltweit schauen. Zum Ende des 19. Jahrhunderts gab es Geschäftskredite zu 3 Prozent, Hypotheken zu 3,5 Prozent, und die Diskontsätze führender Notenbanken überstiegen selten die Marke von 2 Prozent. Noch kannte das Fräulein Doctor das Instrument der *außer Kontrolle geratenen* **Staatskredite,** die uns heute aus allen Weltecken anglotzen. Großbritannien hatte im 19. Jahrhundert seine Staatsschulden abgebaut. Für die Verhältnisse im verhaßten Deutschland war es so: Das Reich hatte ganze 2,2 Milliarden Mark Schulden (1898/99). Das entsprach einem *Drittel* der im Reich vergebenen Hypotheken. Heute (1985) hat der Bund, die dem Reich vergleichbare zentrale politische Instanz, schon *mehr* Schulden als alle bundesdeutschen Realkreditinstitute zusammen!

Hätte die Rosa ein Jahrhundert überspringen können, wäre es ihr vergönnt gewesen, **Ronald Reagan** zu schauen, den skrupellosesten Schuldenmacher aller Zeiten, er wäre ihr wie der Messias leibhaftig erschienen: ER ermöglicht die maßlose Ausdehnung der kapitalistischen Produktion; ER spielt den Kapitalisten die Mittel zu waghalsigster Spekulation in die Hand; SEINE Funktion ist es, den Rest von Stabilität aus allen kapitalistischen Verhältnissen zu bannen.

Und ER wird es sein, der die kommende unausweichliche Krise auf ihre höchste Spitze treibt.

Ihren großartigen Ansatz, ein solides Untergangs-Szenario als **Crashtheorie** zu entwickeln, hat Rosa Luxemburg dann aber leider sausenlassen. Sie schwenkte wieder brav auf den klassischen Marx ein; sie hat auf einmal sogar *Angst* vor dem richtigen Crash, einem Zusammenbruch, vor einer *Anarchie*. Während der Schulung von SPD-Genossen hat das Fräulein Doctor vor dem Kriege Vorträge gehalten, von denen es Niederschriften gibt, die 1924 von **Paul Levi** unter dem Titel »Einführung in die Nationalökonomie« herausgegeben wurden. Rosa-Rosa spricht darin:

»Hier, in den Gesetzen der kapitalistischen Anarchie selbst, deckte Marx den wirklichen Ansatzpunkt für die sozialistischen Bestrebungen auf ... Er deckte ... auf, wie (die) Gesetze der heutigen Wirtschaftsordnung *auf ihren eigenen Untergang hinarbeiten,* indem sie durch das *Umsichgreifen der Anarchie* immer mehr *die Existenz der Gesellschaft bedrohen* und zu einer Kette *vernichtender wirtschaftlicher und politischer Katastrophen* sich gestalten.«

Das ist ja schrecklich! Der Kapitalismus schafft immer mehr »Anarchie« und arbeitet so auf den »eigenen Untergang« hin. Weil dies die »Existenz der Gesellschaft« (!) bedroht, muß schleunigst was geschehen. Und, Gott sei Dank, es geschieht dann auch, indem die lieben Proletarier kommen und alles in die Hände nehmen:

»Es sind also, wie Marx nachgewiesen hat, die eigenen Entwicklungstendenzen der Kapitalherrschaft, die auf einer gewissen Stufe ihrer Reife den *Übergang zu einer planmäßigen, von der gesamten arbeitenden Gesellschaft bewußt organisierten Wirtschaftsweise notwendig machen,* wenn die gesamte Gesellschaft und die menschliche Kultur nicht in den Konvulsionen der ungezügelten Anarchie ihren Untergang finden soll.«

Aus der brillanten Rosa der frühen Jahre, die gerade daran war, eine erstklassige **Crashtheorie** auszuformulieren (der **Kredit** steigert alles auf die höchsten Höhen und *danach* in den Zusammenbruch), ist eine verzickte kleine Rentnerin geworden, die sich vor dem Zusammenbruch fürchtet: »... gesamte Gesell-

schaft ... menschliche Kultur ... Konvulsionen ... ungezügelte Anarchie ... Untergang ...« Aha!
Diese ganz persönliche Wende der Rosa Luxemburg erklärt uns auch eines: die sagenhafte Spießigkeit, mit der uns der *real existierende Sozialismus* heute entgegentritt. Die Maßanzüge Erich Honeckers, der Hut des Genossen Gorbatschow, die Art, den Krawattenknoten zu schlingen bei Husak und Schiwkoff. Da hat man die »menschliche Kultur« erhalten, das sind keine »Konvulsionen«, da spielt sich nix mehr ab, von wegen »Anarchie«.
Wie sich Ablauf und Ende des Kapitalismus nach Marx (und den Marx-Adepten und Interpreten) vollziehen soll, zeigt das Schaubild auf der nächsten Seite.

Zusammenfassung

1. **Vor großen Krisen sind die »Experten« immer ahnungslos. Kein einziger »Nationalökonom« hat die Weltwirtschaftskrise von 1929 kommen sehen. Keynes 1928: »Es kommt keine Krise mehr in unserer Zeit.«**

2. **Vereinzelt auftretende Crash-Propheten werden nicht ernst genommen, sondern verlacht. Somary: »Ich sah den vollen Zusammenbruch mit Grauen kommen.«**

3. **Die vielgerühmte »Zusammenbruchstheorie« von Karl Marx existiert nicht. Nach der Marxschen**

ABLAUF und
ENDE DES KAPITALISMUS – nach Marx
(einmaliger Vorgang)

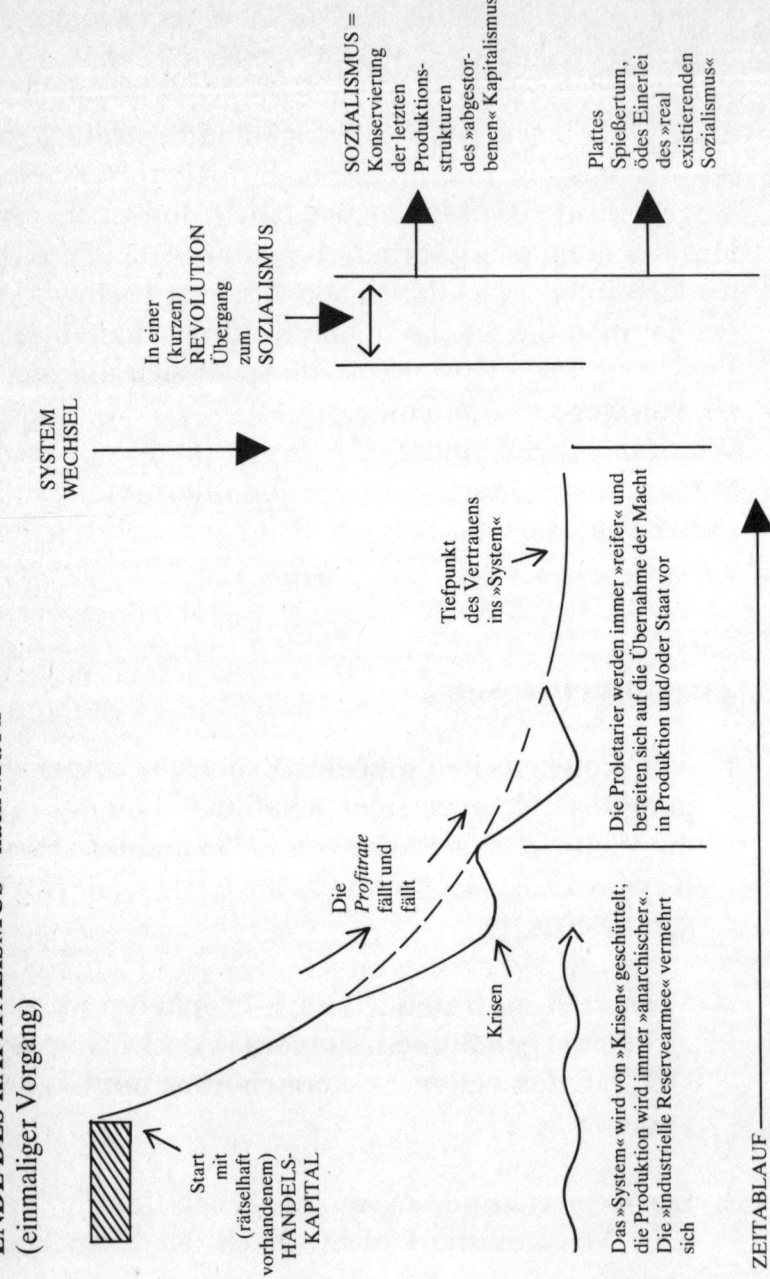

SYSTEM
WECHSEL

In einer
(kurzen)
REVOLUTION
Übergang
zum
SOZIALISMUS

SOZIALISMUS =
Konservierung
der letzten
Produktions-
strukturen
des »abgestor-
benen« Kapitalismus

Plattes
Spießertum,
ödes Einerlei
des »real
existierenden
Sozialismus«

Tiefpunkt
des Vertrauens
ins »System«

Die
Profitrate
fällt und
fällt

Krisen

Die Proletarier werden immer »reifer« und
bereiten sich auf die Übernahme der Macht
in Produktion und/oder Staat vor

Start
mit
(rätselhaft
vorhandenem)
HANDELS-
KAPITAL

Das »System« wird von »Krisen« geschüttelt;
die Produktion wird immer »anarchischer«.
Die »industrielle Reservearmee« vermehrt
sich

ZEITABLAUF

Theorie von der »fallenden Profitrate« kann der Kapitalismus niemals untergehen.

4. Einsichtige Marxisten haben das kapiert. Bernstein: »Von der Zunahme des gesellschaftlichen Reichtums hängen die Aussichten des Sozialismus ab.« In diese Richtung argumentiert bis heute die SPD.

5. Allein Rosa Luxemburg war auf der richtigen Fährte und bot Ansätze zu einer Crashtheorie auf der Grundlage des erst gesteigerten, dann zusammenbrechenden Kreditsystems.

6. Später hat Rosa Luxemburg aber Angst vor dem Crash und seinen Folgen (Revolution, Anarchie) bekommen. Sie fordert den Sozialismus, um die »kapitalistische Anarchie« zu beenden, damit die »gesamte Gesellschaft und die menschliche Kultur« nicht »ihren Untergang finden soll«.

7. Daher ist der real existierende Sozialismus heute eine Gesellschaft von risikoscheuen, spießigen Frührentnern.

PCM aber sagt Euch:
Der Kapitalismus bricht zusammen. Dies wird wieder mal »völlig unerwartet« geschehen.

Nur Tiberius war ein Trottel

Warum es krachen müßte,
warum es aber nie mehr krachen kann.

Bischoffsheim (Bankier): »Wenn mein Nachbar dumme Investitionen vornimmt, kann er mir nichts mehr leihen. Wenn ich dann verkaufen muß, kann ich nicht verkaufen, weil das alle auf einmal machen wollen.«

Frage: »Kann sich so eine ganze Nation verhalten?«

Bischoffsheim: »Mit Bestimmtheit, ja. Das System ist geradezu darauf angelegt. Erst gibt es kleine Zahlungen, die größeren werden immer weiter vertagt. Die Spekulation tritt auf den Plan. Dann kommt die zweite Zahlung, die dritte. Aber dann ist die vierte fällig und die fünfte, und die Probleme fangen an …«

Enquête des Französischen Finanz-
ministeriums, 1867

Crash – was iss'n das?

Crash, liebe Freunde, ist das englische Wort für »Krach«.

Dabei fassen wir zusammen:
1. Den Krach, der das **Zusammenkrachen** selbst wiedergibt, und
2. Den Krach, der dann zu **hören** ist, wenn alles zusammengekracht ist.

Der **Crash** ist ein Phänomen der *Optik:* Etwas »verschwindet«, was eben noch »da« war; etwas geht auf **Null,** wird also zum **Nichts,** was vordem noch existiert hat. Und der **Crash** ist ein Phänomen der *Akustik:* Weil bei solchem Verschwindibus ein riesiges **Geschrei** anhebt: Was, mein ganzes schönes Geld ist weg usw.

Im Crash verschwinden **Forderungen.** Man hat sich eingebildet, noch etwas zu »kriegen«, noch etwas »gut« zu haben (daher die Bezeichnung **»Guthaben«).** Nun stellt man plötzlich fest, daß man entweder kein Guthaben mehr hat bzw. das Gut, das man haben wollte, nicht mehr bekommt.

Der Crash ist auch ein psychologisches Phänomen: Solange sich die Gläubiger **einbilden,** daß alles in Ordnung ist, kann es keinen Crash geben. Es ist dann wie mit des Kaisers neuen Kleidern – unmittelbar vor dem Augenblick, da das kleine Kind ruft: »Der hat doch gar nichts an!«

Die meisten Menschen wissen heute, daß das viele Geld, das in alle Welt verliehen wurde, verloren ist. Aber sie glauben fest daran, daß trotzdem »nichts passiert«. Deshalb wollen sie ihr Geld auch gar nicht wiedersehen. Sie lassen es immer weiter stehen – und siehe da, es wird auch immer schneller immer mehr. **Noch nie in der Geschichte sind so viele Menschen so schnell so reich geworden wie wir heute.**

Mit einem heute gekauften sogenannten **Zerobond** kann jeder sein »Kapital« in 30 Jahren verdreißigfachen. Selbst wenn sich im Ernst keiner vorstellen kann, *wie* das letztlich funktioniert: eine Zeitlang wenigstens macht man da doch mit! Immer in der Hoffnung, *rechtzeitig* aussteigen zu können, falls »es schiefgeht«. Die Zerobond-Käufer sind sich zwar im klaren, daß die Menschheit in 30 Jahren nicht 30mal so reich sein kann wie heute. Aber es es »reicht« doch, wenn man als vorletzter »Kasse machen« kann. Man muß es nicht so weit ausreizen wie der letzte, der Kasse machen will – obwohl der *noch mehr* »verdienen« würde.

An den, der *nach* dem letzten zur Kasse tritt, diese aber geschlossen vorfindet, an den will keiner denken.

Kostolanys Wasserglas

Solche **Crashs** hat es in der Geschichte Dutzende gegeben.*) Der *jetzt* vor uns liegende **Crash** wird aller-

---

*) Im Anhang zu meinem Buch über den **Sachwert** habe ich einige der wichtigsten **Crashs** der Weltgeschichte aufgeführt. Das beginnt bei den **jüdischen Jubel- oder »Erlaß«-Jahren** und reicht bis in die Gegenwart (**»Kräche«** von **1929** und folgende).

dings der **größte** sein – auch wenn er wahrscheinlich *ganz anders* ablaufen wird als all die früheren großen Crashs, bei denen dann die Kassen plötzlich zu waren.

Ein Kennzeichen des vor uns liegenden **Crash** wird sein, daß die »verantwortlichen Instanzen«, die Politiker und ihre Financiers, die Banker, dem unausweichlichen Crash dadurch ausweichen wollen, daß sie die Kassen *nicht* schließen. Wenn dennoch irgendwo kleine Kassen geschlossen werden mußten, wie im März 1985 die **71 Sparkassen im US-Bundesstaat Ohio:** dann machen sie die meisten wenig später wieder auf, und alle staunen und sagen: »Seht Ihr, es kann keinen Crash mehr geben.«

Mein alter Freund **André Kostolany** wurde vor kurzem auf einem seiner Seminare in Hamburg gefragt, was er denn von der Vorstellung halte, es käme ein Crash. Er nahm daraufhin ein Wasserglas vom Tisch und schleuderte es ins Publikum.

»Das ist der Crash«, sagte er. »Ist was kaputtgegangen?«

Das Wasserglas war auf den weichen Teppichboden gefallen. »Nein«, und er blickte triumphierend in die Runde. »Der Teppich, das sind die Notenbanken – die fangen alles auf.«

Eine wunderbare Vorstellung: Keiner muß mehr zur Kasse treten, weil immer genügend Geld da ist, weil die Kasse aller Kassen, die **Notenbank,** die logischerweise immer flüssig ist, weil sie das Geld ja selbst herstellen darf, immer zahlt.

Was ist das aber für ein Crash, wenn auf der einen Seite immer mehr Forderungen wackeln und zum

Schluß verschwinden, während auf der anderen Seite jede Menge Geld bereitsteht, um auch den mißtrauischsten Sparer zu beruhigen? Da stimmt doch was nicht, nur: Was stimmt da nicht?

Crash anno 33 und anno 1933

Die beiden größten Crashs, die die Weltgeschichte bisher gesehen hat, liegen eintausendneunhundert (in Ziffern: **1900**!) Jahre auseinander. Sie gleichen sich wie ein Ei dem anderen.

Da **Crash,** ich sagte es, **Forderungsvernichtung** bedeutet, müssen solche Forderungen erst einmal aufgebaut werden. Wenn niemand Schulden hat, kann niemand pleite gehen. Wenn keine Guthaben entstanden sind (die Gegenbuchung der Schulden), können auch keine Guthaben verschwinden.

Vor den beiden Crashs von **33** und von **1933** sind gewaltige Forderungs-Pyramiden entstanden. Es gab jeweils eine starke Kreditausweitung mit inflationären Begleiterscheinungen. Danach kam die unvermeidliche **Deflation** und dann der **Crash.**

Der Inflationist und der Schuldenmacher vor dem **33er** Crash war der römische Kaiser **Augustus,** vor dem **1933er** Crash waren es die europäischen Staatsmänner, die erst ihre Währungen inflationierten und sich dann Unsummen in Amerika pumpten. Der Deflationist **anno 33** hieß **Tiberius,** die Deflationisten vor **anno 1933** waren Britanniens Schatzkanzler **Churchill** und der deutsche Reichskanzler **Brüning.**

Heute, vor dem nächsten **Super-Crash,** spielt sich

50

ganz genau dasselbe ab. Die großen Inflationisten sind bereits abgetreten, die Johnson, Nixon, Carter; die Wilson, Kreisky, Helmut Schmidt. Jetzt sind die großen Aufschuldner dran, wie Ronald Reagan, die dann während des unvermeidlichen Zusammenbruchs der Preise unversehens in die Rolle des Deflationisten schlüpfen werden.

Es genügt, was der große Kulturhistoriker **Will Durant** in seinem Buch »Aufstieg Roms und das Imperium« über den **Crash des Jahres 33** zu berichten hat:

»Augustus hatte ausgiebig Geld gemünzt und ausgegeben und war dabei von der Theorie ausgegangen, daß der gesteigerte Geldumlauf, die niedrigen Zinssätze und die *steigenden Preise* die Wirtschaft *anregen* würden. Das war auch der Fall …«

Ein Keynes könnte das nicht schöner machen!

»… da dieser Vorgang aber nicht unbegrenzt fortdauern konnte, setzte bereits im Jahre 10 vor Christus eine Reaktion ein, als diese *reiche Geldprägung* ein Ende nahm …«

Die große Frage, die sich bei der Inflation bekanntlich immer wieder stellt, lautet: Warum geht denn dieser wohlige Zustand *doch* einmal zu Ende? Kann denn so was Schönes nicht *ewig* dauern?

Wir werden später sehen, daß *jede* Inflation, ob durch »Geldprägen«, oder »Gelddrucken« *unausweichlich zu Ende gehen muß* und in eine **Deflation** umschlägt. Solche »Reaktionen«, wie im Jahre 10 vor Christus, sind die untrüglichen Vorboten der kommenden Katastrophe. – Durant weiter:

»Tiberius sprang auf die gegenteilige Theorie zurück – daß nämlich die *sparsamste* Wirtschaft die beste sei. Er schränkte die Höhe der Staatsausgaben *drastisch* ein, setzte die Menge des *neu* in Umlauf gesetzten Geldes erheblich herab ...«

War der gute Tiberius wirklich so dämlich, daß er nicht wußte, was er anrichtet, wenn er vom **Deficit Spending** abgeht – oder konnte er vielleicht gar nicht anders?

»Die daraus resultierende *Verknappung des Geldes* wurde durch den Abfluß von Geldmitteln in den Osten (im Austausch gegen Luxuswaren) noch verschlimmert. *Die Preise fielen, die Zinsen stiegen, Gläubiger kündigten ihren Schuldnern die Darlehen, Schuldner klagten Wucherer ein, und Geld war fast nicht mehr erhältlich* ...«

Ein klassischer **Realzins-Anstieg,** wie ihn die Welt in der unmittelbaren **Gegenwart** wieder erlebt!

»Der Senat versuchte, der Kapitalausfuhr Einhalt zu gebieten ...«

Aha, jetzt kommt die für jede Deflation typische **Devisenbewirtschaftung,** die es in der Weimarer Republik übrigens schon vor den Nazis gegeben hatte ...

»... indem er den Senatoren zur Pflicht machte, einen hohen Prozentsatz ihres Vermögens in italienischem Grund anzulegen ...«

Aha, ein Ankurbelungsprogramm für die römische **Bauindustrie,** immer wieder der gleiche Versuch, noch einmal »durchzustarten« ...

»... um zu Bargeld zu kommen, kündigten Senatoren daraufhin Darlehen und Hypotheken, und die Krisis verschärfte sich nur. Als der Senator **Publius Spinther** der Bank von Balbus und Ollius mitteilte, er müsse dreißig

Millionen Sesterzen *abheben,* um dem neuen Gesetz Genüge zu leisten, erklärte sich die Firma für *bankrott* ...«

Danach kommt es zum typischen Domino-Effekt, der im **Run** endet, eine Erfahrung, die in der Finanzgeschichte immer wieder gemacht wurde. Die jüngsten **Runs** waren in den USA jene auf die Continental Illinois Bank und die Sparkassen in Ohio. In der Weltwirtschaftskrise gab es in Deutschland den berüchtigten **Run** nach der Schließung der zweitgrößten Geschäftsbank, der **Danatbank,** am 13. Juli 1931.
In seinem Buch »Der 13. Juli 1931 – Das Geheimnis der deutschen Bankenkrise« schreibt **Rolf E. Lüke:**

»Inzwischen wirkte in der deutschen Öffentlichkeit der Schalterschluß der Danat-Bank – wie vorauszusehen – alarmierend. Trotz aller Gerüchte hatte man *nie geglaubt,* daß die zweitgrößte deutsche Bank jemals in eine solche Situation kommen könnte ... Eine *wilde Panik* erfaßte die Menschen. Das Vertrauen zu *allen* Banken war erschüttert ... In *Massen* strebten die Einleger zu Banken und Sparkassen, um ihre Guthaben abzuheben. Diese waren dem Ansturm *nicht gewachsen* ...«

In den USA spielte sich in der Weltwirtschaftskrise haargenau das gleiche ab: es gab da nach 1930 gleich drei Wellen von Bankenschließungen. Mit der letzten, Anfang 1933, war denn auch endgültig Schluß. Und die Szene 1900 Jahre früher hatte genauso ausgesehen:

»Zur gleichen Zeit ging eine alexandrinische Firma, Seuthes und Sohn, in Konkurs ... und brach der große Färbereikonzern des Malchos in Tyros zusammen ...«

Wir erinnern uns demütig, daß der **Crash** 1900 Jahre später ebenfalls von einer Textilpleite eingeleitet wurde: In Deutschland brach am 19. Juni 1931 der **Nordwolle-Konzern** zusammen. Lüke schreibt:

»Ihre Hausbanken, Danatbank und Dresdner Bank, geraten zunehmend ins Gerede …«

Will Durant setzt *seine* Geschichte fort, nach der Malchos-Pleite:

»Das führte zu Gerüchten, die römische Bank von Maximus und Vibo, die diesen Firmen große Darlehen gewährt hatte, werde zusammenbrechen. Als die Kunden der Bank *einen Ansturm auf sie machten, schloß sie ihre Tore,* und am selben Tage stellte eine größere Bank, diejenige der Gebrüder Pettius, die Zahlungen ebenfalls ein. Fast gleichzeitig trafen Nachrichten ein, daß Bankunternehmungen in Lyon, Karthago, Korinth und Byzanz in Konkurs gegangen waren. *Eine römische Bank nach der anderen brach zusammen …*«

Der schönste **Crash** also, den man sich vorstellen kann.

Aber heute ist eben endlich alles anders. Heute kann nichts mehr passieren. Endlich haben die Gewaltigen in Politik und Hochfinanz die Lektion der Geschichte gelernt. Da sich so ein doofer Crash immer nur ereignet, wenn die ängstlichen Sparer einen »Run« auf die Kassen machen, muß man nur dafür sorgen, daß die Kassen immer offen bleiben.

Und just *das* ist das *neue* Spiel, das größte, das je gespielt wurde: Diesmal werden Politiker und Banker *alles* tun, um die Kassen *immer* aufzuhalten. Wir, das gefoppte Publikum, müssen uns nun fragen:

a) *Kann* das überhaupt funktionieren?
b) Wie geht die Geschichte weiter, *wenn* das funktioniert?

Gespräche mit Frau Scholz am Rhein

Vor mir liegt der Brief der Witwe Scholz aus Heidelberg.

»Verehrter Herr Doktor«, schreibt die Dame, »Sie reden immer vom ›Crash‹. Alle Experten, die ich frage, halten so etwas für ausgeschlossen. Können Sie mir nicht weiterhelfen, und mir hieb- und stichfest *beweisen,* warum es so etwas wie einen ›Crash‹ geben muß. Herzlichen Gruß – Ihre Vera Scholz«.

Da fahr' ich doch hin, habe ich mir gesagt. Es gab Kaffee und Kuchen. Und danach das Crash-Gespräch wie folgt:

Warum arbeiten Sie, Frau Scholz?
Weil ich ja von was leben muß. Und außerdem habe ich Spaß an der Arbeit.
Sehr schön, sage ich, können Sie sich vorstellen, daß es Menschen gibt, die noch aus anderen Gründen arbeiten?
Weil sie den Hals nicht vollkriegen.
Gut. Noch andere Motive?
Frau Scholz denkt nach. Na ich weiß nicht so recht, wie ich das sagen soll.
Sie wollen sagen, es gäbe da irgendeine Art Zwang, weshalb jemand rumstreßt.
Ja.
Als Motive hatten wir, wiederhole ich, den Lebensunter-

halt, den Spaß an der Arbeit, das kann bis zu einer gewissen Arbeitssucht gehen, nicht wahr?

Frau Scholz sagt, ja, die Workaholics.

Gut, und dann hätten wir noch den Zwang, daß jemand arbeiten muß. Weil er Verpflichtungen hat.

Wegen Kinder und Familie, sagt Frau Scholz.

Zum Beispiel, sage ich. Dann gibt es aber noch die Verpflichtungen schlechthin. *Schulden* sagt man dazu.

Ja, sagt die Witwe Scholz, wenn jemand Schulden hat, dann *muß* er wohl.

Wenn jemand Schulden hat, frage ich, wieviel muß er da wohl arbeiten?

Daß er das zurückzahlt, sagt Frau Scholz, und außerdem natürlich die Zinsen verdient.

Gut. Nehmen wir an, jemand zahlt immer brav die Zinsen. Verlange ich dann, daß er mir mein Geld *unbedingt* zurückzahlt?

Nur wenn ich es selbst brauche.

Sonst lassen Sie es also stehen?

Frau Scholz nickt. Es ist wie mein Sparbuch, sagt sie. Das Geld selbst brauche ich nicht, weil ich sonst gut verdiene. Und die Zinsen lasse ich dann auch jedes Jahr dazuschreiben.

Jemand muß aber die Zinsen verdienen, sage ich. Was Sie auf Ihrem Sparbuch als Guthaben haben (wir lachen beide, denn dieses »habenhaben« klingt so komisch), hat ein anderer als Schulden.

Klar. Und der muß nun arbeiten, damit er die Zinsen verdient, damit die auf meinem Sparbuch gutgeschrieben werden können.

Gutgeschrieben werden können, sage ich, ein Zungenbrecher. Die Sparkasse sorgt also dafür, daß der andere, den Sie gar nicht kennen, der aber in der Zwischenzeit mit Ihrem Geld arbeitet, rechtzeitig mit den Zinsen rüberkommt. Es gibt also jemand, der das Geld *echt verdienen* muß, damit es Ihnen gutgeschrieben werden kann.

Frau Scholz fragt, ob ein Likör recht sei.

Noch nicht, sage ich. Wir müssen erst mal rauskriegen, wie das mit den Zinsen ist. Sie müssen also verdient werden. Wie verdient man Zinsen?

Indem man was verkauft. Mein Anderer (Frau Scholz kriegt einen Schimmer in die Augen, als hätte sie gesagt, mein Verflossener), mein Anderer muß mit dem Geld, das ich ihm – mit Hilfe der Sparkasse – geliehen habe, so arbeiten, daß es *mehr* wird.

»Mehr«, Frau Scholz? Was heißt »mehr«? Sie haben jedes Jahr mehr Guthaben (habenhaben, wir lachen wieder). Die »anderen« haben aber gleichzeitig »mehr« Schulden (wir lachen nicht mehr). Schlafen Sie gut, Frau Scholz?

Eigentlich schon.

Alle, die ein Guthaben haben (wir lächeln nur noch), schlafen an sich gut. Je größer das Guthaben, um so tiefer der Schlaf. Aber die anderen.

Welche anderen, fragt Frau Scholz.

Die anderen, die immer größere Schulden haben, schlafen natürlich immer schlechter. Eine der vielen Ungerechtigkeiten dieser Welt.

Aber meinem Geld kann doch nichts passieren? Frau Scholz zieht die Augenbrauen hoch.

Nur dann nicht, sage ich, wenn ihr Anderer schön fleißig ist. Er muß nämlich nicht nur mehr arbeiten, weil er Schulden hat, sondern er muß die Zinsen auch reinholen, das heißt also, echt mehr verdienen.

Können Sie das nicht plastischer machen, bittet Frau Scholz.

Also: Bisher hat der Andere 100.000 DM umgesetzt. Dann hat er – auch mit Ihrer Hilfe – 100.000 DM Kredit bekommen. Zinssatz acht Prozent. Also muß er im nächsten Jahr mindestens 108.000 DM umsetzen. Und das, ohne daß ihm irgendwelche Kosten steigen. Die acht Mille Zinsen muß er echt und netto übrighaben. Sonst kann er die doch nicht an die Sparkasse zahlen – und die Sparkasse (jetzt ziehe ich die Augenbrauen hoch) nicht an

Sie, Frau Scholz.
Wir machen eine Pause. Denn Frau Scholz will jetzt endlich ihren Fliederbeer-Likör loswerden. Der schmeckt ja echt vorzüglich.

Tja, sagt Frau Scholz, während ich zurückgelehnt und mit geschlossenen Augen den Likör in mich aufnehme, tja, dann würde das ja heißen, daß die Zinsen nichts anderes sind als sozusagen eine vorausgebuchte Produktion.

Richtig, Frau Scholz, sage ich. Zinsen sind genaugenommen keine *Zahlungsversprechen*, sondern *Produktions*-versprechen. Wenn jemand die Zinsen, die er schuldig ist, *bezahlen* will, muß er etwas produzieren, damit er das entsprechende Geld auch *verdient*.

Zinsen treiben also die Produktion in die Höhe.

Ja, je höher der Zins, um so stärker muß dann später die Produktion ausgeweitet werden. Aber mit der Produktion allein ist es nicht getan.

Ach, sagt Frau Scholz, noch einen?

Ich nicke. Denn, überlegen Sie mal. Jemand ist 20.000 DM Zinsen schuldig, also muß er 20.000 DM beschaffen, die beschafft er sich aber nicht dadurch, daß er für 20.000 DM produziert.

Natürlich, schenkt sie ein, die Produktion liegt zunächst doch nur rum. Geld gibt's erst, wenn verkauft wurde.

Und nur aus Verkaufserlösen kann ich also letztlich die Zinsen zahlen.

Je höher der Zins, um so mehr muß verkauft werden.

Aber auch der Verkauf allein, ich proste ihr zu, aber der Verkauf allein, ist es auch noch nicht. Die verkaufte Ware muß letztlich, ich setze den Likör an und lasse ihn die Kehle runtergluckern, mhm, die verkaufte Ware muß letztlich *konsumiert* werden. Erst wenn die Ware endgültig verbraucht ist, verschwunden, ausgeleiert, abgefahren, kurzum weg ist, erst dann Frau Scholz, ist die Schuld, die sich aus dem Zins ergibt, auch tatsächlich getilgt.

Letztlich dient ja alles Wirtschaften dem Konsumenten, nickt Frau Scholz. Auch die berühmten Investitionen sind nur dazu da, um schließlich Konsumgüter herzustellen. Investitionen als solche will kein Mensch haben.

Wozu auch, pflichte ich ihr bei, denn auch die schönste Blech-Presse ist nur dann etwas wert, wenn die Karosserie, die da rauskommt, auch beim Kunden ankommt, also dem Presseninhaber Umsätze bringt. Und die Karosserie wird dann verkonsumiert, indem sie schön langsam rostet ...

... wodurch der Zins, wie jede Schuld, endgültig gezahlt ist. Frau Scholz bewundert ihr Likörglas, das ihr so tiefe Erkenntnisse vermittelt. Mit einer »Zahlung« allein ist es nicht getan. Der Empfänger der Zahlung muß Geld tatsächlich verwenden, um zu konsumieren. *Eine Schuld erlischt endgültig erst im Konsum.*

Der größte Irrtum, den die Nationalökonomen machen, sage ich, ist, daß sie glauben, eine Schuld würde durch »Zahlung« verschwinden. Das ist Humbug. Durch eine Zahlung tritt nur ein *Schuldnerwechsel* ein. Dann suche ich mir als Gläubiger jemanden aus, der *nunmehr* leistet. Nicht Geld leistet, sondern Ware. Ware, die ich konsumieren werde.

Geld ist ja nichts als eine Schuld, hebt Frau Scholz den Finger, das habe ich schon mal bei Ihnen gelesen.

Ja, in meinem Buch über den Sachwert, freue ich mich. Gelder sind Schulden, richtig. Geld kann nur entstehen, also in Umlauf kommen, indem jemand Schulden macht. Und Geld verschwindet aus dem Umlauf erst wieder, nicht wenn »gezahlt« ist, sondern wenn »konsumiert« wurde. Wenn die Ware, für deren Produktion der Schuldner Kredit aufgenommen hat, nicht nur produziert, sondern tatsächlich verschwunden ist.

Dann wollen wir mal wieder Schulden tilgen, sagt Frau Scholz und schenkt nach. Wie aber geht's weiter?

Es geht nicht weiter, sondern zu Ende.

Sie schon wieder, Sie schon wieder mit Ihrem Crash.

Nun müssen Sie an der Naht bleiben, Frau Scholz, Sie stehen schon direkt vor der Lösung. Wir müssen uns jetzt nur vorstellen, was passiert, wenn entweder der Schuldner nicht »leistet«, sondern seine Schulden immer weiter vor sich her schiebt. Oder wenn der Gläubiger den Konsum verweigert. Ja, buchstäblich verweigert.

Oh Gott, Frau Scholz greift zum Gläschen, wenn wir keinen Fliederbeer-Likör mehr trinken, kann der Fliederbeer-Fabrikant nichts mehr verkaufen, kann er seine Schulden nicht bezahlen …

… kann er sie *niemals* mehr bezahlen. Er läßt dann noch eine Zeitlang stehen, die Zinsen werden zur Schuld geschlagen. Doch dadurch verschwinden weder die Schulden noch die Zinsen …

… aber ich merke das auf meinem Sparbuch dann vermutlich als allerletzte, seufzt Frau Scholz.

Richtig. Solange da Ihr Guthaben gebucht ist, sieht doch alles bestens aus. Doch dieses Buchen wird immer mehr ein reines *Aufschulden* …

… wo also nur noch die Zinsen zur Schuld geschlagen werden …

… so viele Zinsen, wie Sie sowieso gar nicht verkonsumieren könnten, selbst wenn sie wollten. Die Deutschen haben heute zehnmal mehr Geld auf der hohen Kante als in den 60er Jahren, aber das verkonsumierte Sozialprodukt, was wir also durch den Schornstein schicken, ist nur etwa aufs Dreifache gestiegen.

Und irgendwann sind die Schulden so hoch, daß nichts mehr geht. Und das ist dann der Crash? Frau Scholz rutscht unruhig hin und her.

Nein, beruhige ich sie, das ist der Crash noch lange nicht. Wir gehen jetzt was essen, und dann erkläre ich Ihnen den Rest.

Candlelight. Wir blicken auf den Rhein. Der Riesling ist eine Spur zu kalt. Ich sage, Frau Scholz, ich muß Ihnen ein Geständnis machen.

Sie hat einen jungmädchenhaften Schimmer in den Augen und sagt, wieso.

Ich habe was vergessen, sage ich, den Schurken im Spiel.

Den Schurken?

Ja, es ist der Staat. Ich weiß, daß ich jedes Candlelight-Dinner ruiniere, wenn ich das Wort »Staat« erwähne. Genausogut könnte ich auch sagen, ich habe lange Unterhosen an. Der Staat, sage ich, liebe Frau Scholz, ist jemand, der das ganze System mit Schulden aufbauen und Schulden abbauen sprengt ...

... weil ...

... weil der Staat als einzige Instanz von vorneherein nie daran denkt, seine Schulden zurückzuzahlen. Er schuldet einfach immer weiter auf. Und mit den Schulden, die beim Staat dadurch immer höher steigen ...

... steigen auch die Guthaben bei den Bürgern immer höher. Aha, sagt Frau Scholz, da ist es wieder, mein Sparbuch. Da stecken ja 'ne Menge Zinsen drin, die letztlich vom Staat kommen ...

... die deutschen Kreditinstitute haben 450 Milliarden Mark dem Staat direkt geliehen. Den Zinsen sieht man es ja nicht an, wer sie buchen läßt: ein Geschäftsmann, der sie zahlen muß, jedenfalls über kurz oder lang zahlen muß, weil ihm sonst der Leiter der Filiale, die den Kredit gegeben hat, aufs Dach steigt. Oder ein Staat, der von vorneherein nichts anderes tut, als die Zinsen immer wieder und immer weiter zur Schuld zu schlagen.

Nehmen wir mal an, sagt Frau Scholz und legt die Serviette auf den Teller, nehmen wir mal an, alle meine Zinsen, die mir gutgeschrieben wurden, stammen letztlich vom Staat, der die aber nicht zahlt, sondern offenbar nur »zeigt«.

Sehr gut, sage ich, der Staat *zeigt* nur die Zinsen.

Dann besteht also mein Konto, auf dem die Zinsen immer wieder zugeschlagen wurden, zum Schluß fast ausschließlich aus Forderungen, die ich – über meine Sparkasse – an den Staat habe. Aber der Staat, Frau Scholz steht plötzlich auf, aber der Staat, das sind doch nichts anderes als seine Bürger. Der Staat bin also letztlich *ich?* Ich werfe einen Blick über den Fluß, den einst die Truppen jenes Herrschers überquerten, der auch schon mal gesagt hat »Der Staat bin ich«, und der den Befehl gegeben hatte, Heidelberg zu stürmen. Dann stehe ich auf und sage, ja Frau Scholz, das ist es. Der Staat hat es fertig gebracht, den Gläubiger zum Schuldner *seiner selbst* zu machen – und zwar *ohne, daß er es merkt.* Wenn es aber alle merken, wissen Sie, was dann ist?

Ja, flüstert Frau Scholz und wendet sich zum Ausgang. Dann haben Sie endlich Ihren Crash.

PCM's Crash-Theorie – auf einen Blick

1. Der »Kapitalismus«, also das Wirtschaftssystem der freien Welt, ist **Debitismus.** Er wird durch die **Schulden,** die die Kapitalisten haben, vorwärtsgeprügelt. Wer »Gewinne« anstrebt, macht dies letztlich nur, um der **Gefahr der Überschuldung,** die unentwegt im System lauert, möglichst weiträumig auszuweichen.

2. Die Schulden zwingen zum **Mehrprodukt,** was als »Wirtschaftswachstum« interpretiert wird, was aber nicht irgendein rätselhaft-biologischer Vorgang ist, sondern nichts anderes als das Ergebnis eingegangener **Verpflichtungen.**

3. Der Umfang des Mehrprodukts muß **mindestens** so hoch sein wie das **versprochene Mehrprodukt.** Der Zins ist also die Vorgabe, nach der sich das System richten muß.

Oder:

Summe aller		**Summe**
Schulden		**aller**
mal	ist gleich	*zusätzlichen*
Zinssatz		Produktion

Dabei ist nur vorausgesetzt, daß sich an der »sonstigen« Produktion nichts verändert, die der Erhaltung der vorhandenen Menschen bzw. des vorhandenen Maschinenparks dient.

4. Je höher der Zinssatz steigt, um so höher ist die Summe der (zeitversetzt, also später) zu bringenden **Leistungen.** Hohe Zinsen führen also zu hohen »Wachstumsraten«.

5. Werden die Leistungen der Gesamtheit der Schuldner von der Gesamtheit der Gläubiger nicht als Leistung akzeptiert (»Zahlung« allein bedeutet nur Schuldner-Wechsel, aber **kein Verschwinden der Schuld!**), muß der entsprechende Teil der Schulden verschwinden. Entsprechend hohe Guthaben verschwinden. Im Umfang der Nichterfüllung bzw. der Nichtakzeptierung von Leistungen käme es jeweils zu kleinen **Crashs.**

6. Daß nicht geleistet werden kann (entweder aus Unvermögen des Schuldners oder Verweigerung des Gläubigers), wird gern **verheimlicht.** Dies geschieht durch »Stehenlassen« der Schulden/Guthaben, was mit Hilfe des **Zinseszinseffekts** zum **Aufschulden** führt. Solche Aufschuldungen führen dann zu entsprechend **größeren Crashs.**

Damit sind die einfachen debitistischen (»kapitalistischen«) Durchläufe beschrieben. Nach den Crashs

(»Kreditkrisen« usw.) beginnt jeweils eine neue Runde.

7. Nun aber tritt der **STAAT** auf den Plan. Seine Funktion ist *zunächst,* dafür zu sorgen, daß der debitistische Prozeß, also das Eingehen und Auflösen von Schuldverhältnissen optimal abläuft. Dabei entsteht die Vorstellung vom »**guten**« Staat, von einem Gebilde, ohne das eine gedeihliche Entwicklung unmöglich wäre.

In der Tat: Der Staat garantiert die Eigentumsordnung und damit die Basis der Vermögenswerte, ohne die ein Schuldenmachen gar nicht in Gang kommen könnte. Eine Hypothek kann ich nur auf ein Haus legen, das nicht dauernd von einem anderen »Eigentümer« besetzt wird. Im **Sozialismus,** einer Wirtschaft *ohne* Privateigentum, kann es schon deshalb keine Schulden geben, weil es keine eigentlichen **Sicherheiten** für die Schulden gibt.*)

Der Staat stellt auch die **Vollstreckung** von Schuldverhältnissen sicher: Gerichte, Polizei. Nur wo Schulden auch exekutiert werden können, kann es eine debitistische Wirtschaft mit entsprechenden Wachstumsraten geben. Wo keiner zahlt, muß auch keiner leisten. Wo keiner leisten muß, strengt sich auch keiner an.

8. Der »**gute**« Staat beginnt sich aber aufgrund des demokratischen Prozesses alsbald zu wandeln. »Politiker« treten auf, deren Aufgabe darin besteht, den **marktwirtschaftlichen Prozeß** zu zerstören.

---

*) Wie **Heinsohn/Steiger** bewiesen haben, liegt der wahre Grund für das »Zurückbleiben« der sozialistischen Wirtschaften hinter den »kapitalistischen« ausschließlich im **fehlenden Schuldendruck.**

Jede politische Entscheidung führt zu einem Gesetz, jedes Gesetz zu einem Zwang. Zwang aber ist das Gegenteil von freier Marktwirtschaft. Da sich Schuldverhältnisse aber nur über freie Märkte zur Auflösung bringen lassen, bedeutet die Existenz von Politikern, daß ein Aufschulden beginnt.

Wichtig: Die »Gesetze«, von denen hier die Rede ist, sind *nicht* die Gesetze, die das **Eigentum** (Basis des Schuldenmachens) und die Abwicklung der **Schuldverhältnisse** regeln und garantieren (Strafrecht, Schuldrecht, Handelsrecht usw.). Die »Gesetze«, die hier angesprochen sind, bewirken das Gegenteil von Marktwirtschaft und freiem debitistischem Prozeß: Sie »umverteilen« Eigentum; sie »schützen vor den Folgen des freien Wettbewerbs«; sie bringen die Ergebnisse marktwirtschaftlicher Prozesse zum Verschwinden (Steuern) oder »korrigieren« sie (Subventionen).

Beispiel: Der »gute« Staat garantiert dem Bauern das Eigentum an seinen Feldern, er garantiert der Raiffeisenbank, daß sie in das Land des Bauern vollstrecken könnte, wenn der Bauer seinen Zahlungsverpflichtungen nicht nachkommt; er sichert dem Bauern den Marktzugang, und daß er mit seinen Verkaufserlösen in Ruhe wieder heimwärts streben kann.

Der »Politiker« aber zahlt den Bauern Subventionen; er garantiert Preise; er gibt Zins-Zuschüsse; er setzt Höchstzinssätze fest, die die Bank nicht überschreiten darf usw.

9. Das Eingreifen der Politiker in die einzelnen Märkte nimmt im Laufe der Zeit automatisch zu, weil der **Gläubiger-Schuldner-Ausgleich** auf freiwilliger Basis um so schwieriger wird, je länger frühere Ausgleiche – eben durch den Staat – verhindert wurden. Wir kennen dies als **Folgewirkungen** von **Subventio-**

nen, als **zunehmenden Staatsanteil** in allen »modernen« Volkswirtschaften, als **immer höher steigende Budget-Defizite** und so fort.

10. Die Politiker stehen dabei unter **Zwang:** Sobald ein Politiker vor einer Wahl versprochen hat, den Menschen das Leben zu erleichtern (was im Klartext nichts anderes bedeutet als: die Folgen des Gläubiger/Schuldner-Ausgleichs über **freie Märkte** zum Verschwinden zu bringen), wird er gewählt. Der Oppositions-Politiker hat dann nur die Chance, an die Macht zu kommen, wenn er noch mehr »Heile-Welt« verspricht – was zu einem dauernden **Vertagen** der »eigentlichen«, der marktwirtschaftlichen, eben der einzig von den Menschen freiwillig gewollten **Lösung** der Schuldverhältnisse führt.

11. Das **Vertagen** der Lösung führt zu **Aufschuldungsprozessen,** weil nicht nur vertagt wird, sondern weil die **Zeit,** die das Vertagen kostet, auch immer schneller abläuft und ergo wertvoller wird – weil der **Zins** steigt.

12. Im Laufe des demokratisch-politischen Prozesses verlieren schließlich die Märkte vollständig ihre ursprüngliche **Funktion,** Orte des **freiwilligen Austauschs** zwischen Gläubigern und Schuldnern zu sein und ergo nicht nur **Knappheiten** anzuzeigen und richtig einzuschätzen, sondern auch die **richtige Zeitenfolge:**

● **Märkte, die sehr stark von staatlichen Eingriffen regiert werden, erscheinen immer altmodischer.** Dort ist die Zeit gleichsam stehengeblieben, weil durch staatliche Eingriffe (z. B. »Erhaltungssubventionen«) Strukturen erhalten werden, die der freie

Markt längst beseitigt hätte, weil kein Schuldner mit solcher Produktion bei irgendeinem Gläubiger noch landen könnte. (Der Staat »kauft auf«, siehe Stahl, Agrar, Werften, usw.)

● **Märkte, die noch relativ frei sind, werden dagegen viel moderner, als sie es im normalen Ablauf der Zeit eigentlich wären.** Es werden Computer und Autos gebaut, die »eigentlich« erst viel, viel später auf den Markt gekommen wären, die aber jetzt herauskommen müssen, weil durch den gestiegenen Zins die Gläubiger/Schuldner-Probleme viel **schneller** reguliert werden müssen.

Auf der einen Seite verlangsamen Staatseingriffe den Ablauf, wodurch er sich auf der anderen Seite immer mehr beschleunigt.

Beispiel: In einem Land werden nur Butter und Autos produziert. Der Butterabsatz stockt, eigentlich müßten die Bauern jetzt in die Industrie abwandern und auch Autos bauen. Da treten Politiker auf, die Stimmen fangen wollen, und sagen den Bauern, ihr könnt weiter eure Butter produzieren, der Staat kauft sie euch ab. Zur Finanzierung wird eine Steuer auf Autos erhoben.

Kommen die Oppositionspolitiker und versprechen den Auto-Leuten, diese Steuer wieder abzuschaffen, was ihnen Stimmen bringt. Damit sie die Stimmen der Bauern aber nicht verlieren, versprechen sie, den staatlichen Butterankauf fortzusetzen. Diese Politiker werden gewählt und nehmen Anleihen auf, um diese »Politik« zu finanzieren.

Die Anleihen müssen verzinst werden, so daß eine allgemeine Steuer eingeführt wird. Die Politiker, die zuerst regiert haben, jetzt aber in der Opposition sind, sagen, was soll das mit der neuen Steuer, es sei doch versprochen worden, die Belastung nicht zu erhöhen. Wenn wir dran sind, schaffen wir diese Steuer wieder ab. Sie werden gewählt, schaffen die Steuer, die der Zahlung der Zinsen diente, ab und holen das Geld für die Zinszahlungen jetzt ebenfalls über Anleihen.

Dadurch setzt ein Aufschulden ein. Die Staats-Defizite werden immer höher, die Menschen erhalten immer höhere Gutschriften, alle sind glücklich und zufrieden. Nur die Autobauer müssen nun ihrerseits, um an Kapital für ihre Fabriken zu kommen, immer höhere Zinsen bieten. Das allgemeine Zinsniveau steigt von 2 auf 12 Prozent. Da die Autofirmen zu 100 Prozent fremdfinanziert sind, müssen sie nun statt 2 zusätzliche Autos pro 100 Mark Kredit im Jahr 12 zusätzliche Autos hinstellen. Denn die Autobauer dürfen nicht aufschulden.

In den Autofirmen setzt eine Hektik ein, die immer größer wird: Was für neue Modelle kann ich noch produzieren? Womit noch neue Kunden gewinnen? Soll der Zweitwagen, den die Hausfrau zum Einkaufen nimmt, auch 300 km/h schnell sein wie ihr Erstwagen? Die Straßen werden immer voller, dennoch die Autos immer schneller. Die Umwelt stöhnt unter den Belastungen. Schließlich sagen die Menschen: Schluß mit dem Autokult. Wir haben genug davon. Wir gehen wieder zu Fuß.

Die Frage, wovon denn alle leben wollen, beantwortet sich auch einfach: Von den gigantischen Guthaben, die inzwischen aufgelaufen sind, weil man jedes Jahr brav die zahlreichen, immer höher verzinslichen Staatsanleihen gezeichnet hat, mit deren Erlös der Staat die Bauern unterstützte und die Zinsen für seine alten Kredite bezahlte.

Alle setzen sich zur Ruhe. Und warten nun auf ihren monatlichen Scheck. Den wird ihnen aber niemand schikken.

Der Engländer **William Petty** war der erste Mensch der Neuzeit, der die Macht eines Staates zu berechnen versuchte. Über seinem Werk »**Political Arith-**

metic«, das nach seinem Tode 1691 erschien, steht das Motto: »Alles läßt sich berechnen«.

Noch nie hatte diese Maxime in bezug auf den **Staat** so viel Bedeutung wie heute. Wie ich in den, gemeinsam mit **Walter Lüftl** verfaßten Büchern über den weltweiten unausweichlichen **Bankrott** gezeigt habe*), bedarf es nur geringer mengentechnischer Kenntnisse und eines gesunden Menschenverstandes, um auszurechnen, wann es **spätestens vorbei sein muß.** Da die verbleibende Zeit obendrein immer schneller verrinnt, da das Mißtrauen der Bevölkerung sehr schnell und progressiv zunehmen wird, ist der **Crash** viel näher als wir meinen.

Wie ein einzelner kapitalistischer Durchlauf ausschaut, der immer wieder mit CRASH enden muß, wenn der Staat per Aufschulden ins freie Marktgeschehen eingreift, sehen Sie auf dem Schaubild auf der nächsten Seite.

---

*) **Die Formeln für den Staatsbankrott** und **Die Pleite,** beide erschienen im Wirtschaftsverlag Langen-Müller/Herbig. Die mathematischen Teile enthalten einige Formeln, deren Handhabung aber mit einem kleinen Taschenrechner kein Problem darstellt; die grafischen Ableitungen sind ebenfalls mit etwas Konzentration unschwer nachzuvollziehen. Beide Bücher sind von der sogenannten »Fachwelt« nicht zur Kenntnis genommen worden, was man selbstverständlich auch dahingehend interpretieren kann, daß die Fachwelt recht behält, die uns als »Schwarzmaler« und »Scharlatane« abtut. Da die Formeln **Walter Lüftls** und die begleitenden Ableitungen aber widerspruchsfrei formuliert sind, *muß* sich leider die »Fachwelt« irren, was sich im übrigen sehr bald herausstellen wird.

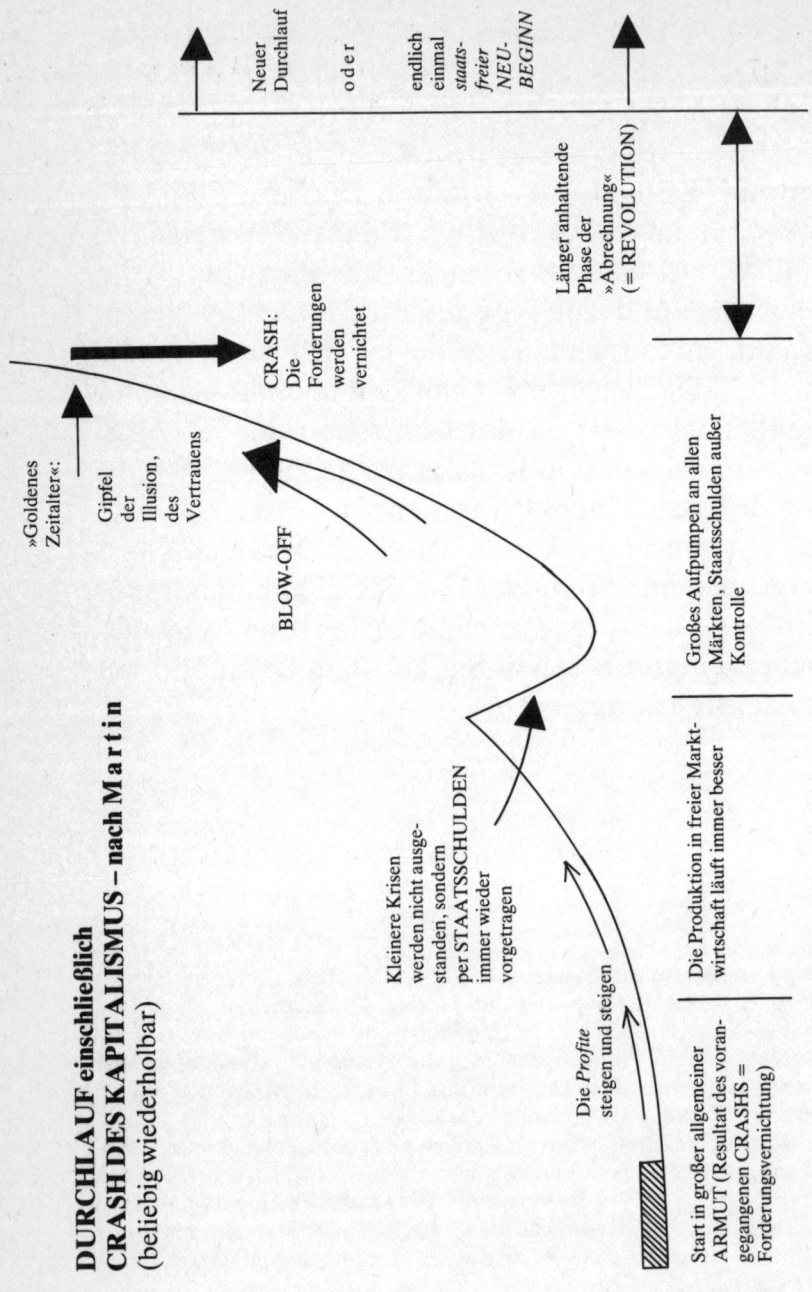

DURCHLAUF einschließlich CRASH DES KAPITALISMUS – nach Martin
(beliebig wiederholbar)

»Goldenes Zeitalter«:

Gipfel der Illusion, des Vertrauens

BLOW-OFF

CRASH: Die Forderungen werden vernichtet

Kleinere Krisen werden nicht ausgestanden, sondern per STAATSSCHULDEN immer wieder vorgetragen

Die *Profite* steigen und steigen

Start in großer allgemeiner ARMUT (Resultat des vorangegangenen CRASHS = Forderungsvernichtung)

Die Produktion in freier Marktwirtschaft läuft immer besser

Großes Aufpumpen an allen Märkten, Staatsschulden außer Kontrolle

Länger anhaltende Phase der »Abrechnung« (= REVOLUTION)

Neuer Durchlauf

o d e r

endlich einmal *staatsfreier NEU-BEGINN*

ZEITABLAUF

70

Die Bagehot-Theorie vom oberhinterallerletzten Leihhaus

Im 19. Jahrhundert war London das Zentrum der Welt, und das Zentrum Londons war die **Lombardstreet.** Ein kleiner Schlauch gepflasterter Straße, gesäumt von Bankfassaden, deren wichtigste die Fassade der **Bank von England** ist. Dort ging ein Mann aus und ein, der zum Inbegriff des **Finanzjournalisten** wurde: **Walter Bagehot.** Er lebte von 1826 bis 1877 und hinterließ, wie jeder Journalist, einen Haufen Geschriebenes, das zu lesen aber immer wieder lohnt. Bagehot ist witzig im Stil, prägnant in der Formulierung. Vor allem bringt er zu jedem Thema schnell das Wesentliche.*) Und er erfand die **Treasury Bills.**

Das Wichtigste, was Bagehot behandelt, ist jene entscheidende Phase der Wirtschafts- und Finanzgeschichte, in der Liquidität in Illiquidität umschlägt oder umzuschlagen droht. Es gibt im Leben von Privatleuten, Firmen, Banken und Staaten tatsächlich nichts Irreversibleres als diesen Übergang vom **Noch** zum **Nicht mehr.** Eben konnte er noch zahlen, jetzt nicht mehr. Dieser Vorgang ist von infinitesimaler Präzision, weil *ein* Penny, der nicht mehr gezahlt werden kann, ausreicht, um die Pleite zu definieren. Dieser Vorgang ist zeitlich nicht zu dehnen. Der Ökonom hat nicht die Möglichkeit wie der Jurist, in näch-

---

*) Die Redakteure der britischen Wirtschafts-Wochenschrift »The Economist« haben das Werk des Größten ihrer Zunft jüngst wieder herausgegeben: »**The Collected Works of Walter Bagehot«,** ediert von N. St. John-Stevas, London 1978.

71

ste Instanzen auszuweichen, um die Entscheidung vor sich herzuschieben, oder wie der Mediziner, zur Herz-Lungen-Maschine zu greifen und den Tod beliebig lang hinauszuschieben. In der Ökonomie gibt es nur die Liquidität – oder es gibt nichts.

Wer einmal jenseits war, kehrt nicht zurück.

So etwas faszinierte Walter Bagehot, und er studierte diese entscheidende Phase mit seinem ausgeprägten Sinn für Dramatik und seiner angeborenen Neugier: Konnte man denn nichts anderes machen? War das tatsächlich so, wie es ablief, unausweichlich? Könnte man sich nicht vorstellen, daß …?

In Bagehots Jahrhundert hatten die **Crashs** und die sie begleitenden **Runs** vor keiner Fassade haltgemacht. Selbst die beiden großartigsten Notenbanken seiner Zeit waren nicht vor ihnen gefeit. Im Jahre **1825** gab es einen Run auf die Bank von England, etwas, das wir uns heute gar nicht mehr vorstellen können. Das wäre so, als würden sich Schlangen vor den Landeszentralbanken bilden und Menschen ängstlich fragen: Sperrt die Bundesbank ihre Filialen noch einmal auf?

1825 aber standen die Londoner ängstlich vor der Bank von England und begannen, als diese öffnete, abzuheben. Im Gegensatz zur Bundesbank von heute hatte die Bank von England damals ein »Zahlungsproblem«. Denn die Menschen, die den Run machten, wollten nicht Banknoten sehen, sondern **Gold**. Heute hat der »Kunde« einer Notenbank solche Rechte nicht, also hätte es auch keinen Sinn, einen Run zu machen, weil die Banknoten, die von einer heutigen Notenbank verlangt werden könnten, in

72

wahrlich unendlicher Menge darstellbar sind, weil sich Papier schneller vermehren und bearbeiten läßt als Gold.

1825 war die Bank von England nur zu retten, weil die Bank von Frankreich eine Schiffsladung voller Gold-Sovereigns die Themse aufwärts schipperte. Am 19. Dezember 1825 kamen 400.000 Pfund in goldenen Münzen an, die Rothschilds besorgten den Schnelltransport per Kutschen, die Bank strotzte von Edelmetall, die Kunden waren beeindruckt und zogen wieder heimwärts.

Die Bank von Frankreich ihrerseits war 35 Jahre später dran, als im November **1860,** nach dem Ausbruch des amerikanischen Bürgerkrieges, Bargeld in Paris abgerufen wurde. Die Bank von Frankreich bezog nun ihrerseits zwei Millionen Pfund in Gold von der Bank von England und weitere zwei Millionen über die Bankhäuser von Rothschild und Baring, und im Frühjahr 1861 verlief sich auch in Paris die mißtrauische Kundschaft.

Seine finanzgeschichtlichen Erfahrungen legte Bagehot schließlich in einem Buch nieder (»Lombardstreet«, 1873), worin er die bei allen Bankern seitdem so überaus beliebte Theorie des **»Lender-of-last-resort«** entwickelt. **Darin geht es um denjenigen, der ganz zum Schluß (last resort) noch Geld raustut (lender). Oder anders:**

Wenn immer jemand ganz zum Schluß noch Geld raustut und immer weiter und immer wieder Geld raustut, kann eigentlich doch nichts passieren.

Was Bagehot an dieser Vorstellung fasziniert, hat er schon 1848 (auch einem Crash- und Krisenjahr) in seinem allerersten Artikel niedergelegt:

»Es ist ein großer Fehler eines Systems, in welchem Metallgeld zirkuliert, daß große Mengen davon nicht rechtzeitig so disponiert werden können, daß plötzliche Nachfrage befriedigt werden kann ... also empfiehlt es sich, im Falle einer *plötzlichen* Nachfrage dieses *neue Element* in das Metallgeldsystem einzuführen, nämlich *Papiergeld* ...«

Was Bagehot für das auf Metallgeld basierende Geldsystem des 19. Jahrhunderts vorgeschlagen hat, ist *heute* – **immerhin 137 Jahre später!** – wieder anerkannte Banken- und Notenbankendoktrin geworden. Bagehot fordert die Beseitigung der »orthodoxen Doktrin«,

»... in einer Periode der *Panik* die Ausgabe von gesetzlichen Zahlungsmitteln (»legal tender«) zu beschränken«.

Die offiziöse Doktrin der heutigen Notenbanken geht, wie es der ehemalige stellvertretende Generaldirektor der Schweizerischen Nationalbank, ein Mann namens **Kurt Schiltknecht,** auf dem Münchner Investment-Congress 1984 einem staunenden Publikum vorgeführt hat, dahin,

»jede *Panik* heute in der Tat dadurch zu *verhindern,* daß die Notenbanken jede gewünschte Summe Bargeld zur Verfügung stellen«.

Dem staunenden Publikum erklärt der Schweizer Notenbanker auch, daß in einem solchen Falle

74

»100 oder 200 Milliarden Dollar überhaupt kein Problem darstellen«

und daß

»sich das Publikum die Abnutzung der Schuhsohlen sparen kann, wenn es zu den Banken strebt, um dort abzuheben, weil wir (die Notenbanken) eben *jeden* gewünschten Betrag zur Verfügung stellen«.

So sind denn heute die Notenbanker brave **Bagehotianer** und sie halten sich an die Maxime ihres Meister, die da lautet:

»A panic is a species of neuralgia, and you must not starve it.«

Eine solche Nervenkrankheit darf man also nicht noch auf die Spitze treiben. Dem Publikum muß möglichst umgehend *jede Angst genommen werden*. Dabei geht es dann nur noch um die Frage, *wer* als **»Lender of last resort«** aufzutreten habe: die **Notenbank** – oder der **Staat** gleich direkt, was vielleicht sogar noch einfacher wäre. Denn dem Staat kann ja, wie uns immer wieder versichert wird, noch weniger passieren als der Notenbank, weil der Staat »Geld drucken lassen kann«.

In Bagehots Jahrhundert gab es auf die Frage nach dem letzten Leiher dazu zwei Antworten:

1. In der Panik von **1825** stritten sich Regierung und Bank hinter verschlossenen Türen. Der Regierungschef, Lord Liverpool, gab dann ein klares Statement ab, daß der Staat die Spekulanten nicht rauspauken würde, so daß die ganze Last auf die Bank von England fiel (die dann mit Hilfe eines »oberletzten« Lenders, nämlich der Bank von Frankreich, gerettet wurde, wie wir sahen).

2. In der Panik von **1890** war es dann umgekehrt. Diese Panik, die erste nach Bagehots »Lombardstreet«, brach aus, als die führende Londoner Privatbank, das Haus **Baring,** die Zahlungen einstellen mußte. Baring, auch das eine Parallele zur Gegenwart, hatte mit **argentinischen Bonds** spekuliert, die in einer der üblichen, zum Standardprogramm der Finanzgeschichte zählenden südamerikanischen Pleitewellen wertlos geworden waren. In Erinnerung an die 1825er Krise wollte der Schatzkanzler, Lord Goschen, der Bank von England einen Blanko-Wechsel der Regierung spendieren. Die aber lehnte ab und gab ihrerseits mit anderen führenden Häusern eine Erklärung ab, wonach man für die Schulden der Baring-Bank geradestehen wolle.

Heute sind solche Überlegungen indes weitgehend müßig, ob und wer für wen haftet und/oder geradesteht. **Heute** ist weltweit *Bagehot total:*

Alle Staaten werden für alle Staaten, alle Notenbanken für alle Notenbanken haften, einschließlich Währungsfonds und Weltbank und vielen anderen internationalen Institutionen. Und alle Staaten werden für alle Banken geradestehen, aber auch alle Notenbanken für alle Staaten und alle Staaten für alle Notenbanken.

Alle, alle, alle werden für alle, alle, alle dasein. Und alle wissen, daß keinem von allen etwas »passieren« darf, weil dann allen etwas zustößt. Nur ist allen, die sich heute auf Walter Bagehot berufen und die erklären, »endlich« könne nichts mehr passieren, weil man schließlich die Lektion aus der Geschichte gelernt habe, ein kleiner, aber entscheidender Fehler in der Interpretation der Theorie vom letzten Leihhaus unterlaufen.

Als Walter Bagehot lebte, bestand die weltweite Gesellschaft der Finanzmenschen aus ehrenwerten Leuten. Damals wurden dem Publikum nur in Ausnahmefällen Forderungen an es selbst verkauft, wie dies heute die **Staatskredit**-Manager so tüchtig treiben. Damals waren Forderungen tatsächlich in der Mehrzahl noch Kontrakte, mit deren Hilfe man jemanden **auffordern** konnte, zu leisten. Und nicht wie heute, weiter aufzuschulden und einen **Floater** durch einen **Zerobond** zu tilgen und umgekehrt. Damals bestanden die Aktivseiten der Banken, die sich einem Run gegenübersahen in der Mehrheit aus **Einbringlichkeiten,** die nur vorübergehend festgelegt waren. Hätte das Publikum gewartet, hätte es in Ruhe seine Aktiva auch einbringen können.

Bei Bagehot galt tatsächlich: Wer nicht warten kann, zerstört. Die Paniken und die Runs dazumal waren in der Tat die »speziellen Neuralgien«, von denen Bagehot sprach. Bagehots Forderung nach einem **oberhinterallernachletzten Leihhaus** war berechtigt und sie war vor allem fair auch gegenüber dem Gläubiger.

Heute aber wird das Publikum durch Anwendung der Bagehot-Theorie zu nichts anderem gebracht, als bis zum allerletzt möglichen Zeitpunkt zu warten. So lange, bis tatsächlich nur noch Forderungen an sich selbst existieren. Bis alle Gläubiger, wenn sie ihren Schuldner suchen, nur noch in den Spiegel blicken können.

Zusammenfassung

1. Der CRASH ist eine Forderungsvernichtung. Derjenige, den man auf-fordern wollte zu zahlen, kann nicht zahlen. Oder, was er auf Anforderung bezahlt, wird vom Gläubiger nicht akzeptiert.

2. CRASHS sind Schwarzbrot der Geschichte. Im Ablauf sind sie zum Teil verblüffend identisch, wie die beiden Super-Crashs des Jahres 33 und 1933 – obwohl neunzehn Jahrhunderte dazwischen lagen.

3. Durch »Bezahlung« verschwinden Schulden nicht. Es tritt nur ein Schuldner-Wechsel ein. Schulden verschwinden letztlich nur im Konsum.

4. In der privaten, freien Wirtschaft muß im Umfang der Zinszahlungen immer wieder geleistet (und konsumiert) oder eben gecrasht werden.

5. Sobald der Staat auftritt und seine Funktion über die Sicherung von Eigentum und Vertragserfüllung hinaus ausdehnt, werden die Mini-Crashs der freien Wirtschaft aufgestaut. Das Aufschulden beginnt.

6. Das Aufschulden ist zu Ende, wenn alle Gläubiger merken, daß sie nur Schuldner ihrer selbst sind.

7. Die Anwendung der Bagehot-Theorie vom »letzten Leihhaus« zögert diesen Endpunkt bis zum

letztmöglichen Termin hinaus: »Wir stellen jede Summe Bargeld zur Verfügung.«

PCM aber sagt: Weil alle bis zur allerletzten Sekunde warten, wird es diesmal der größte CRASH aller Zeiten werden.

Was ist nur mit den Zinsen los?

Vom Zweiprozenter zum Zwölfprozenter
Warum die Zinsen erst nach dem Crash
wieder fallen
In einem Punkt hat Marx doch recht behalten

»Der Zins ist der Preis
für Geld und Kapital.«

Volksmund

Ach, mein Zweiprozenter, wo bist du?

Im Oktober 1930, knapp ein Jahr nach dem New Yorker Aktien-Crash, der die Große Depression einleitete, schrieb **John Maynard Keynes,** der bekannteste Ökonom des Abendlandes, einen ganz fürsorglichen Artikel: »Economic Possibilities for our Grandchildren« – Was für Chancen haben eigentlich unsere Enkelchen?*)
Zunächst macht der Professor seinem Herzen Luft:

»Im Augenblick leiden wir unter einem miesen Angriff des wirtschaftlichen *Pessimismus.* Überall hört man die Leute sagen, die Epoche der enormen wirtschaftlichen Fortschritte, die das 19. Jahrhundert charakterisiert haben, sei vorbei ... und daß ein Absinken der Prosperität in den Jahrzehnten, die vor uns liegen, wahrscheinlicher sei als ein Aufschwung.«

Ach jeh! Da Miesepetrigkeiten kein Mensch lesen würde, läßt der feinnervige Gelehrte aus Cambridge sofort ein Ist-aber-alles-nicht-so-schlimm-Statement ab:

»Ich glaube, daß es sich dabei um eine wild mißverständliche Interpretation der Dinge handelt, die um uns herum geschehen.«

Danach rührt Keynes ein bißchen in der Vergangenheit herum, gibt beiläufig eine neue Geschichtstheo-

*) In: »The Nation and Athenaeum« vom 11. und 18. Oktober 1930.

rie zum besten*), um dann zu seinem Punkt zu kommen: Selbst eine wachsende Bevölkerung könne spielend ernährt und auch beschäftigt werden, weil der dafür benötigte »**Kapital-Stock**« weiter wachsen würde, wie er seit dem 16. Jahrhundert auch immer gewachsen ist.

Diese Verknüpfung von Lebensstandard und Kapitalstock, sowie die Ableitung daraus: Kapitalstock steigt, also steigt auch Lebensstandard, ist für die Enkel, die Keynes in seinem Beitrag ansprechen wollte, von entscheidender Bedeutung. Der Meister:

»Der Zuwachs des Kapitals war um weit mehr als das Hundertfache größer als zu allen anderen, früheren Zeiten ... Wenn dieses Kapital, sagen wir, um *zwei Prozent pro Jahr steigt,* wird die Kapitalausstattung der Welt in 20 Jahren schon um die Hälfte größer sein als heute und sich in hundert Jahren versiebeneinhalbfacht haben. Stellen Sie sich das einmal in Form von *materiellen Dingen* vor – als Häuser, Autos und dergleichen.«

Der Meister und der Zinseszins-Effekt! Zunächst ist von »Kapital« die Rede, eigentlich vom *Sach*kapital, wie aus dem Zusammenhang hervorgeht. Um aber keine Mißverständnisse aufkommen zu lassen, wiederholt es Keynes noch einmal (»in terms of *material* things«). Aber das Schönste ist seine Vorstellung von **zwei Prozent.**

---

*) Der Vater des britischen Wohlstands sei danach Sir **Francis Drake.** Der Freibeuter kam 1580 mit spanischen Schätzen zurück nach London und konnte den Syndikats-Mitgliedern, die seine Fahrt mit der »**Golden Hind**« finanziert hatten, auszahlen, darunter Königin **Elisabeth I.**: »Von ihrem Anteil zahlte sie die gesamte englische Staatsschuld (!) ans Ausland zurück, glich den Haushalt aus und hatte überdies noch 40.000 Pfund übrig.« Schade eigentlich, daß diese Schuldentilgungs-Methode nach Drake aus der Mode gekommen ist – so vielen wäre heute geholfen!

Das kann man sich auch vorstellen, wie sich die Welt des Gegenständlichen, soweit sie in Form von Kapitalgütern besteht, in einem Tempo von 2 Prozent p. a. vermehrt. Doch was ist dann mit der Welt der **Forderungen?** Was passiert, wenn sich die Forderungen, wenn sich das berühmte *Geld*kapital nicht um zwei Prozent vermehrt, sondern um 4 Prozent? Dann ist die »Kapitalausstattung«, von der Keynes schreibt (nicht die Sach-, sondern die *Geld*kapitalausstattung!) in 20 Jahren nicht um die Hälfte größer, sondern sie wächst auf das 2,2fache.

Und bei 6 Prozent in 20 Jahren?

Wüchse das »Kapital« auf das 3,2fache.

Und bei 12 Prozent – wie es heute im Dollarraum gang und gäbe ist?

Ei, da käme in 20 Jahren das **Zehnfache** heraus. An »Kapital«. Nur: Was wäre das für ein Kapital, Professor Keynes? Wäre es vielleicht nur *Geld*kapital, für das man sich kein *Sach*kapital kaufen könnte, keine Häuser, keine Autos?

Andererseits ist die Keynes'sche Idee vom **Zweiprozenter** so abwegig auch wieder nicht. Im 19. Jahrhundert, aus dem er stammt (geboren 1883), rentierten sich die besten Titel, die man auf Erden anfassen konnte, die britischen **Consols** mit etwa 2 Prozent.*)

Und auch in jenem Jahr 1946, da Keynes mit einem Eisbeutel um die Brust von einem Herzinfarkt überrascht wurde, galt der Zweiprozenter als »üblich«. In

---

*) Da ihr Nominalzins bei 2 1/2 Prozent lag, notierten diese Titel zumeist über pari! Der Kurs dieser Zweieinhalbprozenter, die es bis heute als »undatierte« Anleihen an der Londoner Börse zu kaufen gibt: **25,** was einen Effektivzins von rund 10 Prozent ausmacht.

dieser Größenordnung verzinsten sich die *damals* besten Titel, die man anfassen konnte: **U.S. Treasury Bonds.**

Nur sozusagen »zwischendurch« gab es einige Zins-Spitzen, in der unmittelbaren Nachkriegszeit und dann zu Beginn der Weltwirtschaftskrise, als sich die Renditen für Industrie-Anleihen hüben und drüben auf die Zehnprozent-Marke zubewegten und darüber hinausgingen, wie die Renditen für die damals best-beleumundeten, sogenannten »Baa-Bonds« der amerikanischen Großindustrie, die im Frühsommer 1932, auf dem Höhepunkt der Krise, bei knapp **12 Prozent** zum Stehen kamen.

Zwischen einem **Zwei-** und einem **Zwölfprozenter** gibt es nun aber einen Unterschied, der nicht einfach damit abgetan werden kann, daß man sagt: Na, der eine Zins ist eben »höher« als der andere. So wie man sich damit abfindet, daß es Menschen gibt, die 1,30 Meter groß sind und solche, die an 2,50 Meter heranragen. So in dem Sinne: Beide können leben, und mit beiden kann man leben.

Was der Zweiprozenter, der die Vorstellungswelt des John Maynard Keynes prägte, erst in einem halben Jahrhundert schafft, nämlich aus einer Anfangsgröße das Zweieinhalbfache zu machen, schafft ein Zwölfprozenter in wenig mehr als acht Jahren.

In dem halben Jahrhundert, in dem sich ein Zweiprozenter mit Zins und Zinseszins ver*zweieinhalb*facht wird aus einem Zwölfprozenter mit Zins und Zinseszins aber fast das *300*fache!

2,5 zu 300 – das ist der Unterschied.

Der Unterschied zwischen Keynes und heute.

Die Todeskurve der freien Wirtschaft

Jetzt ist wieder Zeit für eine optische Übung. Dazu schlagen Sie bitte die Seite 88 auf, wo das Diagramm »5-Year Cash T-Bonds« abgebildet ist. Um die Etüde einwandfrei durchführen zu können, benötigen Sie außerdem:

– **einen roten Filzstift mittlerer Dicke,**
– **ein Lineal,**
– **einen Spiegel.**

Haben Sie alles zusammen? Gut, dann geht es los. Zunächst vertiefen wir uns in die Kurve. Unten sind die Jahre abgetragen, seit Mitte der 1950er, rechts und links sind die Prozentsätze abgesteckt. Und die Kurve selbst gibt wieder: die **monatlichen durchschnittlichen Renditen für 5 Jahre laufende amerikanische Staatspapiere.** (T ist die Abkürzung für »Treasury«, das ist das amerikanische Schatzamt. Sicherere Wertpapiere als amerikanische Treasury Bonds gibt es nicht.

Es kann auch keine sichereren Wertpapiere (Forderungen, Guthaben, Anlagen usw.) geben als amerikanische Staatspapiere, weil der amerikanische Staat der mächtigste Schuldner ist, der je auf Erden wandelte. **Private** Schuldner sind immer wackelig, weil sie das Geld, das sie zur Rückzahlung ihrer Schulden brauchen, nur auf freien Märkten beschaffen können; private Schuldner sind auf die *Freiwilligkeit* des jeweiligen Markt-Partners angewiesen. Kauft der Kunde die Produkte des Schuldners nicht ab, gibt es

INTEREST RATES

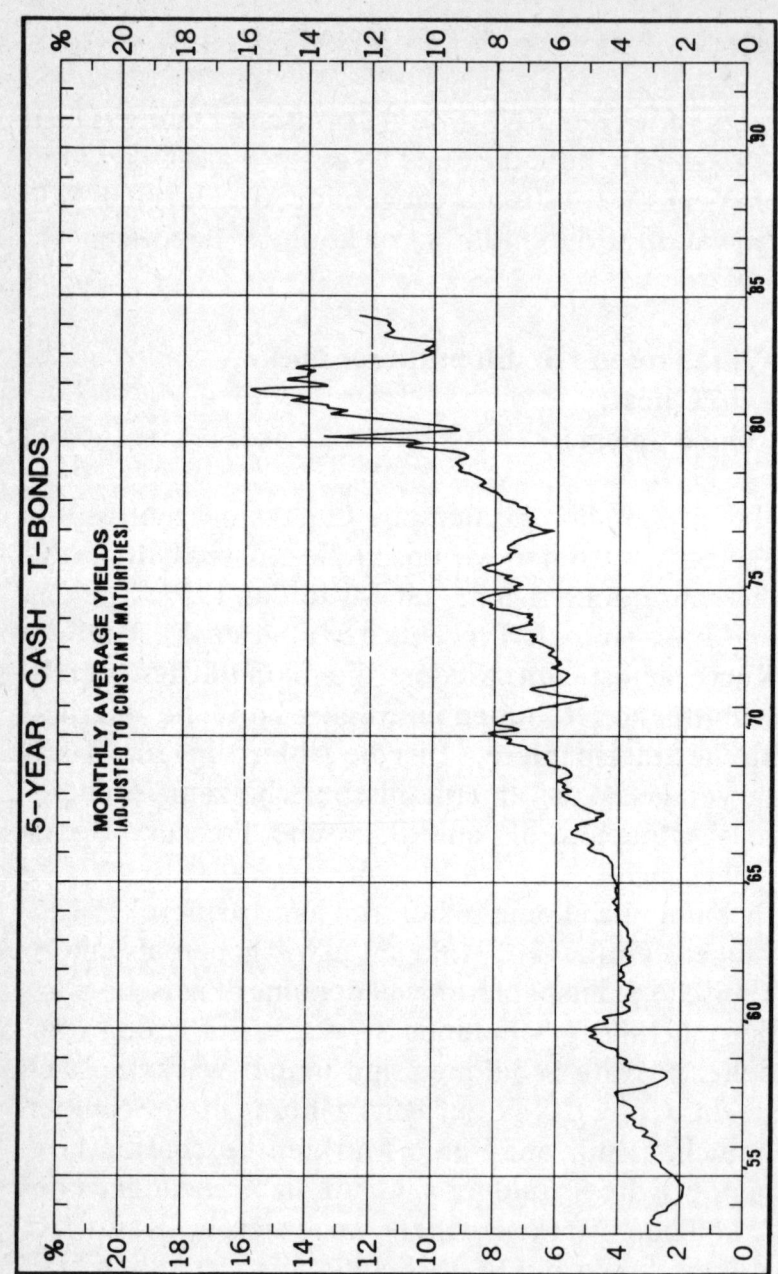

5-YEAR CASH T-BONDS

MONTHLY AVERAGE YIELDS
(ADJUSTED TO CONSTANT MATURITIES)

keinen **Cash-flow,** kommt nichts in die Kasse. Und wo nichts reinkommt, kann auch nichts rausgehen. Dann ist der private Schuldner fertig, und alle, die ihm Geld anvertraut haben, schauen in die Röhre. Ganz anders bei **staatlichen** Schuldnern. Die sind auf keinen Markt angewiesen, auf *keine* Freiwilligkeit. Die müssen sich in keiner Weise anstrengen, um das Geld zu besorgen, mit dem sie ihre Schulden bedienbar halten. Für die staatlichen Schuldner genügt es, Steuern einzuführen (also **Zwangsabgaben**) und dafür zu sorgen, daß die Steuergesetze auch vollstreckt werden.

Der private Schuldner muß *leisten,* der staatliche Schuldner *zwingt.* Der private Schuldner muß die Kunden hereinbitten, damit sie ihm Geld dalassen. Der staatliche Schuldner muß nur die Tür eintreten, um beim säumigen Steuerzahler ans Bare zu kommen. Der private Schuldner zeigt uns Blumen, der staatliche Schuldner zeigt uns das Gewehr.

Daher sind staatliche Schuldner bei Banken und nachgeschalteten Gläubigern auch so beliebt. Da sie sich ihr Geld immer mit Zwang und letztlich Gewalt holen, kann bei staatlichen Schulden eigentlich auch nichts passieren. Die Mündung der Waffe ist eine Sicherheit, die nicht zu übertreffen ist.

Die Waffen, mit denen das U.S. Government, der mächtigste Staat aller Zeiten, arbeiten kann, um zu seinem Geld zu kommen und damit seine Gläubiger zu befriedigen, sind die stärksten, die es in der Geschichte je gegeben hat. Hinter den amerikanischen Staatspapieren lächeln die Colts von 50000 Steuerfahndern und Hunderte von Abschußrampen. Wer einer solchen Macht-Maschine Geld leiht, kann also beruhigt schlafen. Gezahlt wird immer.

Analoges gilt für die andere »Weltmacht«, die Sowjetunion. Der erste westliche Geschäftsmann, der vom neuen russischen Diktator, **Gorbatschow,** empfangen wurde, war ein alter Spezialist des Staatskredits, der Chef der Deutschen Bank AG, **F. W. Christians.** Wer die Bilder der beiden Herrschaften gesehen und gehört hat, was Christians über den Kreml-Herrscher zu künden wußte (»Eine einzigartige Persönlichkeit, in seinem Verhalten wie in seinem Führungsstil völlig ungewöhnlich«!), der versteht, warum **Felix Somary** für solche »Bankiers« nur ein Wort übrig hatte: **»Staats-Lakaien«.**

Wenn wir uns die Zinskurve für die amerikanischen Staatspapiere jetzt näher betrachten, stellen wir zunächst fest: **sie steigt.** In den 50er Jahren waren es zwei Prozent, in den 60er dann vier, in den 70er dann acht und seit den 80er Jahren sind so durchschnittlich um die **zwölf Prozent** erreicht. Weiter stellen wir fest, daß die Zinssätze immer stärker schwanken.

Damit wir uns nicht von Abweichungen ablenken lassen, suchen wir jetzt den **durchschnittlichen Zinstrend** zu ermitteln. Denn mit Schwankungen zu argumentieren, wo sowieso jeder weiß, daß die Zinsen schwanken und daß sie in Zeiten besonders starker »Konjunktur« mal höher sind als sonst und in Zeiten einer »Rezession« dann eben wieder stärker fallen – das führt nicht weiter. Wir wollen wissen: Was ist wirklich los?

Das kriegen Sie schnell raus, indem Sie jetzt mit Ihrem roten, mitteldicken Filzstift eine **Linie** mitten durch diese Zacken ziehen, und zwar so, daß die jeweiligen Zacken nach beiden Seiten möglichst gleich weit von Ihrer roten Linie weg sind. Dann machen Sie eine weitere interessante Entdeckung: Diese Linie ist keine Gerade, sondern eine **Kurve, die nach oben weist.**

Die Zinsen sind also im Laufe der letzten 30 Jahre nicht nur »gestiegen«, sondern sie sind auch **immer schneller gestiegen.**

Wie wir eben anhand der **Zweiprozenter**-Fabel des John Maynard Keynes gesehen haben, ist ein solcher Zinsanstieg nicht zum Lachen, schon gar nicht, wenn er sich auch noch **beschleunigt.** Denn die Verpflichtungen, die ein solcher Zins mit sich bringt, steigen dann nicht mit der üblichen Zinseszins-Mechanik an, sie sprengen jede Vorstellung. Dies können Sie sich mit einer zweiten Übung klarmachen.

Ziehen Sie dazu eine zweite Linie, diesmal eine **Gerade** mit dem Lineal, durch die beiden ersten **unteren Zacken.** Das sind die Zinstiefpunkte Mitte 1954 und Mitte 1958. Hätten sich die US-Zinsen entlang dieser Gerade entwickelt, läge das amerikanische Zinsniveau (für erstklassige Staatstitel) heute erst bei **6 Prozent.** Tatsächlich aber ist inzwischen eine doppelt so hohe Marke, nämlich **12 Prozent,** erreicht.

Der Unterschied zwischen sechs Prozent Zinsen und zwölf Prozent ist aber nur im *ersten* Jahr so, daß der zweite Zins eine doppelt so hohe Leistung/Zahlung verlangt. Bleiben die Schulden und die Guthaben zu diesen Sätzen stehen, entwickelt es sich kaum glaublich *auseinander.* Eine sechsprozentige Schuld hat sich in zwölf Jahren etwa verdoppelt. Eine zwölfprozentige Schuld hat sich dagegen in zwölf Jahren schon fast vervierfacht!

Oder, um beim Beispiel Amerika zu bleiben: Wäre der Zinsanstieg **linear** verlaufen, hätte sich nicht nur eine erheblich niedrigere Staatsschuld ergeben, sondern sie würde auch erheblich langsamer weitersteigen. Von den Zahlen des Jahres 1985/86 aus gerechnet, läge die US-Schuld Ende des Jahrtausends dann erst bei 4,3 Billionen Dollar. Bleiben die Zinsen so, wie sie es jetzt sind, ohne zu fallen, aber auch ohne weiter zu steigen, dann liegt die US-Schuld im Jahr 2000 schon bei **10 Billionen Dollar** – nur indem sie stehenbleibt und die fälligen Zinsen wieder zum »Kapital« geschlagen werden.

So, und jetzt nehmen wir den Spiegel in die Hand oder gehen mit der Zinskurve kurz mal ins Badezimmer. Um zu sehen, was nun wirklich Sache ist, stellen wir die Kurve auf den *Kopf* und halten sie jetzt vor den Spiegel. Was wir sehen, ist eine Kurve, die immer schneller in die Tiefe weist. Wir sehen die Kurse der US-Staatspapiere, die sich **spiegelbildlich** zu den Zinsen verhalten. Wenn also jemand einen solchen T-Bond gekauft hat, verlor der immer mehr am Kurs. (Lassen Sie sich dabei nicht von der Tatsache täuschen, daß vorübergehend – in unserem Beispiel alle fünf Jahre – der Bond wieder zum vollen Wert von 100 Prozent zurückgezahlt wird; kaum hat man nämlich die 100 Prozent in den nächsten, höherverzinslichen Bond gesteckt, beginnt dieser – unter Schwankungen – wieder zu fallen. Ein Sparer, der *zwischendurch* Kasse machen muß, liegt grundsätzlich im Verlust, weil er seine 100 Prozent erst kurz vor Endfälligkeit wiedersieht. Das zermürbt den Sparer, der sich daraufhin vornimmt, beim nächstenmal nicht mehr so *langfristig* anzulegen, sondern Bonds mit kürzeren Laufzeiten zu wählen bzw. solche mit Zinsanpassung usw.; daraufhin werden die Laufzeiten immer kürzer, damit auch die Zinszahlungszeiträume, was sich wiederum zu noch höheren Zinsen und weiter fallenden Kursen für die alten Papiere aufschaukelt.)

Treten wir jetzt vom Spiegel zurück und fassen wir zusammen:

1. Seit über 30 Jahren existiert in der führenden kapitalistischen Volkswirtschaft ein steigendes Zinsniveau.
2. Dieses Zinsniveau steigt nicht linear, sondern progressiv.

Da das amerikanische Zinsniveau quasi den Eckzins für die gesamte freie Wirtschaft darstellt, ist zu fragen:

1. Können die Zinsen denn nicht wieder sinken?
2. Was ist mit der freien Wirtschaft, für die Zinsen ein entscheidender Kostenfaktor sind, wenn die Zinsen immer schneller in die Höhe gehen?
3. Was ist mit den Sparern, die mit den steigenden Zinsen immer schneller immer höhere Guthaben anhäufen, also immer rascher immer reicher werden?

Die höchsten Zinsen seit Monsieur Guillotin

Niemand wird bestreiten, daß die Zinsen sehr, sehr hoch sind. Im »Wall Street Journal«, der wichtigsten Finanzzeitung der freien Welt, erschien im Herbst 1984 ein Artikel, der darauf verwies, daß es eine so lange Hochzinsperiode wie in den vergangenen sechs Jahren nur ein einziges Mal in der neueren Geschichte gegeben habe – in der Zeit der **französischen Revolution.**

Im führenden europäischen Wirtschaftsblatt, der Londoner »Financial Times«, beschworen die Redakteure ebenfalls die Frühzeit der **industriellen Revolution,** als sie Anfang 1985 mit der Schlagzeile aufwarteten:

»Die höchsten Zinsen seit 150 Jahren.«

Gewiß gibt es viele Länder, die mit erheblich höheren Raten leben müssen, als es die 12 Prozent in den USA sind, die das »Wall Street Journal« ansprechen wollte, oder die 15 Prozent, die der »Financial Times« Sorgen bereiteten. Aus den Hochinflationsländern werden Fabelsätze gemeldet. In **Israel** konnte man Mitte Februar Kontokorrentkonten eröffnen, über die der Korrespondent der »Welt« zu berichten weiß:

»So kann man jetzt schon mit einem Guthaben von 50 000 Shekel (1080 Mark) ein Kontokorrent mit einem Zinssatz von 0,31 Prozent im Tag eröffnen. Die Zinsen werden *täglich zum Kapital geschlagen,* so daß die effektiven Zinsen 2,19 Prozent in der Woche und 197 Prozent im Jahr betragen. Bei höheren Einlagen steigt der Zinssatz bis auf 0,38 Prozent am Tag ...«

Das ist lustig, wie die schlauen Juden die Inflation »überlisten« oder ihr »ein Schnippchen schlagen«, nicht wahr?

So kann keinem Sparer mehr was »passieren«, wenn der Zins, den er kassiert, immer *über* der Inflationsrate liegt. Zinssatz und Inflationsrate scheinen in den »hochindustrialisierten« Volkswirtschaften mit ihrer »aufgeklärten und mündigen Bevölkerung« zusammenzuhängen wie Geschwister, die zusammen aufwachsen und wobei der eine immer einen Kopf größer bleibt als der andere.

Und wenn der »böse« Bruder, die Inflationsrate, wieder etwas niedriger wird, so kommt auch der »brave« Bruder, der Zinssatz, wieder nach unten.

Die Wirtschaftsgeschichte scheint auch jede Menge Beispiele für einen **Zinsrückgang** bei zurückgehenden Inflationsraten parat zu haben. Schon eine der ersten ausführlichen statistischen Untersuchungen über den Zusammenhang zwischen Preisniveau und Zins, die der russische Ökonom **Nikolai Kondratieff** Mitte der 1920er Jahre vorgenommen hatte, kam zu einem »stimmigen« Ergebnis:

»Der Kurs der festverzinslichen Wertpapiere bewegt sich *entgegengesetzt* wie Konjunktur und Kapitalzins. Daher muß seine Bewegung ... der Bewegung der *Warenpreise* entgegengesetzt verlaufen.«

Was der Russe, dessen Vorstellung von »langen Wellen der Konjunktur« uns noch beschäftigen wird, in seinen Statistiken entdeckte, hatte ein amerikanischer Kollege, der Yale-Professor **Irving Fisher,** schon 1911 in einen Aufsatz gekleidet, über den es heißt:*)

»Er (Fisher) beobachtete, daß Inflation und Deflation des *Preisniveaus* zu einem Anstieg bzw. einem Fall der *nominellen Zinssätze* führt, weil sich der Kreditgeber in erster, der Kreditnehmer in zweiter Linie, dagegen schützen wollen, weniger wertvolles Geld zurückzuerhalten, wobei der Kreditgeber sein Geld nur noch bei einem höheren Preisniveau ausgeben könnte, der Kreditgeber seine Schulden aber in Geld zurückzahlen müßte, das mehr wert geworden ist.«

Dieser Vorgang, der sich plausibel anhört, ist unter dem Namen **Fisher-Effekt** in die Geschichte eingegangen. Was freilich noch lange nicht bedeutet, daß er auch stimmt.

Tatsächlich *steigen* die Zinsen, wenn die Preise steigen, was gerade wieder die Jahre der *weltweiten Inflation* in den 1970er Jahren bestens gezeigt haben. Wie ein Blick auf die **Todeskurve** zeigt, hat sich das Zinsniveau in den tonangebenden USA zwischen 1970 und 1980 mehr als *verdoppelt* – eine Erscheinung, an der Professor Fisher seine Freude hätte. So dumm sind also die Sparer auch in seinem Heimatland nie geworden, daß sie sich vom fallenden Geldwert so einfach enteignen ließen.

---

*) Das folgende Zitat aus: **Charles Kindleberger,** A Financial History of Western Europe, London, 1984. Der Aufsatz von **Irving Fisher** erschien unter dem Titel »The Purchasing Power of Money: Its Determination and Relation to Credit, Interest and Crises«.

Zinsplus, Zinsfall – wie Kükenflaum und Krach

Tatsächlich *fallen* die Zinsen, wenn die Preise fallen. Den klassischen Beweis für diesen Teil des Fisher-Effekts brachten zum Beispiel die Jahre 1874 bis 1896 und – zum bisher einzigen Mal in diesem Jahrhundert – zwischen 1934 und der Nachkriegszeit. Diese Phase ist auch sehr schön anhand des amerikanischen **Diskontsatzes** zu demonstrieren. Der kam von **6 Prozent** anno 1929 bis auf sage und schreibe **0,5 Prozent** in den Jahren 1943/46 herunter!

So weit, so gut. Aber leider wird der entscheidende Punkt übersehen:

Die Zinsen steigen, nachdem die Preise steigen – ganz problemlos. Der Übergang von stabilen zu steigenden Preisen ist weich wie ein Kükenflaum.
Die Zinsen fallen, nachdem die Preise fallen. Der Übergang von steigenden zu fallenden Preisen aber ist der CRASH.

Die Ökonomen in Theorie und Statistik haben den kritischen Teil der Übung unterschlagen, den Übergang von steigenden zu fallenden Preisen. Sie haben uns daher auch nicht verraten, daß dieser Übergang *immer von einer großen wirtschaftlichen Katastrophe begleitet war.*

Das war 1873 der große Wiener Börsenkrach; das war 1929 der New Yorker Aktien-Crash. Das war auch schon in den 1820er Jahren die schwere Krise, die zum **Run** auf die Bank von England führte. Das war 1720 der Zusammenbruch der Südsee- und der

Mississippi-Spekulation in London und Paris, und so weiter.

Nichts ist lächerlicher als die Vorstellung, *heute* sei alles »anders«, heute würden die Zinsen sogar schon fallen, wenn nur die Inflations*raten* zurückgehen. Der ehemalige amerikanische Finanzminister und jetzige Reagansche Chefberater **Donald Regan** hielt auf der Herbsttagung des Währungsfonds in Washington 1983 eine Rede, in der er die Frage zu beantworten suchte, warum denn die Zinssätze noch nicht so richtig gefallen seien, obwohl man doch jetzt die Inflation »im Griff« habe. Regans Antwort:

»Die Zinsen werden wieder fallen, sobald die Bevölkerung es gemerkt hat, daß die Preise nicht mehr steigen.«

Inzwischen sind viele Preise gefallen, die Inflation hat sich weitgehend verflüchtigt, der Produzentenpreis-Index, der Index der Rohstoffpreise sind **rückläufig,** und dennoch sind die Zinsen nach wie vor auf einer Höhe, die man vor zehn Jahren, als die Inflation im ersten Saft stand, noch für ganz undenkbar gehalten hätte. Was ist los?

Sind die Anleger zu dumm, um zu merken, daß die Inflation gebrochen ist, oder sind sie nur zu *mißtrauisch,* rechnen sie also damit, daß die Preise »demnächst« wieder steigen, so daß man sich gar nicht erst die Mühe machen muß, mit niedrigeren Zinssätzen zu operieren, weil ohnehin bald wieder steigende Zinsen »angebracht« sind?

Diese beiden Argumente – die Kapitalmärkte hätten es »noch nicht gemerkt« bzw. seien »noch zu mißtrauisch« – sind wie Rettungsringe, an die sich Ökonomen, Politiker und Bankiers klammern, denen irgendwie schon klar ist, daß eine Weltwirtschaft mit einem Dollarzins-Niveau von 12 Prozent (bei im wesentlichen stabilen, wenn nicht fallenden Preisen) *nicht überleben kann.* Die allgemeine Verwunderung, die über der Welt liegt, gab die »Financial Times« in einem Beitrag im Anschluß an die **Stoss-Hausse** am New Yorker Aktienmarkt Anfang August 1984 wieder:

»At a time of such subdued inflation, it is virtually *unprecedented* for interest rates to be *so high.*«

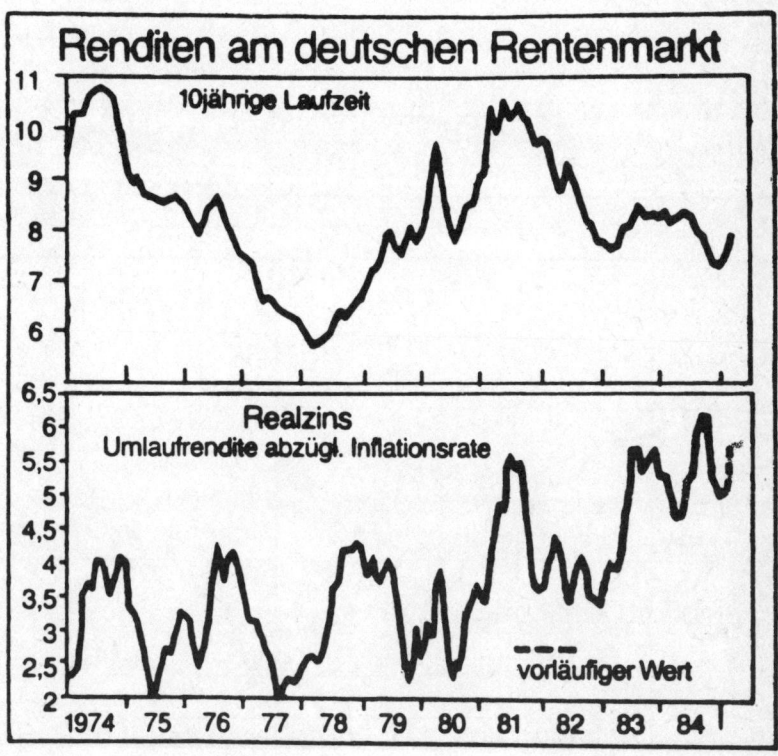

Renditen am deutschen Rentenmarkt

10jährige Laufzeit

Realzins
Umlaufrendite abzügl. Inflationsrate

vorläufiger Wert

1974 75 76 77 78 79 80 81 82 83 84

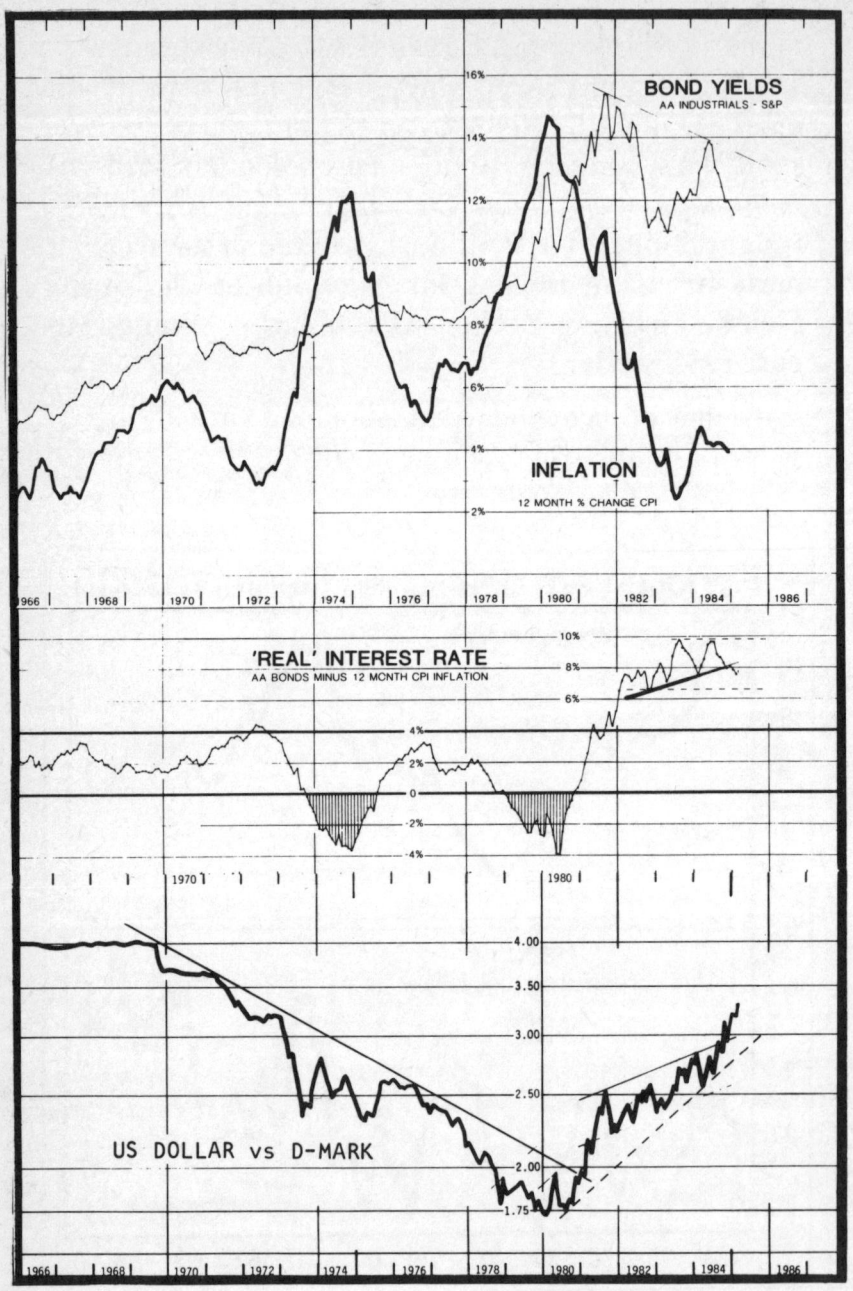

BOND YIELDS
AA INDUSTRIALS - S&P

INFLATION
12 MONTH % CHANGE CPI

'REAL' INTEREST RATE
AA BONDS MINUS 12 MONTH CPI INFLATION

US DOLLAR vs D-MARK

100

Wie kann die Inflation nur so runter sein und die Zinsen noch so hoch? Da am Aktienmarkt traditionell die Regel gilt, daß sich die Kurse (auch das sind Preise) *entgegengesetzt* zu den Zinsen verhalten, sind solche plötzlichen Haussen in *Hochzinsphasen* etwas überaus Rätselhaftes. Eigentlich »dürfen« sie nicht sein.

Das ganze Zinsproblem wird noch viel dramatischer, wenn man nicht nur auf die *nominellen* Sätze schaut, sondern auf die realen Zinsen, wie Sie das anhand von deutschen und amerikanischen Zahlen sehen können (siehe Seite 99 und 100).

Nominelle Zinsen kann man, wie es so schön heißt, »überwälzen«, d. h. man wickelt sie einfach in steigende Preise ein und reicht sie weiter – an den Endverbraucher. Was aber ist, wenn der Endverbraucher eine solche Zins-Kosten-Überwälzung nicht mitmacht? Dann muß der Unternehmer die Zinsen letztlich zahlen, und zwar in *echt verdientem* Geld, also echt erbrachter und akzeptierter *Leistung*.

Realzins, Netto-Zins, Zins-Katastrophe

Die Zinsen sind überdies im Jahr 1984 *netto* gestiegen, da die wichtigsten Regierungen die bis dahin erhobenen »Couponsteuern« abgeschafft haben.
Bisher behielten z. B. der deutsche und der amerikanische Finanzminister von den ausgezahlten Zinsen gleich 25 oder 30 Prozent ein, damit auch das internationale Schwarzgeld zur Steuerzahlung herangezo-

gen würde. Jetzt werden die Zinsen **brutto für netto** kassiert, der Finanzminister ist weit und die Schweizer Konten ungemein verschwiegen. Nach Untersuchungen der Deutschen Bundesbank ist in der Bundesrepublik Deutschland die Steuermoral schon so tief gesunken, daß vermutlich kaum noch 15 Prozent der Zinseinnahmen versteuert werden, und dies mit sinkender Tendenz. Inzwischen ist weltweit ein **realer Nettozins** zu beobachten, der in der Tat nur seinesgleichen hatte in historischen Parallel-Phasen, die **direkt in den Crash geleitet haben;** ein vergleichbar hohes Niveau ist in allen führenden Industrienationen zum letzten Mal in der **großen Krise nach 1929 beobachtet worden – kurz bevor die letzte Welle der Bankschließungen und der Staatsbankrotte den Crash (= Forderungsvernichtung!) abgeschlossen hat.*)**

Immer wieder hört man jetzt von sogenannten »Zinssenkungsspielräumen«, die angeblich bestünden, weil doch die Inflation tot sei und die Notenbanken dann ein Einsehen hätten und »vorausschauend« alles wieder ins Lot brächten. Einer der bekanntesten deutschen Ökonomen, der Professor und »Wirtschaftswoche«-Herausgeber **Wolfram Engels,** hat diesen Gedanken vom »Zinssenkungsspielraum«, den vor allem die amerikanische Notenbank habe, immer wieder vorgetragen, so daß man eigentlich

---

*) Der **Realzins** stieg zwischen 1929 und 1932 im **Deutschen Reich** von 5,5 auf fast **20 Prozent.** In den **USA** von 5 Prozent auf **26 Prozent.** Im Frühjahr 1985 lag der Realzins in der Bundesrepublik Deutschland bei rund **6 Prozent** und in den USA bei etwa **12 Prozent.** Wir haben also noch einen schönen Weg vor uns.

von einer optimalen Welt in die nächste zu taumeln glaubt:

Zwar sind die Preise mal gestiegen, aber jetzt sind sie endlich wieder stabil. Und die Zinsen, die da mitgestiegen waren, die fallen dann wieder. Und wenn die Zinsen sinken, dann geht es auch der Wirtschaft endlich wieder richtig gut. Sie kann dann ordentlich investieren und den »Aufschwung« endlos lang verlängern. Und alles ist wieder schön und wie früher.

Das ist Wunschdenken, und von der Realität so weit entfernt wie ein verbeamteter Lebenszeit-Professor von der freien Wirtschaft. Weder gibt es ein »glückliches Ende« der Inflation in »stabilen« Preisen, noch fallen die Zinsen »schön brav«, wenn die Preise »stabil« sind. Sondern die Zinsen fallen, *nachdem* **die Preise gefallen sind, und erst am Ende der unausweichlichen DEFLATION erreichen sie wieder ihr »schönes« oder »normales« Niveau, wenn wir wieder Zweiprozenter zeichnen dürfen.**

Einer, der immer wieder sagt, wie es um die Zinsen und die Zinsentwicklung bestellt ist und was passiert, wenn die Zinsen sinken, ist ein alter Praktiker, der ehemalige Privatbankier **Johann Philipp von Bethmann.** Ich darf aus einem Beitrag Bethmanns für die »Wirtschaftswoche« im September 1984 zitieren:

»Ein Absturz der Zinsen ist lebensgefährlich für die Wirtschaft. Zinsrückgang bedeutet schon Rezession, Zinssturz bedeutet schwere Krise ...

Wenn die Zinsen jetzt also fallen, dann kann es sehr *ernst werden.* Dann kann aus der schönen »Stabilisierung«, aus dem Sieg über die Inflation, die Superstabilisierung, die Deflation, ja eine *Depression* werden, ein Zustand der Wirtschaft, *den wir gar nicht mehr kennen.«*

Der Baron von Bethmann erklärt dann, was vor uns liegt. Es ist sozusagen das Kurzprogramm der unmittelbar vor uns liegenden Entwicklung:

»Gehen nämlich die Zinsen zurück, dann gehen auch alle anderen Preise zurück. Attentismus breitet sich aus. Alles wartet auf noch billigere Zeiten. Alles kauft weniger Ware und pumpt weniger Geld. Die teuer finanzierte Produktion bleibt dann liegen, *und noch mehr von den alten Schulden werden endgültig unbezahlbar.* Die Pleiten nehmen zu und mit ihnen die Arbeitslosigkeit. *Dann ist sie da – die echte Weltwirtschaftskrise.*«

Da Johann Philipp von Bethmann auch unter die »Kassandras«*) gerechnet wird, fragt man uns oft, worin wir uns in unserer Weltsicht unterscheiden. In der Interpretation von Ablauf und Ende der weltwirtschaftlichen Veranstaltung sind wir deckungsgleich, nur in der Analyse der Eingangs-Phase bzw. des »Auslösers« haben wir geringfügige Differenzen. Bethmann glaubt, man »hätte« seitens der Politik und/oder der Notenbanken mit einer anderen Zinspolitik noch etwas »retten« können. Für mich gab es von vorneherein nichts mehr zu retten, nachdem die weltweite **Staatsschuldenorgie** einmal gestartet war.**)

---

*) **Kassandra:** Seherin im alten Troja, die den Untergang ihrer Stadt prophezeite – und recht behalten hat. Die Leute, die Bethmann und mir vorwerfen, wir seien »Kassandras« sind in der antiken Geschichte offenbar nicht sattelfest. Es ist ein Ehrentitel.

) Bethmanns Bücher über die »Zinskatastrophe« und den »Verratenen Kapitalismus« (Athenäum-Verlag) sind Klassiker zum Thema. Die Unausweichlichkeit des Crash aufgrund des Staatsschuldenproblems, das sich wiederum aus der **Existenz von Staaten als per definitionem marktwirtschaftswidrigen **Zwangsveranstaltungen** ergibt, habe ich mit **Walter Lüftl,** Wien, in dem Buch »**Die Pleite**« (Wirtschaftsverlag Langen-Müller/Herbig) aufgezeigt.

Lord Beveridge und die Vorstellung von der »Machbarkeit« der Zinsen

Im Kriegsjahr 1944 erschien in London ein 429 Seiten dickes Buch, das schon durch seinen Titel bekanntmachte, daß die Wirtschaftswissenschaft nunmehr *alle* Probleme gelöst habe:

»Full Employment in a Free Society«.

Was kann man sich Schöneres vorstellen, als Vollbeschäftigung in einer freien Gesellschaft? Jeder hat dann was zu tun, und außerdem findet alles statt in einem wunderschönen Ambiente, ohne Zwang, Diktatur und solchem Zeugs. Das Buch gab auf dem Titelblatt auch gleich zu erkennen, warum es nun endlich so schön werden sollte. Denn:

»Misery generates hate«.

Elend erzeugt Haß, und das wollen wir schon gar nicht. Autor dieser Arbeit war **William Henry Beveridge** (1879–1963), der erste Direktor der weltberühmten **London School of Economics LSE,** an der sogar **Ralf Dahrendorf** als Direktor weilte.

Beveridge ist der Vater des modernen *Sozialstaates,* alias des modernen *Wohlfahrtsstaates,* alias des sozialen *Netzes,* kurzum aller Formen der *Volksbeglükkung,* mit denen die Politiker in den vergangenen Jahrzehnten aufgewartet haben. Da Sie in diesem Buch, das Sie jetzt vor Ihrer Nase haben, erfahren werden, daß der Sozialstaat in einem gewaltigen **Crash** untergehen wird, weil just die *Einführung des*

Sozialstaates zu diesem Crash führen *muß,* haben Sie also in William Henry Beveridge, der später in den Adelsstand erhoben wurde, sozusagen den Urvater des kommenden Desasters vor sich.

Dieser Beveridge machte schon in einem nach ihm benannten **Beveridge-Report** im Jahre 1942 von sich reden, als er ein System der allumfassenden sozialen Sicherung »von der Wiege bis zur Bahre« (wörtlich!) vorschlug. Und da man ihn fragte, wie er denn seine schöne neue Welt *finanzieren* wolle, kam er mit dem Buch über die »Vollbeschäftigung in einer freien Gesellschaft« heraus, mit dem wir uns hier kurz beschäftigen müssen.*)

Der Wohlfahrtsstaat, das sah Beveridge ein, würde nur funktionieren können, wenn es ein entsprechendes Wirtschaftswachstum gäbe. Dies wiederum setzt **Vollbeschäftigung** voraus. Wenn niemand arbeitet, wird auch nichts verdient. Wie aber komme ich zur Vollbeschäftigung? Dazu hören wir den Meister selbst. Er schreibt auf Seite 337 und folgende, wobei wir dieses im originalen Englisch bringen, weil dieser Text **die Grundlage des größten ökonomischen Irrtums aller Zeiten ist – der Vorstellung von der »Machbarkeit« der Konjunktur durch die »Machbarkeit« der Zinsen:**

---

*) Man muß in der Geschichte immer weiter ausholen, um voll und ganz zu begreifen, was gespielt wurde. Es hat keinen Sinn, auf Fehlentwicklungen zu starren, in der Hoffnung, dann ihre Ursachen zu entdecken, wenn sie offen zutage liegen. Der Untergang des Sozialstaats hat nichts mit den **1980er Jahren** zu tun, sondern mit den **1940er Jahren,** als die schwachsinnige Idee entwickelt wurde, daß man wenige (fleißige) Menschen auf Dauer zur Arbeit zugunsten vieler (fauler) Menschen **zwingen könne.**

»An integral part of a policy of full employment is a ›cheap money‹ policy. *The Government already possesses full de facto powers to control the long-term and short-term rate of interest.* No new powers are required; but it is essential that the powers already in the hand of the Government ... by virtue of its control of the Bank of England should be consciously used and *systematically applied.*«

Die Regierung hat das Zinsniveau also voll im Griff, eben weil sie die Notenbank im Griff hat. (Dieses Argument spielt bis in die heutige Zeit, weil die Regierungen sich bei den Notenbanken, die in einigen Ländern noch eine gewisse Selbständigkeit bewahrt haben – Bundesrepublik Deutschland! –, *beschweren,* daß diese die Zinsen »nicht schnell genug senken«. In den USA, wo die Federal Reserve Bank ebenfalls als »Herrin« über das Zinsniveau gilt, ging 1984 sogar die Rede, man würde – falls beim »Hochzinsniveau« was »passiert«, dem leitenden Herrn, dem FED-Chef **Volcker** den Kopf abschlagen und ihm dem Volk mit dem Bemerken zeigen: »*Der* ist es gewesen!«)
Unabhängig aber von (Schein-) Querelen zwischen Regierungen und Notenbanken muß der eigentliche Clou im Beveridgeschen Gedankengebäude gesehen werden. Und der kommt jetzt:

»The rate of interest used to be looked upon as a price which adjusted the demand for savings to the supply. It was thought that whenever business men desire to increase their outlay on new investment, the rate of interest would rise, and that such a rise would have the double effect, first, of inducing people to save more and, second, of discouraging the business man who was at the margin of doubt whether he should invest or not. In this way, the rate of interest was thought to adjust the *supply of savings* to the *demand for savings.*«

Die alte Sicht ist *falsch*. Der Zins dient *nicht* dazu, um Angebot und Nachfrage nach »Sparkapital« zur Deckung zu bringen. Sondern:

»But this view has been exploded by modern economic research. The rate of interest can not fulfil this function, because *capital expenditure itself brings into existence the very savings necessary to finance it ... Savings are the result* of any expenditure (for whatever purpose) which is defrayed out of loans or reserves. The amount which any community is able to save is determined by the amount which the community spends out of loans or reserves. *A low rate of interest encourages such expenditure; it does not discourage savings, because savings are the inevitable concomitant of such expenditure.*«

Damit ist die wunderbare Welt vollendet: **Jede Investition zaubert automatisch die benötigte Ersparnis herbei. Man muß jetzt nur noch die Investition schön »billig« machen, und alles, alles ist paletti:**

»It is extremely desirable that there should be a high level of investment – private or public ... It is therefore desirable that the rate of interest *should be as low as possible,* so as to *encourage* every kind of outlay on capital goods.«

Das war's auch schon, meine Damen und Herren. Der Text, den Sie soeben live und im Original genießen durften, ist haargenau, was in allen Köpfen aller Wirtschaftspolitiker, aller Wirtschaftsprofessoren und sogar im Kopf des ansonsten sehr kritischen und klugen Barons von **Bethmann** herumspukt:

1. Niedrige Zinsen regen die Konjunktur an und führen zur Vollbeschäftigung, weil bei niedrigen Zinsen besonders viel investiert wird.
2. Diese Zinsen können also gar nicht niedrig genug sein (»as low as possible«).
3. Die Regierung kann mit den Zinsen machen, was sie will (»Government possesses full power«).
4. Also wird die Regierung (notfalls halt dann die Notenbank, wenn die Regierung es anordnet oder darum bittet) die Zinsen (»long-term and short-term«!) senken, wenn es dann eben »soweit ist« oder »erforderlich sein wird«.
5. Und wenn sie nicht gestorben sind, dann leben sie noch heute.

Und sie werden leben, immerdar. Denn nichts ist bekanntlich leichter, als den Zins zu senken. Das muß die Regierung oder die Notenbank doch nur »mitteilen« – und fertig. Alles ist prima. Wenn alles nicht so läuft, wie es laufen soll, weil halt ein bißchen viel Arbeitslose herumstehen oder sonst die Konjunktur nicht so anspringt, dann teilt die Regierung oder die Notenbank ganz einfach mit, Herrschaften, der Zins wurde soeben gesenkt. Und wenn das noch nichts »nutzt«, dann senkt man den Zins halt weiter.
Notfalls kann man sogar auf null Prozent gehen. Und weil man das kann, ist es völlig ausgeschlossen, daß noch mal »was passiert«.

Warum aber kann der Zins nicht einfach »sinken«?

Jetzt wird es wieder mal spannend. Denn jetzt kommt **die Erklärung für den hohen Zins.**

Die »Nationalökonomen«, die sich mit der Erklärung des Zinses eigentlich von Berufs wegen beschäftigen sollten, stöpseln bei diesem Thema ganz abenteuerlich herum.

Weder sind die »Professoren« imstande, den Zins überhaupt zu erklären, warum es ihn gibt und nicht vielmehr nicht.*) Noch bringen sie eine Erklärung der **Zinshöhe** zustande. Das kann allerdings auch gar nicht anders sein, weil ein **Lebenszeitbeamter ohne Konkursrisiko** die freie Wirtschaft nicht begreifen kann. In der freien Wirtschaft gibt es bekanntlich den Konkurs, und den aber wiederum *nur,* weil es den Zins gibt. Wenn jedermann Geld zum Nulltarif ausleihen könnte, könnte er sich auch logischerweise jede Menge Geld leihen. Wie sollte er dann also bankrott gehen können?

Was Professoren heute zum Zins zu sagen haben, läßt sich auf die schlichte Formel bringen: Weil die Zinsen so hoch sind, *müssen* sie auch wieder fallen. Dabei steht die Vorstellung eines »Preises« Pate: Weil das Bier schließlich *zu* teuer wurde, hat es keiner mehr

---

*) Die Bremer Professoren **Gunnar Heinsohn** und **Otto Steiger** sind die glänzenden Ausnahmen. Sie haben in ihren historischen und theoretischen Untersuchungen über die Entstehung von **Privateigentum, Geld und Zins** die richtige Antwort auf die Frage gegeben, was denn überhaupt »Wirtschaft« sei und damit die einzige diskutable »Nationalökonomie« entwickelt – eine »Wirtschaftswissenschaft«, die vom **Schuldendruck** her definiert wird.

110

getrunken, also ist der Bierpreis wieder gefallen. Oder: Weil die Kredite schließlich »so teuer« geworden sind, hat keiner mehr einen Kredit aufgenommen. Daraufhin blieben die Banken auf ihrem Geld »sitzen« – und »mußten« den Zins wieder senken. Mit solchen Stories kann man kurzfristige Zins-Spielchen erklären, auch größere Schwankungen, die sich tatsächlich nach der Vorstellung von »zu teuer« oder »jetzt wieder günstig« richten. Was solche Stories nicht erklären, ist aber der **säkulare Zinsanstieg** – eben den Weg vom **Zweiprozenter** zum **Zwölfprozenter.**

Um *das* zu verstehen, muß man sich folgendes klarmachen:
1. Der Zins kann nur aufgrund einer **Forderung** entstehen. Jedem **Guthaben** entspricht eine gleich hohe **Schuld.**
2. Wird der Zins **bezahlt,** vergrößert sich die Summe der **Guthaben,** aber auch der **Schulden** immer um den Betrag der Zins**zahlung.**
3. Mit einer **Zahlung** allein verschwindet weder eine entsprechend hohe Schuld noch ein entsprechend hohes Guthaben. Eine Zahlung bewirkt immer nur einen **Schuldner-** und/oder **Gläubiger-Wechsel.** Mit dem »**Zahlungsmittel**« kann der Gläubiger immer einen (anderen) Schuldner zur Leistung zwingen.
4. Schulden und Guthaben nehmen nur ab, wenn **geleistet** wird, wobei **Leistung** zu definieren ist als: Bereitstellung einer (mit Hilfe früherer Schuldaufnahme, d. h. Vorfinanzierung erbrachten) **Produktion,** die vom Leistungsempfänger als **endgültig** angesehen

wird. Dies ist zum Beispiel ein Konsumgut, das zum Konsum bzw. zur Aufbewahrung bis zur Vernichtung bestimmt ist. Das kann aber auch ein »Investitionsgut« sein, das der Leistungsempfänger (Gläubiger) behält, bis es vergammelt (abgeschrieben) ist usw.

5. Sollen also Schulden/Guthaben **weniger werden, muß die Gesamtheit aller Schulden der Gesamtheit aller Gläubiger Leistung anbieten, die von den Gläubigern als endgültig angesehen wird.**

6. Schulden steigen also nicht nur, weil immer »mehr Schulden gemacht werden«. Sondern auch (und vor allem), weil **immer mehr Gläubiger immer weniger bereit sind, letztlich zu konsumieren.** *Einzelne* Gläubiger werden zwar »ausgezahlt«, aber sie haben dann in Form der **Zahlung** wiederum ein Guthaben und *andere* Schuldner eine Verpflichtung zur **Leistung.**

7. Wird **Leistung** nicht akzeptiert oder als endgültig erklärt, bleiben die **Guthaben/Schulden** »stehen«, das heißt: sie vermehren sich jeweils um den vereinbarten Zins. Es kommt zum Phänomen des **AUFSCHULDENS.**

Beispiel: Ein reicher Mann ißt für sein Leben gern Fasane. Sein Leibjäger ist ständig auf Treibjagden unterwegs, bis ihm das zu mühsam ist. Er beschließt, Fasane zu züchten. Weil er kein Geld für den Aufbau einer Fasanerie hat, geht er den reichen Mann um ein Darlehen an, ohne freilich zu erklären, was er mit dem Geld eigentlich vorhat. Der reiche Mann schießt das Geld vor, der Jäger baut die Fasanerie und hofft, die Zinsen, die er dem Reichen schuldig ist, über die Lieferung von Fasanen abzugelten. Als der erste Fasan aus der Zucht herrlich duftend auf den Tisch des Reichen kommt, weist dieser den Braten zurück: »Weiß denn niemand, daß ich nur *wilde* Fasa-

112

ne esse?!« Der Jäger kriegt einen roten Kopf, stammelt ein paar Entschuldigungen. Der reiche Mann sagt: »Gut, daß du gerade da bist, Jäger. Was macht eigentlich das viele Geld, das ich dir geliehen habe?« Darauf antwortet der: »Ach, Herr, das ist bestens angelegt und bringt hohe Zinsen. Ich kann dir jederzeit den Kontenstand zeigen, auf wieviel dein Guthaben einschließlich der Zinsen angestiegen ist.« Der Herr ist's zufrieden. Der Jäger aber geht in den Wald und schießt sich eine Kugel in den Kopf. Als der reiche Mann hört, daß er sein Geld nie mehr zurückkriegt, weil sich der Jäger erschossen hat, springt er aus dem Fenster.

8. Sobald **aufgeschuldet** wird, wächst der Druck auf die **Schuldner,** zu leisten. Sie finden aber, daß es immer schwerer wird, den **Gläubigern** etwas als Leistung anzudienen, was diese auch **akzeptieren.** Dies erklärt beiläufig, warum im Laufe des Aufschuldungsprozesses alle »Märkte« immer schwieriger werden*), die Kunden immer »ekelhafter« und der Streß bei den mit einem Haufen Schulden gesegneten Anbietern immer »größer«. Am freundlichsten sind die Menschen zueinander, wenn der Zweiprozenter herrscht.

9. Je größer die aufgeschuldete Summe, um so höher wird die durchschnittliche **Risikoprämie,** die geboten werden muß. Der erste Schuldner ist – bezogen auf die nach ihm kommenden – immer der »sicherste«, weil das, was er zur »Erledigung« seiner Schulden incl. Zinsen anzubieten hat (was er also mit Hilfe der

---

*) Es ist ein weiteres Verdienst von **Heinsohn** und **Steiger,** auch den »Markt« als das erkannt zu haben, was er ist: ein Platz nicht zum »Tauschen«, wie immer gefaselt wird, sondern der Ort, an dem **Schulden reguliert werden.**

aufgenommenen Schulden produziert), auf die »unberührtesten« Märkte trifft. Dieser »Reiz« des »Neuen« nimmt immer mehr ab, so daß zum Schluß Schuldner auftreten, die »eigentlich« (eben weil sie so spät erst kommen) als ganz besonders »sicher« gelten müßten, die aber tatsächlich dann so gut wie keine Chance mehr haben, noch etwas »anzubieten«, was beim Konsumenten »ankommt« (und nur was beim Konsumenten ankommt und zum Konsum »verbleibt«, bringt die Schuld[en] letztlich zum Verschwinden). Das Beispiel der großen Personal Computer-Pleite mit dem **PCjr von IBM** ist dafür der klassische Beleg.

10. Steigt die Risikoprämie, wachsen die Schulden und damit auch die Guthaben immer schneller. Mit den Guthaben steigen aber auch die Zinsen, die daraus fließen, was dazu führt, daß immer mehr Gläubiger ein **arbeitsloses Einkommen** genießen wollen. Da die Zinsen aber mangels entsprechender Marktverwirklichungen nur **gezeigt** und nicht **gezahlt** werden können, geht der Zins nun erst recht nach oben. Er wird zu einer – ebenfalls progressiv steigenden – Prämie, die verhindern soll, daß der Mann mit dem Guthaben auch über sein Guthaben verfügt.

Beispiel: Wieder geht es um den reichen Mann und seinen Jäger. Dazu kommt jetzt noch ein Dritter, der einen geheimnisvollen Stollen im Berg besitzt, aus dem er die schönsten Edelsteine holt.
Der Jäger pumpt den reichen Mann an und sagt, er wolle eine Fasanerie errichten. Der reiche Mann sagt: »Ich esse nur frisch geschossene Feldfasane.« »Weiß ich, Herr«, sagt der Jäger, »aber der Bergwerksbesitzer ist ganz wild

114

darauf.« Er verspricht, dem reichen Mann immer Zinsen zu bezahlen, mit deren Hilfe er dann zum Bergwerksbesitzer gehen kann, um sich die schönsten Edelsteine auszusuchen. Denn der reiche Mann ist ganz versessen auf Smaragde.

Der Jäger bringt die erste Partie Fasane zum Bergwerksbesitzer, doch der blafft ihn genauso an wie der Reiche: »Sind Sie von Sinnen? Ich esse keine Zucht-Fasane.«

Betrübt kehrt er wieder heim. Eines Tages fragt ihn der Reiche, wie das mit den Zinsen sei. Der Jäger in seiner Not: »Herr, das Geschäft geht so glänzend, daß ich schon angebaut habe. Wenn Ihr gestattet, werde ich die Zinsen wieder entsprechend verwenden.«

Der Reiche ist einverstanden, aber eines Tages will er dann doch an sein Geld, das da beim Jäger arbeitet, weil er eine wunderschöne Frau kennengelernt hat, der er Smaragde schenken will. Der Jäger aber gibt zu bedenken: »Herr, wenn Ihr jetzt abhebt, kriegt Ihr nur so viel, um damit *eine* schöne Frau glücklich zu machen.«

»Wenn Ihr aber bei mir stehen laßt, könnt Ihr so viel Geld verdienen, daß Ihr mit den Edelsteinen, die Ihr dann kaufen könnt, *alle* Frauen beglücken könnt.«

»So lange will ich aber nicht warten.«

»Gut«, sagt der Jäger mit der bankrotten Fasanerie im Kreuz, »dann werde ich Euch den Zins hinaufsetzen. Dann geht es schneller, daß Ihr immer reicher werdet. Und so kommt Ihr dann noch schneller an Euer großes Ziel ...«

11. Je höher die Zinsen durch das **Aufschulden** gestiegen sind, **um so höher müssen sie *noch* steigen.** Denn die Tatsache, daß es weder Zahlung noch gar Leistung gibt, muß immer weiter verdrängt werden, was aber nur funktioniert, wenn für das **Verdrängen** der Wahrheit (daß die Gläubiger letztlich leer ausgehen werden) eine immer höhere **Prämie** gezahlt wird.

Der **Zins** denaturiert zu einem reinen **Illiquiditätsver-hinderungsvehikel.**

Je höher der Zins geworden ist, desto unsicherer ist die Leistung. Eine um so höhere Prämie muß gezahlt werden, damit das alles »nicht herauskommt«.

12. Der Zins muß bis zum Ende der **Aufschuldung** steigen. Er fällt nicht, weil er »hoch« war, sondern ein immer höher gestiegener Zins hat schließlich die gleiche Funktion wie das kleine Kind im Märchen von des Kaisers neuen Kleidern: Er klärt die Gläubiger darüber auf, daß ein Warten auf eine **Leistung** völlig sinnlos ist. Denn es wird nie geleistet werden. Dieses führt dazu, daß *keine* neuen Zinsversprechen abgegeben werden und die alten in einer **Forderungs-vernichtung** auslaufen. **Der große Crash ist da.**

13. Der *dann* vereinbarte »nächste«, und das heißt: erheblich niedrigere Zins bezieht sich auf *neue* Leistungsversprechen und nicht auf das Aufschulden *alter.* Je mehr »Lebensbereiche« mit Leistungsversprechen im zu Ende gegangenen Durchlauf abgedeckt waren, um so länger wird es nach dem **Crash** dauern, bis sich neue Bereiche finden lassen, in denen es zu »Investitionen« (= Schuldenaufnahme zum Zwecke der Produktion von letztlich zu leistenden *und* verwertbaren Gütern) kommt.

Beispiel: Nachdem der Jäger mit seiner Fasanerie pleite gemacht hat und der reiche Mann eine Menge Geld verloren hat, wird der Jäger die Finger von neuen Projekten lassen. Der Reiche sitzt auf seinem Geldsack, der ihm keine Zinsen bringt. Der Jäger stochert deprimiert mit dem Gewehr durch die Wälder. Der Bergwerksbesitzer kaut auf unverdaulichen Smaragden herum. – **Dies be-**

schreibt die »hoffnungslose« Lage in einer schweren Depression, aus der die Welt um so schwerer herausfindet, je länger das Ausreizen der Produktion im Rahmen des Aufschuldungsvorgangs gedauert hat. Eine beliebte Form des »Produktionswechsels« ist dann meist die *Aufrüstung* (die dann, o Wunder, auch noch zu sehr tiefem Zins finanziert werden kann, vgl. Wilhelms II. Flottenprogramm, Hitlers Rüstung, aber auch die der Amerikaner im Tiefpunkt der Krise um 1940).

Plötzlich hat Karl Marx doch recht – aber ganz woanders

Karl Marx war ein lieber Kerl, und er hat sich wahnsinnig viel Mühe gegeben, den Kapitalismus zu enträtseln. Dies ist ihm freilich vollständig mißlungen, weil er sich nicht vorstellen konnte, daß der Kapitalist durch etwas anderes vorangetrieben würde, als durch das **Profitmotiv.** Die Marxschen Kapitalisten sind Gestalten, die es *nicht* gibt: Völlig schuldenfreie, immens reiche Knacker, die nichts anderes im Kopf haben, als die armen Arbeiter auszubeuten. Die dabei produzierten Waren **tauschen** sie dann wie die Weltmeister, wobei der Profit übrigbleibt. Was Marx übersehen hat, ist der schlichte Fakt, daß jeder »Kapitalist« leider auch eine **Passivseite** in seiner Bilanz hat, wo besonders die **Schulden** hervorstechen, die bedient werden müssen.*)

---

*) Den grundlegenden Denkfehler von Marx, aber auch von »bürgerlichen« Ökonomen haben vorbildlich aufgedeckt: **Heinsohn/Steiger,** »Marx, Keynes und die Lösung des Geldrätsels«, in »Der öffentliche Sektor«, TU Wien, 1985.

Was die Kapitalisten vorantreibt, ist also nicht die Tatsache, daß sie *schon alles haben und nun noch mehr haben wollen.* Sondern die Tatsache, daß sie eben noch gar nichts haben, vor allem nicht das Geld, um die aufgelaufenen *Schulden zu bezahlen.* Wer schon »alles hat«, der wird nicht Kapitalist, gründet eine Firma und geht auf Arbeiter-Ausbeute. Wer schon »alles hat«, sucht schleunigst, dem Kapitalismus und seinen Risiken den Rücken zu kehren, wie jener **Friedrich Engels,** den Marx doch so gut kannte, und der sich von seiner Unternehmertätigkeit verabschiedete, indem er **Rentner** wurde.

Wiewohl das Lebenswerk des guten Marx total Schrott ist, gibt es doch, wie in jedem guten Schrotthaufen, Teile, die sich verwenden lassen. Ein Stück ist sogar darunter, das ist aus purem Gold.

Das ist die Marxsche Analyse des Zinseszins-Effekts!

Selbst Marx-Kenner haben Mühe, eine Antwort zu finden, wenn man sie fragt, was denn der Meister zum Problem des Zinses und seiner Wirkung auf die Produktion zu sagen hatte. Dabei handelt es sich um ein ganzes Kapitel. Es findet sich im *dritten* Band des **»Kapitals«,** der von Friedrich Engels posthum herausgegeben wurde. Im 24. Kapitel schreibt Marx über

»Veräußerlichung des Kapitalverhältnisses in der Form des zinstragenden Kapitals«

118

Dies ist eine Überschrift, die jeden abstößt. Und dennoch enthält sie das, was man die **eigentliche Marxsche Zusammenbruchtheorie** nennen könnte.*)

In diesem Kapitel stellt Marx nämlich dem »Kapital«, das durch Zins und Zinseszins immer weiter in die Höhe gebucht wird, die **unmöglichen Realisierungsmöglicheiten** gegenüber.

Die fehlenden Realisierungsmöglichkeiten aber sind es, die das **Hochbuchen** von Forderungen letztlich ad absurdum führen. Diesen Gedanken hat Marx bereits in den Arbeiten einiger englischer Theoretiker vorgefunden, wie **Child, Price** und **Hodgskin,** die er brav zitiert:

»Geld, das Zinseszinsen trägt, wächst anfangs langsam; da aber die *Rate des Wachstums sich fortwährend beschleunigt,* wird sie nach einiger Zeit so rasch, *daß sie jeder Einbildung spottet* …« (Price in seinem »Appeal to the Public on the Subject of the National Debt«);

»Ein Shilling ausgelegt bei der Geburt unseres Erlösers zu 6 Prozent Zinseszinsen würde angewachsen sein zu einer größeren Summe als *das ganze Sonnensystem einbegreifen könnte,* wenn in eine Kugel verwandelt von einem Durchmesser gleich dem der Bahn des Saturn« (Price, Observations on Revisionary Payments«);**)

»It is clear, that no labour, no productice power, no ingenuity, and no art, can answer the overwhelming demands of compound interest …« (Hodgskin, »Labour Defended Against the Claims of Capital«).

---

*) In der Erstausgabe von 1894 sind es die Seiten 377 bis 385.
) Die Summe ergibt sich als $1,06^{1984}$, also 1,06 mal 1,06 mal 1,06 – und das eben 1984mal. Die Zahl, die dann im Rechner erscheint (zehntausende von **Septillionen Pfund Sterling) sprengt in der Tat jede Vorstellungskraft.

Wie alles bei **Marx** klappt es auch mit dieser Zusammenbruchstheorie fast, aber nicht ganz. Obwohl er sieht, daß »Geld« zu Zinseszins angelegt (also »stehengelassen«) zu »Ansprüchen« führt (»overwhelming demands«), denen keine Kraft der Welt gewachsen ist (»no labour ...«), schreit er nicht: »Heureka, deshalb bricht der Kapitalismus zusammen, weil alle Schuldner, und dazu gehören eben auch die kapitalistischen Betriebe, unter der Last ihrer **Schulden** zusammenbrechen!«

Sondern er stellt sich auf den schlichten Standpunkt, daß nicht sein kann, was nicht sein darf: Weil solche Profite (die per Zinseszins »entstehen« würden) **nicht erarbeitet werden können, können sie auch nicht entstehen.**

Marx kann sich – da er weder Geld noch Zins, noch eben »Kapitalismus« kapiert hat – nicht vorstellen, daß da etwas gebucht wird, was es gar nicht gibt. Daß also in den Hirnen des Klassenfeindes und in seinen Bilanzen »Gewinne« (»Mehrwert« usw.) vorkommen, obwohl diesen »Profit« niemals ein Mensch erarbeiten kann und auch niemals erarbeiten wird.

Marx stellt sich den Kapitalismus als eine Ansammlung zwar von ekelerregenden Ausbeutern vor, die aber – o wunderbare Welt – absolut *grundehrlich* sind. Die also nie etwas buchen würden, was es nicht gibt. Was Marx nie begriffen hat, weil er die *auf Schuldendruck* basierende Struktur des Kapitalismus nicht verstanden hat, ist die Tatsache, daß es einen

Kapitalismus*) geben kann, in dem jeder jeden betrügt, indem jeder jedem die wunderschönsten Konto-Auszüge zeigt, wo die wunderschönsten Guthaben immer schneller immer höher gebucht werden, ohne daß dafür auch nur ein einziger Arbeiter eine einzige schwielige Faust hinhalten muß.

So ist dem großen Meister das mit dem Zinseszins nicht geheuer:

»Geld, das mehr Geld schafft ... (also ohne daß »dazwischen« ein »Warenumsatz« stattfindet, aus dem sich nach Marx' Vorstellung bekanntlich der »Mehrwert« ergibt**), PCM) ... ist auf die ursprüngliche und allgemeine Formel des Kapitals, auf ein *sinnloses Resumé zusammengezogen.*«

Er kann sich das alles gar nicht vorstellen:

»Das Kapital erscheint als mysteriöse (!) und selbstschöpferische (!) Quelle des Zinses, seiner eignen (!) Vermehrung. Das *Ding* (Geld, Ware, Wert) ist nun als bloßes Ding (!) schon Kapital, und das Kapital erscheint als bloßes Ding ...«

Der arme Marx wird richtig zum Weltmann und zum Poeten dazu:

---

*) Damit die dauernde Verwechslung von »Kapitalismus« mit einer auf **Schuldendruck** basierenden Wirtschaft endlich ein Ende hat, habe ich für das, was Marx »meint«, was er aber nicht begriffen hat (da in seiner Vorstellungswelt die Bilanzen **ohne Passivseiten** existieren), den Ausdruck **DEBITISMUS** geschaffen. Jede Wirtschaft, die das Privateigentum kennt, hat zugleich Geld, Zins und Schuldendruck (vgl. **Heinsohn/Steiger**) und ist also eine **debitistische Wirtschaft.** Dazu demnächst mehr.

) Die Marxsche Grundformel **G-W-G' setzt voraus, daß Geld G nur Mehr-Geld G' werden kann, wenn dazwischen die (vom ausgebeuteten Arbeiter produzierten) Waren W erscheinen. Was aber ist bei **G-G'**, lieber Karl??

»Im *zinstragenden* Kapital ... ist ein Kapital = 1000 fixiert als ein Ding, das an sich = 1100 ist, und in einer gewissen Periode sich in 1100 verwandelt, wie der Wein im Keller nach einer gewissen Zeit auch seinen Gebrauchswert verbessert (Zum Wohlsein, Karl!). *Das Kapital ist jetzt Ding, aber als Ding Kapital.* **Das Geld hat jetzt Lieb im Leibe** (ach, Karl, seufz!). Sobald es verliehen ist ... wächst ihm der Zins an, es mag schlafen oder wachen, sich zu Hause oder auf Reisen befinden, bei Tag und bei Nacht ...«

Schließlich kommt Karl Marx zum Punkt: Wie *könnte* es denn überhaupt möglich sein, einen solchen **Profit** zu »erwirtschaften«, wie er sich durch die **Zinseszins-Rechnung** »vorbuchen« läßt:

»Um dieselbe Profitrate hervorzubringen ... **müßte die Mehrarbeitszeit sich verzehnfachen,** *und bald würde die ganze Arbeitszeit, ja die 24 Stunden des Tages dazu nicht hinreichen, selbst wenn ganz vom Kapital angeeignet ...*«

Das war's auch schon! Karl Marx hat ganz genau erkannt, daß solche »Gewinne« überhaupt nicht zu erwirtschaften sind, wie sie im Zinseszins stecken. Aber zu der daraus sich unmittelbar anschließenden logischen Schlußfolgerung, daß **kapitalistische Betriebe, die solche Gewinne nicht zu erwirtschaften in der Lage sein** *können,* **wie sie eigentlich** *aufgrund ihrer mit Zinseszins hochgebuchten Schulden sein müßten,* **eben zusammenkrachen, womit der Kapitalismus ebenfalls untergehen muß – auf diesen, ach so naheliegenden Schluß ist Marx halt nicht gekommen.** Er hielt die Kapitalisten für besser als sie sind – was für eine Posse bei einem Mann, der solchen Leuten den Untergang an den Hals gewünscht hat!

Noch ein Kabinett-Stückchen
aus dem Jahre 1518

Die **Reformation** zählt zu den größten Umwälzungen der Geschichte. Und es kann kein Zweifel sein, daß ihre verursachende Kraft das **Finanzproblem der Kurie** gewesen ist. Der Papst, der jenen Ablaß ausschrieb, der wenig später in der Kleinstadt Wittenberg das Faß zum Überlaufen bringen sollte, war bezeichnenderweise der Sohn eines Bankiers. Wenn einem **Medici** solche schwerwiegende Fehler unterlaufen, ist nichts mehr zu retten.

Ein Jahr nach **Luthers Thesenanschlag** erschien in Rom ein Buch, das wenig Beachtung gefunden hat, obwohl es den Lutherschen Schriften als Pendant an die Seite gestellt werden müßte. Während sich der Deutsche immer wieder mit den **Folgen** permanenten **Schuldenmachens** herumschlug und in seinen Büchern bis ins hohe Alter hinein gegen den »**Wucher**« wettert und ganz offen den **Juden-Mord,** also die bewährte Gläubiger-Vernichtung fordert*), wird in jener anderen Schrift untersucht, warum es überhaupt zu solch ausweglosen Situationen kommen *muß,* die sich dann in so gewaltigen Umwälzungen niederschlagen.

---

*) »Man ... verbrenne ihre Synagogen, ... zwinge sie zur Arbeit, und gehe mit ihnen um nach aller Unbarmherzigkeit, wie Moses tat in der Wüsten, und schlug dreitausend tot ...« (**Luther, Von den Juden und ihren Lügen, 1543,** Seite 260.)

Das Buch, von dem hier die Rede ist, erschien Mitte Mai 1518 in Rom und trägt den Titel »De numero atomorum totius universi **contra usurarios**«, frei übersetzt mit: »Welche Argumente kann man eigentlich aus der Zahl der Atome des ganzen Universums **gegen die Wucherer** ziehen?«

Argumente gegen »Wucherer« bedeutet nun nichts anderes als Argumente gegen den **Zinseszins,** der aus jeder noch so kleinen Anfangszahl am Ende ein Ungeheuer macht, das jeder Beschreibung spottet.

Der Autor war ein gestandener Kirchenmann und Bischof namens **Paul von Middelburg*),** und wir verstehen seinen Ansatz am besten, indem wir auf uns wirken lassen, was er als Ergebnisse seiner Überlegungen zusammenfaßt, die mit der Frage starten: Was wird eigentlich passieren, wenn ich eine Schuld stehenlasse?

Ein Bild sagt mehr als tausend Worte. Darum sehen Sie das Bild gleich hier. Es zeigt, wohin der Zinseszins **(Usura)** eines einzigen Dukaten **(unius ducati)** über 700 Jahre führt.**)

---

*) **Middelburg** arbeitete auch als Mathematik-Professor in Padua.

) Diese Konklusion erscheint auf Pagina Q VIII des Traktates; das Werk hebt sich weit über die damalige Anti-Zins- und Anti-Wucher-Literatur hinaus (neben Luther vor allem der schmallippige **Bernhard von Siena), und enthält zum erstenmal in der abendländischen Druckgeschichte Zahlen, die über **mehrere Zeilen gedruckt sind.** Es ist den großen Mathematik-Historikern freilich entgangen und auch nicht in den großen Arithmetik- und Wissenschaftskollektionen wie **Plimpton** oder **Honeyman** enthalten. Vgl. **Smith,** Rara Arithmetica. Mein Exemplar scheint eins der wenigen überhaupt erhaltenen zu sein.

LIBER

❡ Vſura unius ducati cótinuata ad annos ſep
tingentos creſcit ad numerũ ducatoꝶ conſtan
tem characteribus octuaginta uidelicet•10000
○○○
○○○○○○○○○○○○○○○○○○○○○○○○○○○○○○○○○○○○○○•

Ndecima concluſio taxat uſuram ſeptingento
rum annoꝶ hoc modo•Si eſſent millies millies
mille millia mundoꝶ & omnes illi mũdi eſſent pleni

Zusammenfassung

1. Große Ökonomen früherer Jahre wie Keynes, gingen von einer langfristigen »Kapital«-Vermehrung
um zwei Prozent p. a. aus. Inzwischen haben wir statt
dessen den Zwölfprozenter.

2. Der Zinssatz, der für die wichtigste kapitalistische
Volkswirtschaft gilt, ist seit den 50er Jahren nicht nur
linear, sondern progressiv gestiegen.

3. Der heutige reale Netto-Zins (also abzüglich Preissteigerungen und Steuern) ist wieder so hoch wie Anfang der 1930er Jahre, kurz vor dem CRASH.

4. Der Zinssatz sinkt nicht, weil er »hoch« ist, so wie
hohe Preise halt irgendwann wieder sinken. Sondern

er sinkt erst dann wieder, wenn die Forderungen, die er immer weiter aufschuldet, per Crash erloschen sind.

5. Die Vorstellung von der »Machbarkeit« der Zinsen, die der englische Sozial-Utopist Lord Beveridge eingeführt hat, ist zwar lieb gemeint, aber völlig falsch.

6. Als einziger Ökonom ist Karl Marx in seiner Untersuchung des Zinseszins-Effekts dann doch auf die richtige Fährte gekommen. Es werden Forderungen (»Ansprüche«) gebucht, die keine Arbeitskraft mehr erfüllen kann: »No labour can answer the overwhelming demand of compound interest ...«

PCM sagt dazu: Marx hat ganz recht! Was wir uns in Form von »Geldvermögen« hochgebucht haben, werden wir niemals in Form von »Sachvermögen« schauen können ...

Kasino, Spielgeld und finaler Blow-off

Das professorale Unvermögen, »Geld« zu begreifen, Dollar-Schieflagen, Traum-Haussen und der Umsatz rund um die Uhr

»Der Dollar ist überhöht. Jetzt muß er fallen.«
Wilfried Guth, Chef der Deutschen Bank beim Kurs von 2,35 DM

»We might be in the middle of something very big.«
Telex des Brokerhauses *Merrill Lynch,* nachdem der Dollar im März 1985 um 40 Pfennige gefallen war

»Bankers have great leisure. If they are busy – something is wrong.«

Walter Bagehot, 1873

Ist es denn so schwer, »Geld« zu begreifen?

Das ganze Elend, vor dem die Menschheit steht, läßt sich darauf zurückführen, daß die »Ökonomen« nicht kapiert haben, was »Geld« eigentlich ist.

Sie glauben, daß »man« Geld »in Umlauf« bringen könne. Daß es eine »Geldmenge« gibt. Wie es eben auch eine »Menschenmenge« gibt. Daß sich die »Geldmenge« auf Wunsch »steuern« läßt. Wie der Brauereibesitzer den Bierausstoß steuert.

Der schlimmste Irrtum der Ökonomen aber ist ihre Vorstellung, daß »Geld«, das einmal in »Umlauf« gekommen ist, darin »bleiben« müsse.

Wir werden sehen, daß Geld sehr wohl aus dem Umlauf wieder verschwinden kann. Daß es diesmal sogar ruckartig verschwinden wird. Daß das »noch vorhandene« Geld dadurch immer »knapper« werden wird. Was beiläufig dazu führt, daß jeder, der »dann« über Geld »verfügen« kann, der absolute Kaiser ist. Weshalb zügiges **Kassemachen** die Grundlage jeder Überlebens-Strategie sein muß.

Was ist Geld?

Wir wollen nicht tiefschürfende Analysen verzapfen. Sondern uns auf jedermann einleuchtende Dinge verständigen. »Geld« sind zweifellos die umlaufenden **Banknoten** einer **Notenbank** (Bundesbank, Schweizer Nationalbank usw.). Diese Notenbanken geben das Geld »aus«, was ordentlich verbucht werden muß: Die Banknoten der Notenbanken erscheinen in den **Bilanzen** der Notenbanken – aber wo?

Sie erscheinen auf der **Passivseite!**

129

Während wir unser »Bargeld« in Form von »Banknoten« auf der **Aktivseite** verbuchen und uns freuen,
daß wir es überhaupt haben, ist das gleiche Geld bei
den Notenbanken eine **Schuld.**
Banknoten sind Schuldscheine. Nichts weiter. Daher
sehen sie auch wie Schuldscheine aus: Nummer, Datum, Ort, zwei Unterschriften. Nun müssen wir noch
auf die Aktivseite der Notenbank blicken. Dann sehen wir die entsprechende »Gegenbuchung«.
**Weshalb diese Schuldscheine, alias Banknoten,
überhaupt ins Leben gerufen wurden bzw. in »Umlauf« gekommen sind.**
Auf der Aktivseite haben wir **Sachen** und **Forderungen.**
Sachen: Gold und Grundstücke.
Forderungen: Gegen das Inland und gegen das Ausland. Und dann nochmal unterteilt in Forderungen
an den Staat und an Private. Fertig. So sieht die Bilanz aus:

NOTENBANK

Aktiva	*Passiva*

a) Sachen
  – Gold
  – Grundstücke
b) Forderungen
  – Gegen Private
   (Wechsel)
  – Gegen Staat
   – Inland
   (Schatzwechsel
   o. ä., Wertpapiere)
  – Ausland (Devisen)
	a) Grundkapital (kam
	   einmal vom »Staat«,
	   dem sie gehört)
	b) Banknoten, Bankein-
	   lagen (wie Bargeld)
	c) Jahresgewinn (wird
	   ausgeschüttet, um dem
	   Finanzminister zu
	   helfen)

Jetzt lassen wir das Grundkapital mal beiseite. Es ist in den Notenbank-Bilanzen nur ein Mini-Merkposten. Zum Beispiel bei der Bundesbank 290 Millionen Mark. Bei der Schweizerischen Nationalbank 50 Millionen Franken. Bei der Österreichischen Nationalbank 150 Millionen Schilling. Wir wollen uns auch nicht die eigenkapitalähnlichen Posten anschauen, die sich darum herumranken (»Reserven« u. ä.). Auch die Rückstellungen lassen wir weg, wie sie z. B. gegen »Währungsrisiken« gebildet werden. Den Jahresgewinn als »Restposten« lassen wir ebenfalls aus.

Wir nehmen nur die Banknoten und fragen uns: Wie können sie vermehrt werden?

Logischerweise nur, indem die Positionen auf der Aktivseite größer werden.

Indem also die Notenbank Gold oder Grundstücke ankauft. Grundstücke hat sie schon genug, außerdem sind das nur minimale Beträge. Gold kaufen die Notenbanken in der Regel nicht mehr an, jedenfalls nicht die großen europäischen. Das wäre nämlich sofort eine Sensation, wenn es heißt: **Notenbanken wieder im Goldmarkt aktiv – als Käufer.** (Für die Geschichte mit dem Gold haben wir sowieso noch eine eigene Abteilung weiter unten!)

Oder indem die Notenbank **Forderungen ankauft.** Sie kann dabei solche gegen Private oder gegen den Staat ankaufen. Gegen den eigenen oder gegen fremde Staaten.

Und das war's auch schon.

Geld kommt heute nur in Umlauf, wenn Forderungen angekauft werden. Forderungen aber sind Gut-

haben, und die setzen immer gleich hohe *Schulden* **voraus.**

Das aber bedeutet:

Wenn niemand mehr *zusätzliche* **Schulden macht, kann es auch niemals mehr** *zusätzliches* **Geld geben. Und: Werden die Schulden zurückgezahlt, geht die Geldmenge zurück. Und: Wenn die Schulden gestrichen werden, müssen im gleichen Augenblick entsprechend hohe Guthaben gestrichen werden. Und entsprechend geht die Geldmenge zurück.**

Ein paar Beispiele:
1. *Wirtschaftskrise.* Die Firmen reichen immer weniger Wechsel zum Rediskont (= Verflüssigung) bei der Notenbank ein. Geldmenge sinkt.
2. *Dollar fällt.* Notenbank kauft Dollar auf, um Kurs zu stützen. Geldmenge steigt.
3. *Linke an der Regierung.* Machen einen Haufen Schulden und sagen der Notenbank: Bitte ankaufen. Geldmenge steigt.
4. *Staatsbankrott in den USA.* Alle, die entsprechende US-Titel gekauft haben, gehen leer aus. Notenbanken, die solche Titel als »Devisenreserven« verbuchen, müssen Aktivseite bereinigen. Geldmenge sinkt.

Was für die »bare« Geldmenge gilt, also für die Summen, die von den Notenbanken in Umlauf gesetzt wurden, ist nun entsprechend auf alle anderen »Geldformen« anzuwenden, auf die Summen, über die wir per Scheck verfügen dürfen, auf Fest- und Termin-»Gelder« und so weiter.

132

Alles Geld, was überhaupt »umläuft« – mit Ausnahme des Geldes, das gegen Gold und andere »Sachen« ausgegeben wurde –, ist nur in Umlauf gekommen, *nachdem* jemand Schulden gemacht hat.

Geld erscheint also niemals »von selbst«, sozusagen aus »eigener Kraft«. **H.-D. Schulz,** einer der führenden deutschen Wirtschafts-Statistiker (er arbeitet eng mit dem bekannten **Hoppenstedt**-Verlag zusammen) bringt diesen Tatbestand immer wieder auf die einprägsame Formel, die Sie sich auch ein für allemal merken müssen:

»Geld hat keine Füße!«

Daraus folgt:

Die Geldmenge kann nicht mehr vermehrt werden, wenn es niemanden mehr gibt, der zusätzliche Schulden machen kann.

Wir werden im folgenden sehen, daß jenes Schulden-*Potential,* das existieren muß, damit überhaupt zusätzliches Geld in die Wirtschaft »fließen« kann, *jetzt zur Neige geht.* Schulden kann man nämlich nicht so mir nichts, dir nichts, sozusagen »als solche« machen. Schuldenmachen setzt vielmehr voraus, daß sich jemand findet, der einen gleich hohen *Kredit* gibt. Findet sich dieser andere nicht, ist es aus mit der Schuldenmacherei.

Und damit auch AUS mit der wunderbaren Geldvermehrung.

Läßt sich aber die Geldmenge nicht weiter vermehren oder geht die Geldmenge gar zurück, kommt es zum weltweiten Zusammenbruch. Um die Zukunft zu deuten, muß man jetzt nur fragen: Können noch zusätzliche Schulden gemacht werden? Ist da nichts mehr »drin« – schlägt das auf die Geldmenge durch. Der **Crash** ist dann nur noch eine Frage der Zeit.

Was haben denn die Ökonomen falsch gemacht? Von Molina bis Friedman

Kein Gegenstand der Wirtschaft wird bei den Ökonomen liebloser abgehandelt als der wichtigste, das **Geld.** Das Niveau ist primitiv. Geld wird eingeschätzt als etwas, das schließlich irgendwie »da« ist und das man nur behutsam zu »vermehren« oder auch zu »steuern« braucht, und schon könne wieder mal »nichts passieren«.

Mit dem Geld ist ansonsten alles »in Ordnung«, wenn die Preise »stabil« sind. Das ist offenbar der Fall, wenn sich – entweder durch eine gütige Fügung des Schicksals oder durch überlegenes Handeln der Staats- und Wirtschafts-»Lenker« – eine »optimale« Geldmenge »eingespielt« hat.

Die Vorstellung, daß da eine »Menge« (Geld) zu einer anderen »Menge« (Waren) »passen« soll, ist seit Beginn der Neuzeit fest in den ökonomischen Hirnen verankert. So schreibt der spanische Theologie-Professor **Ludwig Molina** (1535–1600) in seinem voluminösen Fünf-Band-Opus »Die Gerechtigkeit und das Recht«*) über das Verhältnis von »Geld« und »Waren«:

---

*) Benutzte Ausgabe: Mainz, 1659, Seite 67 ff.

134

»Besteht irgendwo Geldmangel, so sinkt der Preis der übrigen Güter; herrscht Geldüberfluß, so steigt er. Je geringer nämlich irgendwo die *Geldmenge* ist, desto höher steigt der Geldwert, so daß man für dieselbe Geldsumme, bei sonst gleichen Umständen, viel mehr Waren kaufen kann …

Wenn die *Geldmenge* zunimmt, sinkt der Geldwert im Verhältnis zu den übrigen Waren, oder anders ausgedrückt: es steigt der Wert der übrigen Waren im Vergleich zum Geld …«

Der berühmteste Ökonom der Gegenwart, der amerikanische Professor **Milton Friedman,** kommt in seinem berühmten Aufsatz über »The Optimum Quantity of Money«*) zu diesem Bild plus entsprechendem Schluß:

»Laßt uns nun annehmen, daß eines Tages ein Hubschrauber über der Gemeinde aufkreuzt und zusätzlich $ 1000 in Noten (»bills«) vom Himmel wirft, die von den Mitgliedern der Gemeinde natürlich hastig aufgesammelt werden …«

Na, was wird wohl passieren? Antwort: Alles mögliche:

»Einige Preise werden sich schneller anpassen als andere … da mag es irgendwo ein ›Overshooting‹ geben … alle Preise können sich auch über Nacht verdoppeln …«

Jedenfalls:

»Die zusätzlichen Papierstücke werden nicht die grundlegenden Bedingungen der Gemeinde verändern, sie machen keine zusätzliche Produktions-Kapazität verfügbar …«

---

*) In der gleichbetitelten Aufsatz-Sammlung, Chicago 1969, Seite 4 ff.

Wer hätte das gedacht! Was hinter solchen Vorstellungen steckt, ist der ewig gleiche Denkfehler der Ökonomen, die da glauben, daß das »Geld« irgendwo »von außerhalb« an die »Wirtschaft« *herangetragen* wird, woraufhin sich dann »in« der Wirtschaft entsprechende »Veränderungen« ergeben. Während das aber im 16. Jahrhundert beim alten **Molina** noch die berühmten Edelmetall-Importe aus der neuen Welt gewesen sind, muß **Friedman** schon zum Hubschrauber-Piloten Zuflucht nehmen.

Was der Theologe **Molina** entdeckt hat, den Zusammenhang zweier *Mengen,* hat der Forscher **Earl J. Hamilton** unter dem Kennwort »spanische Preisrevolution« in die wirtschaftswissenschaftliche Literatur eingeführt.*) Wie das vor 400 Jahren in Spanien aussah, hat Hamilton in einem Schaubild rekonstruiert, das alles andere ist, als eine Überraschung: Nach der Eroberung Mittel- und Südamerikas durch Konquistadoren wie **Cortez** und **Pizarro** wird immer mehr Gold und Silber in Richtung Heimatland verschifft. Prompt steigen dort die Preise.

---

*) **E. J. Hamilton,** Money, Prices and Wages in Valencia, Aragon and Navarra (1351–1500), Cambridge, 1936, und: American Treasure and the **Price Revolution** in Spain, Cambridge 1934.

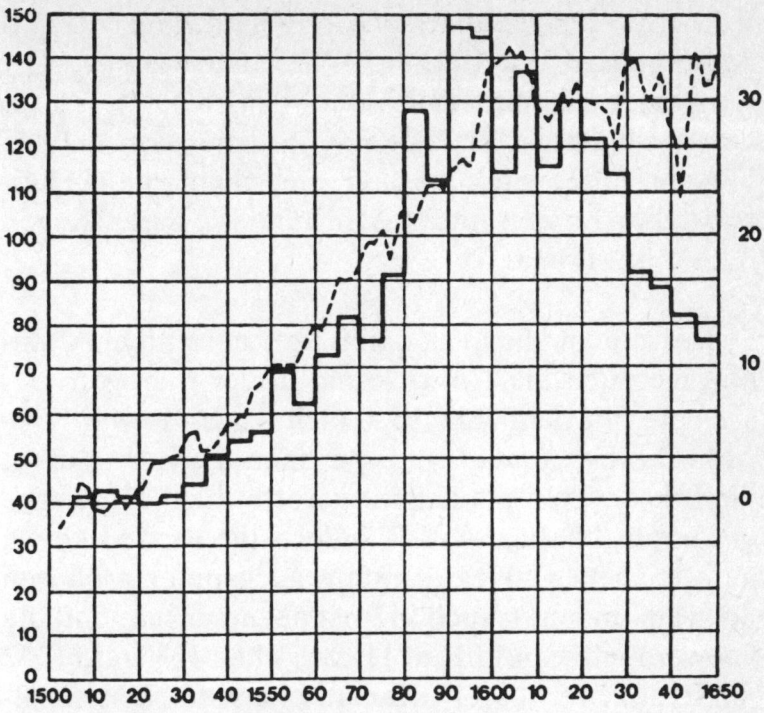

━━━━━━ Edelmetallimporte (Gold und Silber gemischt) in Sevilla in Millionen Pesos
für einen Zeitraum von 5 Jahren (Wert in Pesos von 450 *maravedis*).
────── Kombinierter Index aus verschiedenen Preisen in vier spanischen Regio-
nen. (Die Preise wurden auf ihren Silbergehalt zurückgeführt.)
Arithmetischer Maßstab*)

Die durchgezeichnete Linie sind die Edelmetall-Importe in Millionen Pesos (rechter Maßstab). Die gestrichelte Linie ist der Preisindex (1571−80 = 100
Punkte). Diese Darstellung hat zwar eine Menge

---

*) Spanische Edelmetallimporte und Preisbewegung in Spanien,
1500−1600 (nach E. J. Hamilton)

137

Kinken*), sie gibt aber doch in groben Zügen das bis heute gültige Weltbild der Wirtschaftswissenschaftler wieder: Kommt mehr Geld in Umlauf, egal, ob durch die Gold-Caravellen der Spanier im 16. Jahrhundert oder durch einen amerikanischen Hubschrauber-Piloten im 20. Jahrhundert, dann steigen die Preise. Basta!

Diese schlichte Sicht ist damit aber noch nicht zu Ende, wie auch die Entwicklung in der richtigen Geschichte mit dem Jahr 1600 nicht zu Ende war. Obwohl die Edelmetall-Importe dann stark abflauten, die Inkas waren endlich ausgerottet, die Bergwerke erschöpft, blieben – oh Wunder – die Preise in etwa auf gleichem »Niveau«, wenn auch unter größeren Schwankungen. (Auch hier ist anzumerken, daß die Schwankung von 140 auf 110 zwischen 1630 und 1642 mit 21,4 Prozent viel »dramatischer« aussieht als etwa 100 Jahre vorher der Anstieg von 52 auf 70 zwischen 1535 bis 1550, obwohl das immerhin 34,6 Prozent waren).
Die wahrlich schlichte Sicht aller Ökonomen und natürlich auch der Politiker bezieht sich auf die historischen Erfahrungen, die man ja immer wieder machen konnte, siehe Spanien *nach* der Preisrevolution. Und sie lautet:

---

*) Der Preis*anstieg* setzt nicht gleichbleibende, sondern ebenfalls steigende Importmengen voraus; der Preisanstieg ist am Anfang stärker (40 auf 50 = Plus um 25 Prozent, 100 auf 110 = Plus um 10 Prozent!); die Bewertung in »Pesos« übersieht die Tatsache, daß Gold im Verlauf der »Preisrevolution« *auch* teurer geworden ist, die Import*werte* entsprechen nicht den Import*mengen* usw.

Sind die Preise eine Zeitlang gestiegen, hören sie irgendwann mal auf zu steigen. Dann aber bleiben die Preise »stabil«.

Wohin das Auge reicht: Jeder sagt heute jedem, daß alle »endlich« wieder zur »Stabilität« zurückkehren wollen. Daß man die »Inflation« nur tüchtig »bekämpfen« müsse. Denn wenn man diesen Kampf endlich »gewonnen« hat, dann ist alles »gut«. Denn dann münden die gestiegenen Preise (wenn auch vielleicht zunächst noch unter »Schwankungen«, damit sich das alles schön »austariert« und so) in *stabile* Preise ein. Und dann ist endlich das Paradies erreicht, in dem ein ganz besonders tolles Herrscherpaar regiert:

»Störungsfreies Wirtschaftswachstum« und **»Preisstabilität«.**

Dieses freilich wird der schlimmste Irrtum der neueren Geschichte werden!

»Geld« ist immer nur »Kredit«

Einer der bekanntesten Ökonomen dieses Jahrhunderts ist der Wiener **Gottfried Haberler,** der so berühmt war, daß er sogar einen Lehrstuhl an der Harvard-University erhielt. Sein wichtigstes Buch beschreibt den »Internationalen Handel«.*) Darin macht er sich auch Gedanken über die Wechselkurse

---

*) **G. Haberler,** Der internationale Handel. Theorie der weltwirtschaftlichen Zusammenhänge sowie Darstellung und Analyse der Außenhandelspolitik, Berlin 1933. Im folgenden besonders die Seiten 48 ff.

in der Inflation, wobei man nicht vergessen darf, daß das Phänomen einer großen Inflation in den 1920er und 1930er Jahren etwas Neues und Unerhörtes war, über das man sich schon so seine Gedanken machen mußte. Auch Haberler kommt in seinen Vorstellungen freilich nicht über die des 16. Jahrhunderts hinaus. Auch für ihn ist die Inflation etwas, das die Menschen rätselhaft antritt und das dann gewisse Veränderungen hervorruft. Er meint:

»Betrachten wir die Wirkungen einer Inflation: Es bestehe Papierwährung und die *Geldmenge* werde um 20% vermehrt. (Dann) können wir folgendes sagen: Nachdem die Wirtschaft sich an die vermehrte *Geldmenge* angepaßt hat, das *zusätzliche Geld* sich über die ganze Volkswirtschaft verteilt und alle Zahlungskanäle durchflossen hat, wird das *Preisniveau* gestiegen sein …«

Wenn Sie schnell noch einmal zu der Textstelle bei **Molina** zurückblättern, werden Sie feststellen: Wie der Professor, so der Pater. **Haberler** ist sogar noch etwas präziser, weil er mit Prozentsätzen arbeitet (20%!), woraufhin er zu dem Schluß kommt (sofern sich sonst nichts ändert),

»dann würde das Preisniveau im gleichen Ausmaß, wie die Geldmenge, d. i. um 20% gestiegen sein …«

Wie das mit der »zusätzlichen Geldmenge« läuft, beschreibt der Professor wenig später, wobei er noch fein säuberlich aufteilt, *wie und wo* denn überall die »zusätzliche« Geldmenge in die »Wirtschaft« fließen kann:

»Die zusätzliche Geldmenge tritt (!) an *irgendeiner Stelle* in die Wirtschaft ein (!) und verteilt sich von hier aus auf

140

alle Teilgebiete. Wo das Geld eintritt, hängt von der *Art der Inflation* ab. Bei der *Goldinflation* können es die in den Goldminen Beschäftigten sein. Bei der *staatlichen Inflation* ... gelangen die Staatsbeamten und Staatslieferanten zuerst in den Besitz des zusätzlichen Geldes. Bei der *Kreditinflation* wird es unmittelbar in die Produktionswirtschaft geleitet. Die Nachfrage der zuerst in den Besitz des zusätzlichen Geldes gelangenden Personen wird verstärkt, die Preise der von ihnen nachgefragten Güter beginnen zu steigen ... und so geht die *Preiswelle* sich verflachend und ausbreitend über die ganze Volkswirtschaft.«

Auf den ersten Blick eine bestechende Analyse! Gold – Staat – Private: Das sind die drei Quellen, aus denen die Inflation sprudeln kann. Das *Gold* wird »vermehrt«, was nicht ganz einfach ist, zumal die Pizarros ausgestorben sind. Insofern können wir Gold hier auch verlassen, es wird uns später noch beschäftigen.*)

Wenn eine »Goldinflation« nicht mehr »gemacht« werden kann wie im 16. Jahrhundert, bleiben der *Staat* und die *Privaten* als Geldvermehrungsquellen übrig. Was überhaupt kein Problem ist – außer mit dem klitzekleinen Schönheitsfehler: Staat und Private kriegen das Geld nicht einfach »so«, indem sie sagen: Geld her! Sondern der Staat und die Privaten kriegen Geld nur, indem sie sich *vorher* verschulden!

---

*) Die jährliche Goldproduktion liegt derzeit bei etwa 1000 Tonnen pro Jahr. Würde das alles von den Notenbanken angekauft, würde sich die »Geldmenge«, die daraufhin auf der Passivseite der Notenbanken *zusätzlich* erscheinen müßte, um ca. 35 Milliarden D-Mark erhöhen (Banknoten-Umlauf in der Bundesrepublik: ca. 100 Milliarden, gesamtes deutsches »Geldvolumen« [M 3]: ca. 900 Milliarden D-Mark). Mit Gold läßt sich also keine Welt-Inflation mehr »machen«.

Das **Goldgeld** hat die angenehme Eigenschaft, ewig auf Erden zu wandeln. Das **Kreditgeld** aber ist nur vorübergehend *Gast* auf diesem Planeten. In dem Augenblick, da der dem »Geldschöpfungsprozeß« zugrundeliegende *Kredit* zurückgezahlt werden muß (bzw. nicht mehr *verlängert* werden kann), verabschiedet sich das Geld mit einer artigen Verbeugung. Das »Rein« beim Geld ist leicht zu erörtern, es ist auch ganz langweilig: Solange es Kredite gibt und solange die Kredite prolongiert werden können, ist alles paletti. Das »Raus« aber ist eine hochdramatische Angelegenheit.

Was passiert, wenn es keinen zusätzlichen Kredit mehr gibt – weder für die Privaten noch den Staat?

Was, wenn die bereits vergebenen Kredite zurückgezahlt werden müssen?

Womit kann überhaupt zurückgezahlt werden?

Was geschieht, wenn die Kredite platzen?

Damit Sie sich schon mal ein bißchen warmlaufen, nehmen wir schnell ein paar Zahlen aus dem wirklichen Leben, die zu höchst ungemütlichen Effekten führen:

1. Die Deutsche Bundesbank hat auf der Aktivseite für ca. 50 Milliarden Inlandswechsel stehen, auf der Passivseite als »Gegenbuchung« Banknoten. Wenn die deutschen Unternehmen nun keine Wechsel mehr einreichen, weil die Geschäfte zu schlecht gehen (oder auch zu gut gehen!), dann schnurrt die »Geldmenge« schlagartig um 50 Milliarden zusammen, nicht wahr?

Gehen die Geschäfte zu schlecht: Nichts mehr wird abgesetzt, also müssen auch keine Wechsel mehr ausgestellt werden, um Lieferungen vorzufinanzieren. Die Geschäfte können auch zu gut gehen, z. B. wenn die gesamte Produktion zu einem sagenhaften Dollar-Kurs ins Ausland abgesetzt wird und die Firma die Erlöse gleich »drüben« stehen läßt, weil sie gar so hohe Zinsen bringen. Die übliche »Zwischenfinanzierung« entfällt, weil man die Dollarzinsen gleich in bar eintauscht und Inlandslieferanten und Arbeitnehmer auszahlt.

2. Die Schweizerische Nationalbank hat eine Bilanz per Ende 1984, bei der auf der Passivseite 26,5 Milliarden Banknoten und 14,2 Milliarden Guthaben von Banken, Handel und Industrie stehen. Für Währungsrisiken sind 10,8 Milliarden zurückgestellt und als Korrekturposten für Devisen weitere 5,1 Milliarden. Auf der Aktivseite ist der größte Posten: 38,9 Milliarden Franken Devisen, die sich wie folgt zusammensetzen:

14,7 Milliarden US-Staatspapiere. 17,0 Milliarden Forderungen gegen Währungsinstitutionen, 5,3 Milliarden Geldmarktanlagen und Forderungen in anderen Währungen.

Die amerikanische Regierung erklärt den Staatsbankrott, die Währungsinstitutionen stellen daraufhin ebenfalls die Zahlungen ein, die Geldmarkt- und Fremdwährungsanleihen fallen gleichfalls auf null. Die 38,9 Milliarden Franken »Devisen« sind also futsch, für Währungsrisiken und Korrekturposten waren aber nur knapp 16 Milliarden zurückgestellt (10,8 plus 5,1). Bleiben fast 23 Milliarden Franken *Verlust:* Muß die Schweizerische Nationalbank daraufhin Konkurs anmelden?

Da kann einem schon heiß werden und kalt zugleich ...

Für Keynes war alles sowieso egal

Zum Schluß dieser Abteilung müssen wir noch jenen **John Maynard Keynes** vorführen, von dessen Hauptwerk, der »Allgemeinen Theorie« das Dictionary of National Biography schreibt:

»Durch diese Arbeit hat sich Keynes als der hervorragendste Volkswirtschaftler seiner Generation erwiesen.«

In dem hervorragenden Buch des hervorragenden Gelehrten lesen wir, zu welchem Schluß Keynes in Sachen »Geld« und »Schulden« gekommen ist. Da fallen wir nun echt vom Hocker. Denn auch der Größte aller Großen geht von der schlichten Vorstellung aus, es gäbe so etwas, wie »Geld an sich«, das halt irgendwie »da« ist und das man halt »nachfragen« tut (gegen Zins, klaro!), wenn man es braucht, weil man – oh! – seine »Schulden« bezahlen möchte. Auch diesen schönen Passus wollen wir uns im Original zu Gemüte führen, damit man sieht, daß Dummheit wirklich keine Grenzen kennt:*)

»We can draw the line between ›money‹ and ›debts‹ at whatever point is *most convenient* for handling a particular problem.«

---

*) **J. M. Keynes,** The General Theory of Employment, Interest and Money, London 1936, Fußnote auf Seite 167.

Sehr schön! Ganz egal, was nun »Geld« ist und was »Schulden«: es kommt noch nicht einmal so sehr auf die Unterschiede an, die Trennlinie kann man ziehen, wie man es gerne möchte. Ach, wie hätten Sie es denn gern? Lauschen, lauschen:

»For example we can treat as *money* any command over general purchasing power which the owner has not parted with for a period *in excess of three months,* and as *debt* what cannot be recovered for a longer period than this ...«

Ach so, drei Monate, wie vom Meister vorgeschlagen, ist Ihnen nicht recht? Kein Problem, dann lassen wir die Linie zwischen »Geld« und »Schulden« woanders verlaufen, was vor allem deshalb so prima ist, weil man bekanntlich mit Geld seine Schulden zahlen kann, nicht wahr! Keynes fährt also fort:

»... or (!) we can substitute for ›three months‹ one month or three days or three hours or any other period ...«

Vielleicht können es sogar drei Sekunden sein, wie wär's? Dann würde ab der vierten Sekunde schon alles »Geld« schlagartig wieder »Schulden« sein. Am besten machen wir es vielleicht so: Wir addieren sämtliche Schulden, die es gibt auf der Welt. Dann schauen wir uns die durchschnittliche Laufzeit an, dann muß die eine Hälfte der Schulden länger laufen und die andere Hälfte kürzer. Die Schulden mit der kürzeren Laufzeit erklären wir zu Geld. Zack! Und mit diesem Geld bezahlen wir die andere Hälfte der Schulden, die Schulden, die Schulden geblieben sind. Dann sind alle Schulden bezahlt, und kein Mensch muß sich mehr nachts unruhig im Bett herumwälzen, weil anderntags die Wechselchen platzen.

Die ganze Tragödie der Nationalökonomie, die dem hereinbrechenden Desaster völlig hilflos gegenüberstehen wird, ist nichts als **das Unvermögen, das »Geld« als das zu begreifen, was es ist: SCHULDEN.**

Sechs Billionen Dollar Spielgeld

Die ganze Finanzwelt ist heute zu einem gigantischen Kasino geworden. Jede Woche wird irgendwo ein neuer Spieltisch aufgestellt. Nein, mit Aktien allein zu spielen ist langweilig. Wir wollen auch Aktien-Optionen handeln. Aber das ist auch langweilig. Warum nehmen wir nicht den Aktien-Index? Ach, wie öde, immer nur den Index. Warum nicht Optionen auf den Index?

Das Spiel hat seinen Höhepunkt erreicht, sobald alle mit allem spekulieren können. Long und Short, mit Calls und Puts, in allen Terminen und Fälligkeiten. Ganz zufrieden werden die Kasino-Besucher nie werden – und wenn sie die malawische Kwacha per Optionen 24 Stunden handeln könnten. Der menschliche Spieltrieb ist unersättlich, und nichts langweilt den Zocker mehr als das »Déjà vu«.

Um zu spielen braucht man Geld. Dies wird heute nicht mehr mit ehrlicher Arbeit verdient, es wird vielmehr vom gütigen Allvater **Staat** in immer größeren Beträgen über die Welt gestreut. Jeden Tag machen die Staaten dieser Erde zwischen **3 und 5 Milliarden Mark** *neue* **Schulden.** Damit schaffen sie gleich hohe **Guthaben,** und da nichts fungibler ist, alias besser flutscht, als Staatsschulden, kann man mit dem Gegenwert dieser Summe sofort wieder ins Kasino eilen und neu setzen.

Was sich da abspielt, hat schon im Jahre 1820 der badische Finanzexperte **Friedrich Nebenius** in seinem Buch über den »Öffentlichen Credit« beschrieben:

»Indem hochanwachsende Staatsschulden eine *unangemessene Anhäufung* der Art von Eigentum, welches in *öffentlichen Papieren* besteht, möglich machen, erschaffen sie ein *Werkzeug zu einer ungeregelten Spekulation* ... Wer Millionen in öffentlichen Fonds besitzt, vermag *jeden Augenblick* über ungeheure Summen zu disponieren ... Die natürliche Wirkung solcher Operationen sind *Mißtrauen und Unsicherheit in Geschäften.*«

Wieviel Spielgeld allein durch die Staatsschulden zur Verfügung steht (einen »Treasury Bond« kann ich ja jede Sekunde zu »Kasse« machen, oder beleihen und mit dem Gegenwert in jeder beliebigen Ware oder Währung long oder short gehen!), zeigt diese Tabelle:

Staatsschulden = Privatguthaben = Spielgeld

(Nur auf Dollar lautende Beträge!)
– in Billionen US-Dollar –

Schuldner	1970	1985	1990*)	1990**)
USA (incl. IWF, Weltbank)	0,5	1,8	3,5	4,2

*) Nur durch »Stehenlassen« der Zinsen
**) Inklusive des minimal geforderten »fresh money«

Südamerika,				
Asien, Afrika	0,2	0,8	1,6	1,8
Europa	0,1	0,3	0,6	0,7
Sonstige	0,1	0,2	0,4	0,5
Summa:	0,9	3,1	6,1	7,2

Bis zum Ende des Jahrzehnts wird sich das **Spielgeld** noch einmal verdoppelt haben. Heissa, wird es da im Kasino hoch hergehen! Aber keine Bange, Freunde: *Vor* dem Ende des Jahrzehnts wird das Kasino mit Sicherheit geschlossen. Damit man sich eine Vorstellung von der Menge der durch Staatskredit verfügbaren **Jetons** macht, braucht man sich nur zu überlegen, was passiert, wenn sich alle Welt die Dollar-Bonds (nur Staatstitel!) in *barem Gelde* auszahlen lassen würde, worauf jeder selbstverständlich jeden Tag einen Anspruch hat. Man verkauft halt seine Staatspapiere und sagt: Barauszahlung!

Soviel Bargeld kann aber garnicht mehr gedruckt werden!

Wenn wir die drei Billionen auf Dollar lautenden Titel zum Umtausch in Dollar-Noten präsentieren würden, und die US-Bundesdruckerei, die fähigste Papiergeld-Fabrikationsstätte aller Zeiten, würde jeden Tag *eine Milliarde* Dollarscheine drucken – dann müßten wir immerhin etwa *zehn Jahre* warten, bis auch der letzte Staatsgläubiger in Cash befriedigt wäre. In diesen zehn Jahren hätten sich die Dollar-Schulden natürlich allein durch das Stehenlassen der Zinsen – trotz der laufenden Umwandlung in Cash – wieder etwa verdreifacht, so daß wir sagen können:

Selbst wenn wir alle Dollar-Guthaben zu Kasse machen wollten – es geht schon allein aus technischen Gründen nicht mehr!

Wir können dieses Beispiel, das sich nur auf das Dollar-Spielgeld bezog, natürlich auch für alle anderen »Währungen« durchexerzieren: Können es die Banknoten-Druckereien überhaupt schaffen, so viel Bargeld bereitzustellen, wie Staatsschulden existieren – die ja nichts anderes sind als »erspartes Geld«, das ich jederzeit zu Kasse machen darf und jederzeit zu Kasse machen kann, weil man Staatspapiere jeden Tag an der Börse »versilbern« darf. Viele Staatspapiere sind natürlich nicht »direkt« in Form von Titeln oder Wertrechtsanleihen (Bundesanleihen, Bundesobligationen, Bundesschätzchen usw.) im Umlauf, sondern sind dem Staat über die Banken indirekt geliehen. Die Summe der »Schuldscheindarlehen« der deutschen öffentlichen Stellen, die im wesentlichen vom Bankensystem »aufgenommen« wurden, liegt bei ca. 550 Milliarden Mark.
Nehmen wir ruhig die gesamte öffentliche Schuld der Bundesrepublik Deutschland, die sich – ohne Garantien, Bürgschaften u. ä. – im September 1984 auf glatte 700 Milliarden gestellt hat und irgendwann 1985/86 die 750-Milliarden-Grenze überschreiten wird. Und fragen wir:

Kann ich das alles, bitte, in Cash haben?

Die Antwort lautet: **Nein!**
Die beiden Banknotendruckereien der Bundesrepublik Deutschland (Bundesdruckerei in Berlin, Giesecke & Devrient in München) sind vollauf mit *Ersatz*beschaffung ausgelastet (alle umlaufenden Geldscheine müssen nach ein bis zwei Jahren im Schnitt ausgewechselt werden, weil sie anfangen zu stinken), außerdem ist Bargeld »in«, weil die Schattenwirtschaft floriert. Obwohl wir angeblich im »bargeldlosen Zeitalter« leben, wird der umlaufende **Cash** in der Bundesrepublik mehr und mehr.
Bargeldumlauf 1980:   91,2 Milliarden
1983: 104,7 Milliarden
1985: 112,9 Milliarden
(Jahresanfang)
Vor allem die Tausender finden immer mehr Freunde. Ihr Absatz ist eine richtige Wachstums-Industrie, jedes Jahr eine zweistellige Vermehrung.
Sollten die Deutschen einmal schlecht schlafen und davon geträumt haben, daß ihr lieber Staat die Zahlungen einstellen wird, dann verkaufen sie anderntags vernünftigerweise ihre Bundespapiere bzw. machen alles, was sie direkt oder indirekt dem Staat »geliehen« haben, zu Barem. Aber, Überraschung! Es *geht nicht!* Wenn alle Banknoten-Druck-Kapazität schon voll ausgelastet ist damit, den derzeitigen Bar-Umlauf in einigermaßen sauberen Noten (wir sind ja schließlich nicht in Italien!) aufrechtzuerhalten: Wie sollte man dann eine **sechs- bis siebenmal so hohe Summe aus dem Hut zaubern?**

150

Selbst wenn wir dem Staat nur seine Anleihen zurückgäben (90 Milliarden), die Bundesschatzbriefe (20 Milliarden), die Bundesobligationen (60 Milliarden) – also alles Papiere, die man jederzeit am Bankschalter zu barem Gelde machen darf*), dann hätten wir schon **170 Milliarden Mark Bargeld-Anspruch!**

Um dieses viele Bargeld zu produzieren, also buchstäblich zu drucken, in bekannter Qualität, Metallfaden und fälschungssicher: Es würde *mindestens zwei Jahre dauern* – selbst wenn die Druckereien Tag und Nacht nichts anderes täten.

CASH, das schiere Bare, bekommt also schon deshalb eine völlig neue Qualität, weil es sich in dem Umfange, in dem wir verbriefte Rechte darauf haben, überhaupt nicht mehr darstellen läßt!

Früher wurde bares Geld gedruckt, und immer mehr und immer schneller. Und das war die INFLATION.

Heute läßt sich soviel bares Geld gar nicht mehr drucken.

Was ist aber dann?

Lösen wir das Dollar-Rätsel!

Noch nie in der Geschichte haben sich »Experten« einer »Wissenschaft«, die als »exakt« gelten möchte,

---

*) Die Keuschheitsfrist bei Bundesschätzchen (ein Jahr lang Rückgabeverbot) lassen wir weg, da es immer nur die ganz neu Ausgegebenen betrifft, zur Zeit zwischen 1,5 und 2 Milliarden. Wir wollen uns auch nicht damit aufhalten, daß bei einem massiven »Kassemachen« bei öffentlichen Titeln der Kurs derselben in die Tiefe rauschen würde – trotz des Eingreifens der sogenannten »kurspflegenden« Stellen, zum Beispiel der **Deutschen Bundesbank.**

weil sie mit *Zahlen* operiert, jämmerlicher blamiert als die Bankiers und Nationalökonomen, die in den letzten Jahren Statements über den **Dollar-Kurs** abgelassen haben. Ich besitze ein erstklassig geführtes Archiv, und wenn ich zum Thema »Dollar« in die Dossiers greife, dann überkommt mich Mitleid mit den Großen dieser Welt. Mit dem berühmtesten Schweizer Ökonomie-Professor **Emil Küng,** der bei einem Kurs des Dollar von 2,00 Franken tönte:

»Fällt bis 1985 auf 1,20.«

Mit dem Chef der mächtigsten Bank der Welt, mit **Wilfried Guth** von der Deutschen Bank, der bei 2,35 Mark erklärte:

»Kurs ist überhöht, wird jetzt fallen.«

Oder mit dem Präsidenten der wichtigsten nichtamerikanischen Notenbank der Erde, mit **Karl Otto Pöhl** von der Deutschen Bundesbank, der bei 2,45 Mark meinte:

»Kurs ist schon zu hoch, niemand erwartet, daß er steigt.«

Es hat überhaupt *keine einzige* Dollar-Kurs-Prognose gegeben, die auch nur annähernd recht behalten hätte – außer meiner eigenen. Ich habe seit Anfang 1981, als gerade die 2-Mark-Grenze von unten nach oben durchstoßen war, öffentlich Wetten angeboten und abgeschlossen, daß der Dollar vor dem Ende der ersten Amtszeit Ronald Reagans auf *drei Mark steigen würde*. Eine solche Wette war ohne Zweifel tollkühn, wie auch die Wette, die ich gegen den besagten

Wilfried Guth laufen ließ, als dieser wieder einmal unsägliches Zeug in Sachen Dollar verzapfte, nämlich,»daß nunmehr die Luft sehr dünn sei« und daß alsbald mit einer»deutlichen Kurskorrektur nach unten gerechnet« werden müsse, als die US-Valuta bei 2,80 notierte. Ich wollte dem Bankier Guth eine Million zahlen, sobald der Kurs die von ihm avisierten 2,30 Mark erreiche, dafür erbäte ich eine Million, sobald 3,30 Mark zur Notiz kämen. Wie jeder weiß, wurden die 3,30 im Februar 1985 erreicht. (Auf meine Million von Herrn Guth warte ich noch heute, er könnte ja wenigstens in Lire zahlen!).
Damit Sie das mit dem Dollar möglichst fix begreifen, muß ich Ihnen zwei Zähne ziehen:

1. Zahn: **Es gibt überhaupt keinen »Dollar«.**
2. Zahn: **Es gibt überhaupt keinen »Dollar-Kurs«.**

Das ganze Elend mit den irrsinnigen Schieflagen, die alle Welt im Dollar hatte (und hat) ist nur darauf zurückzuführen, daß die Beteiligten, vor allem die großartigen »Bankiers« nicht gewußt haben, wovon sie eigentlich sprechen, wenn sie Worte, wie»Dollar« oder»Dollar-Kurs« in den Mund genommen haben. Beim»Dollar« geht's schon los. Da sagten alle: Oh, der ist schon so»hoch« gestiegen, der muß jetzt aber wieder fallen. Den Dollar stellt man sich wohl als eine **Ware** vor, die immer teurer geworden ist. Und nun, da sie ganz besonders teuer ist, muß sie halt wieder billiger werden. Wenn ein Glas Bier zehn Mark kostet, wird es auch kein Mensch mehr trinken.
Nur ist der Dollar kein Bier und auch sonst keine Ware, sondern der Dollar ist ein **Zahlungsmittel.**

Insofern werden an den Devisenmärkten auch keine Dollar gehandelt, wie man Weizen handelt, Kaffee oder Sojabohnen, sondern man handelt Dollar-**Guthaben,** also etwas, das ich *nicht behalten will, nachdem ich es gekauft habe* (wie ich Weizen, Kaffee, Sojabohnen behalten will, sonst hätte ich sie ja nicht gekauft), sondern etwas, das ich *sofort wieder loswerden möchte,* weil ich es loswerden muß.

Weil ich Dollar schuldig bin.

Dollar kann ich nur schuldig sein aufgrund vertraglicher Verpflichtungen. Das können Verträge über Waren sein oder Verträge über *Geld.* Aufgrund ziemlich zuverlässiger Angaben der Basler **Bank für Internationalen Zahlungsausgleich BIZ** wissen wir, daß sich die in Dollar abgewickelten Vertragsvolumina in Waren zu denen in Geld wie **1 : 10** verhalten.

Die meisten Dollar werden nicht gebraucht, um Waren zu bezahlen, sondern um die gigantische Schuldenkiste noch eine Runde weiterzuschieben.

Deshalb liegen auch alle schief, die dem Phänomen des **Dollar-Kurses** dadurch beizukommen versuchen, daß sie den *aktuellen* Dollar-Kurs mit dem »*eigentlichen*« Kurs vergleichen, dem, der für *Waren* gezahlt werden müßte – weil diese Waren in einem bestimmten Verhältnis zueinander stehen, das der schwedische Ökonom **Gustav Cassel** als die **Kaufkraftparität** definiert hat:*)

»Wenn zwei Valuten Inflation erlitten haben, ist der *normale Wechselkurs* gleich dem alten Kurs multipliziert mit dem Quotienten zwischen dem Grade der Inflation in

---

*) **G. Cassel,** Das Geldproblem der Welt (1923).

dem einen und dem anderen Land ... Diese Parität kann *Kaufkraftparität* genannt werden, da sie durch den Quotienten zwischen der Kaufkraft der verschiedenen Valuten bestimmt wird.«

Die Kaufkraftparität zwischen der D-Mark und dem US-Dollar lag seit Beginn der 1980er Jahre, nachdem sich also die Inflationsraten hüben und drüben weitgehend angeglichen hatten, bei etwa 2,– bis 2,20 Mark. Insofern hatten alle »Experten« natürlich recht, die sagten, der Dollar sei »überbewertet«. Bezogen auf die Kaufkraft stimmt das ganz genau.

Nur die zweite Aussage, daß der Dollar wieder auf die »Kaufkraftparität« zurückfallen müsse, war vorschnell. Die »Experten« hätten sich nämlich fragen sollen: Wenn der Dollar um so viel und immer mehr *über* die Kaufkraftparität steigt – warum warten die Leute, die Dollar brauchen nicht einfach, bis er wieder auf die Parität gefallen ist? Man ist doch verrückt, für eine Sache mehr zu bezahlen, als sie wert ist.

Nur leider: Die Menschen, die für den Dollar *mehr* bezahlt hatten, als er wert war, wollten den Dollar nicht behalten. Sonst hätten sie ja warten können. Sie wollten ihn vielmehr *sofort wieder loswerden.* Sie fragten nämlich keinen »Dollar« nach (den es gar nicht gibt), sondern Dollar-Guthaben, die sie brauchten, um ihre Dollar-**Gläubiger zu befriedigen. Die Differenz zwischen »Tages-Kurs« für Dollar-Guthaben und »Kaufkraftparität« ist also nichts anderes als eine Illiquiditätsverhinderungsprämie.**

Normalerweise ist eine Illiquiditätsverhinderungsprämie der Zins. Wenn es heute noch feste Wechselkurse gäbe wie früher, wären natürlich die Dollar-

Zinsen gewaltig in die Höhe geschossen, weil die Dollar-Schuldner für *sofort* verfügbare Dollar-Guthaben eben einen sehr hohen Preis gezahlt hätten. Wie wir schon in unserer **Spielgeld-Tabelle** gesehen haben, sitzen viele, viele Dollar-Schuldner gar nicht in Amerika. Darüber hat sich bis heute auch noch niemand so recht seine Gedanken gemacht. Wir nehmen es zwar als »selbstverständlich« hin, daß Brasilien und Mexiko so jeweils mit runden 100 Milliarden Dollar im Regen stehen. Daß aber ein Land mit einem eigenen hoch entwickelten Kapitalmarkt, eine Industrienation von Rang wie **Frankreich** heute bereits mit rund **80 Milliarden Dollar** der drittgrößte nichtamerikanische Dollarschuldner ist, darüber denkt kaum einer nach. **Italien, Schweden, Dänemark, Österreich** und so weiter: Warum sind denn *diese* wunderschönen Staaten allesamt mit zweistelligen Dollar-Milliarden verschuldet, in einer Währung also, die sie – au weia! – gar nicht *selber herstellen können?!**)

Die nichtamerikanischen Dollar-Schuldner haben sich das mit den Dollar-Schulden sehr einfach vorgestellt. **Ferdinand Lips** von der Zürcher Rothschild-Bank hat dies in einem Beitrag für die »Welt am Sonntag« so beschrieben:

---

*) Auch die hochgelobte Bundesrepublik Deutschland ist in Dollar verschuldet, ein Posten über den man gern Stillschweigen bewahrt. In den Monatsberichten der Bundesbank finden wir aber bereits die Fabelsumme (»teilweise geschätzt«) von über 100 Milliarden Mark **Auslands-Gläubiger,** die uns natürlich nicht nur D-Mark geliehen haben – woher sollten sie die auch haben ...

»Als der Dollar in den 70er Jahren ... immer schwächer wurde, ging die ganze Welt dazu über, sich in Dollar zu verschulden. Diese Kredite hoffte man, wenn der Dollar dann bei DM 1,– oder sFr. 1,– gelandet ist, billig wieder zurückzuzahlen.

Jedermann handelte wie der Börsenspekulant, der eine Aktie oder ein Produkt auf Termin *leer verkauft,* um sich später mit einem Gewinn wieder einzudecken. Was dabei herauskam, ist nichts anderes als die gigantischste ›Short Position‹ in der Weltgeschichte ...

Da jetzt mehr und mehr dieser Dollar-Kredite oder -Anleihen fällig werden, findet ein richtiger Run auf den Dollar statt, wobei die Schuldner gezwungen sind, andere Werte oder andere Aktiven zu verkaufen, *um sich die benötigten Dollars zu verschaffen.*«

Auch beim Gerede vom »Dollar-Kurs« handelt es sich um nichts als ein Milliarden-Dollar-Mißverständnis. Einen »Dollar-Kurs« gibt es *nicht!*

Der Dollar ist die einzige Währung, die überall auf der Welt zu jeder Zeit in jeder beliebigen Höhe zu Zahlungen zu verwenden ist. Das kann man von keiner anderen »Währung« sagen. Der Dollar ist also, was früher das **Gold** war: Universelles Zahlungsmittel.

Und wie früher alle Währungen in Gold gemessen einen »Wert« hatte, so ist es heute der **Dollar,** der allen anderen Währungen einen *Kurs* verleiht: Wird eine Währung, konkret: fällige Guthaben in dieser Währung, nicht von Dollar-Besitzern *nachgefragt,* haben diese Währungen *keinen Kurs.* Der Dollar ist die **Devise,** die anderen Währungen, die ihren Kurs nur durch das **Avis** des Dollar erhalten, sind **Avisen.**

Wenn also der Dollar-Kurs »steigt«, steigt der Dol-

lar-Kurs nicht. Sondern die Kurse aller anderen Währungen fallen.
Wer vom »steigenden« Dollar spricht, unterliegt einer optischen Täuschung. Er glaubt, daß irgendwelche »Spekulanten« den Dollar-Kurs hinauftreiben. In Wirklichkeit sind die Umsätze am Devisenmarkt gerade in Zeiten *steigenden* Dollars äußerst dünn! Denn der steigende Dollar bedeutet fallenden Kurs der Avisen (D-Mark, Schweizer Franken usw.), und das ist nichts als *abnehmende Nachfrage* nach diesen Währungen, also *Friedhofsruhe* statt Hektik.
Sollten Dollar-Besitzer keinen Anlaß mehr haben, andere Währungen nachzufragen, geht der Kurs für diese Währungen auf Null. Der Kurs des Dollar ist dann »unendlich hoch«!
Die Nachfrage ex Dollar nach Avisen *muß* aber abnehmen, und das aus diesen Gründen:
1. Es werden immer mehr Dollar benötigt, um die bekannte **Aufschuldung** im Dollar-Raum weiterzutreiben. Die Dollar-Guthaben bleiben (mit Hilfe »hoher« Dollar-Zinsen) im Dollar-Raum eingesperrt.
2. Gelegentliche *Ausbruchsversuche* aus dem Dollar in andere Währungen werden auf Dauer nur zu *noch höheren* Dollar-Kursen führen, weil die Dollar, mit deren Hilfe man andere Währungen gekauft hat, **zurückgekauft werden müssen.**
Vermögensverwalter, die es ganz besonders schlau machen wollen, gehen dabei so vor, wie dies von einer der ersten Zürcher Adressen das »Wall Street Journal« im April 1985 beschrieben hat:
»Bank J. Vontobel & Co., Zurich, reduced its exposure to the dollar to 20–25% of its portfolio ... *without selling*

dollar securities, according to Walter Temperli, head of investment strategy. ›We reacted in a very quick fashion by *selling currencies forward‹ ...«*

Klartext: Die Bank hat das ganze Geld in Dollar-Bonds stehen, weil die so schön hohe Zinsen bringen. Diese »Securities« hat man *nicht* verkauft (»without selling«). Verkauft wurde aber der Dollar-Gegenwert (»selling currencies forward«). So daß die Bank also Dollar »hat«, aber die Dollar-»Exposure« bis auf 20–25% verringerte.

Eins ist klar: die »Forward«-Kontrakte müssen eingedeckt werden, d. h. die gleiche Summe Dollar muß die Bank zurückkaufen. Was aber, wenn der Dollar-Kurs dann stark gestiegen ist? Was, wenn möglicherweise die Dollar-Securities stark entwertet wurden, ganz einfach, weil eine Bonitätskrise hereingebrochen ist oder die Schuldner dieser Securities die Zahlungen eingestellt haben? Dann kann vielleicht selbst der Verkauf aller Securities *nicht mehr ausreichen, um die Verluste abzudecken, die durch die Dollar-Schieflage* (Rückkauf-Verpflichtung!) *entstanden ist.* **Die Bank bzw. ihre Kunden hätten dann nicht nur alles verloren, sondern sie wären noch einen zusätzlichen Betrag schuldig – eben die Differenz zum Dollarkurs!*)**

---

*) Wie verantwortungslos solche »Vermögensverwalter« operieren, zeigt diese Überlegung: Bonds-Wert = 100; 80 Prozent davon leerverkauft; Dollarkurs steigt um 100 Prozent. Verlust am Forward-Kontrakt: 80. Gleichzeitig fällt Bonds-Portfeuille um 50%. Guthaben noch: 50. 80 minus 50 = 30. Alles ist verloren, und 30 bleiben als Netto-Schuld noch nach ...

3. Wenn die amerikanische **Konjunktur** zusammenbricht (und sie bricht mit Sicherheit zusammen), wird sich eine scheinbar paradoxe Situation ergeben: Die Nachfrage nach *zusätzlichen* Dollar-Krediten in den USA wird schlagartig verschwinden. In jeder *Rezession* hat sich ein solches plötzliches Verschwinden zusätzlicher Kreditnachfrage, vor allem seitens des (bereits völlig überschuldeten) privaten Publikums gezeigt.

Einen solchen Zusammenbruch der (privaten) Neuverschuldung haben wir zuletzt in der scharfen Rezession des Jahres 1980 erlebt, als auch die Zinsen mit einem Ruck nach unten gesunken sind. Dies wird die in Dollar-Securities engagierten Anleger in ihrer »Strategie« bestätigen, im Dollar zu bleiben, um noch die gewünschten Kursgewinne »mitzunehmen«, die sich bei festverzinslichen Papieren entsprechend einer Zinssenkung ergeben. Doch mit dem Zusammenbruch der Konjunktur fehlt den Dollar-Schuldnern *außerhalb* Amerikas die Möglichkeit, Dollar *zu verdienen:* Ein Konjunkturzusammenbruch bedeutet immer weniger Absatzmöglichkeiten, die sogar völlig ausfallen können, wenn die Amerikaner in einem Anfall von Protektionismus gar ihre Grenzen schließen.

Was machen aber die Franzosen, die Italiener, Schweden, Österreicher, Belgier und so weiter, von den Südamerikanern ganz zu schweigen, wenn sie Dollar schuldig sind, aber *keine Dollar mehr verdienen können, weil Amerika geschlossen ist?* Man kann sich unschwer vorstellen, wie »knapp« dann sofort verfügbare Dollar werden müssen.

4. Schließlich ist die *Schlußphase* des Zusammenbruchs zu untersuchen. Wenn es also weltweit »kracht«, immer schneller und immer mehr Schuldner ihre Zahlungen einstellen: »bricht« dann der Dollar-Kurs »zusammen«, wie viele vermuten?

Nein, im Gegenteil: Die das vermuten (Experten wie **Kurt Richebächer** oder **Bruno Bandulet**) verwechseln den Dollar-*Kurs* mit der Dollar-*Forderung*. Und sie glauben, der »Kurs« würde sinken, wenn die Forderungen krachen. Aber: *Umgekehrt* wird ein Schuh daraus! Je mieser die Dollar-Forderungen insgesamt werden, desto *höher wird das Aufgeld steigen, das ich für verfügbare, d. h. »gute« Dollar zahlen muß.*

In dieser *Schlußphase,* die sich möglicherweise innerhalb weniger Wochen, wenn nicht Tagen oder nur Stunden abspielt, wird der Dollar-»Kurs«, der nichts anderes ist als der »Preis« für *verfügbare* Dollar-Guthaben, in allerhöchste Höhen katapultiert werden.

Das *Schlußbild* sieht dann sehr wahrscheinlich so aus:

Dollar-Bonds: gestrichen Brief (kein Kurs, allgemeine Bonitätskrise, keinerlei Vertrauen mehr in irgendwelche Schuldner, denen man längerfristig Geld anvertrauen würde); ergo Zinsen in astronomischer Höhe.

Dollar Kurs: ein Vielfaches des heutigen, wobei nur noch Dollar am Sortenschalter gehandelt werden.

Johann Philipp von Bethmann hat diesen Schluß ebenfalls gezogen:

»Ach wenn es knallt, wenn die Bankpleiten offenkundig werden, fällt der Dollarkurs *nicht* – im Gegenteil – weil viele Milliarden von Dollarforderungen verloren gehen, also verschwinden, und die verbleibenden ›guten‹ Dollarforderungen *erst recht knapp werden.* So wird es kommen. Die monetären Prozesse sind von zwingender Logik ...«*)

Sie sind von zwingender Logik, in der Tat. Und sollten die Notenbanken versuchen, sich dieser Logik entgegenzustemmen, indem sie »Dollar« (oder andere Liquiditäten) zur »Verfügung« stellen, so wird ein solches Vorgehen die Veranstaltung sowieso *schlagartig* beenden, da ein solches Vorgehen nur als Startschuß zur *offenen Inflation* verstanden werden könnte – und den »Kapitalmarkt« unmittelbar zum Stillstand bringt.

Der Handel rund im die Uhr und die finalen Blow-offs an der Börse

Als letzter Schrei, den die Apologeten des »Systems« ausstoßen, gilt der »24-Stunden-Handel«. Erst dann steht alles zum besten, wenn jeder Anleger und jede Bank pausenlos im Einsatz sein kann. Die Börsen und die Weltmärkte könnten dann mit dem »Cesar's Palace« in Las Vegas fusionieren, wo man auch unendlich lang vor den Slot-Maschinen verweilen darf. **Edward F. Dempsey,** ein Leser des »Wall Street Journal«, brachte den ganzen Zirkus, der sich da anbahnt, in Gedichtform nieder. Den Acht-Zeiler ver-

---

*) Aus: **Pflasterstrand 205,** Seite 11. Es gehört zu den Zeichen der Zeit, daß jemand, der alles durchschaut hat, wie **von Bethmann,** nur in wenig gelesenen Publikationen oder gelegentlichen Leserbriefen zu Worte kommt.

162

öffentlichte das Blatt am 9. April 1985 unter dem Titel »Bare Market?«:

> »Those 24-hour
> stock market proposals
> Would come as
> an awful shock.
>
> Giving many of us
> the chance
> To lose our shirts
> 'round the clock.«

Genauso wird es sein.

Angefangen hat das Spielchen 'round the clock ein amerikanischer Frei-Makler, die in Los Angeles beheimatete Firma **Jefferies & Co.**, die sich einen Dreck um die New Yorker Börsenzeiten scherte und Block-Trading (= Aktienhandel in großen, runden Stückzahlen) auch nach Börsenschließung an der Ostküste fortsetzte. Schließlich werden es die Kunden am besten selber wissen, ob und wie und an wen sie verkaufen wollen. Geschichte machte ein Block von 3,5 Millionen ITT-Aktien, die Jefferies im Juli 1984 *nach* der Ankündigung der Firma, sie müsse die Dividende um 64 Prozent kürzen und *vor* der Eröffnung der New York Stock Exchange am anderen Morgen, umsetzte. Bei Jefferies kann man heute schon praktisch rund um die Uhr handeln, und die großen institutionellen Börsen wollen da natürlich kein Geschäft abgeben und überlegen fieberhaft, ob sie selbst länger aufhalten sollen (Vorschlag des deutschen Privatbankiers **Oppenheim,** Köln: vier Stunden mehr!) oder ob sie sich zu Ringen zusammenschließen, die dann das Erdenrund umspannen.

Dabei gibt es Überschneidungen. So wollen die Kanadier lieber über Tokio und Hongkong arbeiten, die Amis lieber über Sydney und Singapur. Andere Börsen, wie London, die gerade im Hausse stehen, haben keine Lust, sich noch mehr Arbeit aufzuhalsen, andere Börsen, wie die kleinen Europäer, vor allem die Börsen in der Schweiz, befürchten, daß ihnen das Geschäft abgezogen wird. Letzter Stand (Frühjahr 1985): Devisen und Gold (einschließlich Goldoptionen) sind fast um die Uhr zu handeln. Den Zeitensprung zwischen San Francisco und Fernost kann man notfalls mit Hilfe von Spätzubett-Gehern oder Frühaufstehern überbrücken.

Der Rund-um-die-Uhr-Handel ist also nur noch eine Frage der Zeit.

Man kann also demnächst nicht nur sein Hemd rund um die Uhr verlieren, sondern die **volatilen Zuckungen** im »System« werden immer heftiger. Es bleibt dann praktisch keine Zeit mehr, um irgendeine noch so schwachsinnige Meldung auf ihren Wahrheitsgehalt bzw. auf ihre Auswirkungen hin zu überprüfen.

Die **Kursschwankungen** innerhalb eines Tages werden sich dann erst recht steigern. Es wird zugehen wie in einem Theater, in dem gleichzeitig Liz Taylor auftritt, jemand »Feuer« schreit, Karajan dirigiert, der amerikanische Präsident in seiner Loge einen Herzinfarkt erleidet, Gorbatschow mit Maggie Thatcher rumknutscht, wieder jemand »Feuer« schreit, gleichzeitig aber die Sprinkler-Anlage losgeht, Reagan auf die Bühne eilt und 50 Liegestütze macht und ein Zuschauer aufsteht und Goldstücke um sich schmeißt.

Der Handel rund um die Uhr ist sozusagen das »Missing Link«, was noch fehlte, um die internationale Szenerie komplett zu machen, die im Infarkt enden muß. Selbst der kleine Importeur Willi Müller aus Bremerhaven, der am Abend noch für eine Million Dollar Warenkäufe abschloß, weiß nicht, ob er den nächsten Morgen im Zustand der Liquidität oder Illiquidität erlebt.

Als **Walter Bagehot** jenes Bonmot über die Bankiers niederschrieb, das Sie als Motto vor diesem Kapitel gelesen haben, galt die gute alte 2-4-3-Regel: Man nahm Geld zu 2 Prozent entgegen, gab es zu vier Prozent weiter und war spätestens um 3 Uhr auf dem Golfplatz.

Inzwischen herrscht aber im **Banken-Apparat** eine Hektik, von der sich ein Außenstehender keinerlei Vorstellung macht. »Something is wrong!« Wie sich diese Hektik entwickelt hat, zeigen die Bilder auf den nächsten Seiten. Ihnen allen ist der berüchtigte **Blow-off-Effekt** gemeinsam: Die Kurven, die Sie da sehen, und die aus allen möglichen Bereichen des Geld-, Bank- und Börsenwesens stammen, **steigen immer schneller und höher.**

Der BLOW-OFF ist immer die Schlußphase kurz vor dem CRASH. Dies zeigt die Entwicklung des Goldmarkts von 1979/80 genauso deutlich wie jene des New Yorker Aktienmarktes in den Jahren 1927/29.

Blow-off-Beispiel GOLD

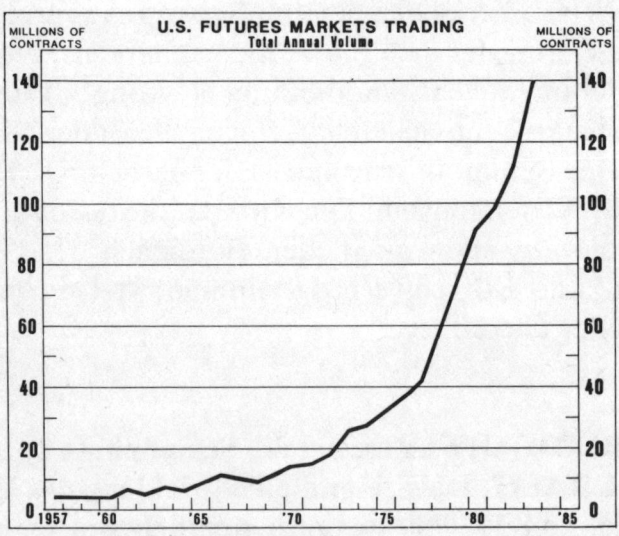

Blow-off-Beispiel BÖRSENHANDEL

166

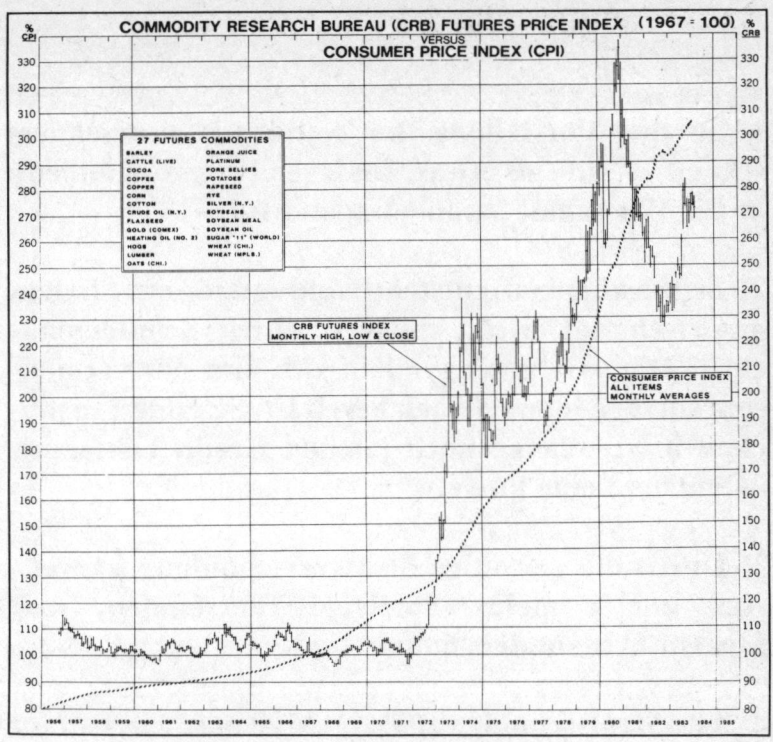

Blow-off-Beispiel VERBRAUCHER-PREISE

Zusammenfassung

1. In der Vorstellung der Nationalökonomen erscheint »Geld« als etwas, das irgendwie »von außen« an die Wirtschaft herangetragen wird.

2. In Wirklichkeit entsteht Geld immer nur, indem gewirtschaftet wird, konkret: durch Schuldenmachen. Die »Geldmenge« läßt sich also nur vermehren, solange jemand noch bereit ist, Schulden zu machen bzw. solange noch jemand Kredit bekommt. »Geld hat keine Füsse.«

3. Durch die gewaltige Staatsverschuldung ist weltweit immer mehr »Spielgeld« entstanden, weil Staatstitel besonders liquide sind.

4. Alle Staatsschulden zu Bargeld zu machen, worauf die Sparer theoretisch Anspruch hätten, weil die Staatsschulden so »liquide« sind, ist technisch unmöglich. So viele Geldscheine sind nicht darstellbar.

5. Die Fehlprognosen der Fachleute zum Dollar sind auf das Unvermögen zurückzuführen, das Dollar-Problem als Staatsschuldenproblem zu begreifen. Dollar-Kurse, die oberhalb der »Kaufkraftparität« liegen, sind Illiquiditätsverhinderungs-Prämien.

6. Zum Schlußbild vor dem CRASH gehört der Handel rund um die Uhr und die Tatsache, daß immer mehr Märkte in den BLOW-OFF übergehen. Dabei

handelt es sich um sich selbst beschleunigende Kurs-
und Preis- oder Umsatzsteigerungen.

PCM warnt: Der Kapitalismus verabschiedet sich für
dieses Mal aus vollem Lauf. Er bricht zusammen, wie
vom Blitz gefällt.

PCM warnt besonders alle Aktionäre, Spekulanten,
Börsenspieler: Es ist soweit! Schauen Sie sich die
Charts (Kurskurven) der großen Börsen an. Ein
Blow-off schöner als der andere: immer schneller,
immer höher! Hongkong, Tokio, Frankfurt, Lon-
don, Paris und Wall Street – ja, selbst Wien, eine
Börse die früher als Synonym für »Friedhof« galt:
überall finaler Taumel!
Und dann diese Schlagzeilen zum Börsengeschehen
im Mai 1985: »Wall Street vor einer Super-Hausse?«
(Blick durch die Wirtschaft, 8. Mai); »Investors have
a ball in Vienna« (Financial Times, 21. Mai); »New
All-time high in Tokio« (Wall Street Journal,
30 Mai); »Der kanadische Aktienmarkt haussiert«
(Blick durch die Wirtschaft, 31. Mai); »Stürmische
Aktienhausse an der (deutschen) Börse« (FAZ,
1. Juni).
Wer diesmal nicht rechtzeitig Kasse macht, wird vernichtet. Nur CASH hilft durch den CRASH!

Konrad Adenauers Comeback

Das Märchen (I): Nach der Inflation
gibt es »stabile« Preise

Das Märchen (II): Mit einer Inflation
kann sich der Staat »entschulden«

In der Wirklichkeit aber fallen alle Preise
wieder dorthin, wo sie hergekommen
sind – und in dieser DEFLATION kommt
endlich dann der Tag, da auch der letzte
Staat bankrott geht

»Wir wissen, daß die Warenpreise gegen Ende
des Ablaufs der langen Welle ihren tiefsten
Stand erreichen.«

Nikolai Kondratieff, 1926

Lauter Märchenstunden

Zum Standard-Repertoire der Politiker gehört neben anderen unhaltbaren Versprechungen auch dies: Nach einer schlimmen Zeit der »Inflation« werden wir diesen Zustand beherzt angehen und dafür sorgen, daß die Preise hinfort »stabil bleiben«.

Das aber ist der reinste Schwindel! Eine Inflation kann *niemals* in eine Phase stabiler Preise »münden«. Entweder die Inflation wird immer weiter fortgesetzt, was jedoch nicht »unendlich lange« andauern kann. Oder die gestiegenen Preise *fallen wieder!*

Wir werden in diesem Kapitel den Beweis bringen,

- daß *jede* Inflation eines Tages zu Ende gehen muß,
- daß *alle* Preise danach wieder *fallen müssen,* und zwar – bitte festhalten, Herrschaften! – **auf den Stand von *vor* der Inflation!**

Das bedeutet klipp und klar: Die Deutschen werden die Preise der frühen Adenauer-Jahre wieder schauen. Die Amerikaner die Preise der **1930er Jahre!**

Ein solcher **Zusammenbruch des gesamten Preisniveaus** wird zur größten Wirtschaftskrise aller Zeiten führen. Es gibt kaum ein Unternehmen, das den kommenden Stoß überleben wird. Die Zahl der Arbeitslosen wird eine *dreistellige* Millionenzahl erreichen. Die gesamte heute bekannte Industriestruktur wird verschwinden, womit sich beiläufig auch das Problem der Industriegegner, alias der Grünen, löst.

Warum *jede* Inflation enden *muß*

Um den *Beweis* zu führen, beschränken wir uns auf eine einzige Ware. Und das sei Gold. Nehmen wir an, etwas anderes bräuchten die Menschen nicht. Und alles findet statt auf der berühmten einsamen Insel. Jeder der Inselbewohner hat gleich viel Gold, und jeder vertraut dem anderen. Deshalb ist das »Geld«, mit dem man Gold kaufen kann, auch nicht das Gold selbst, etwa in Form von Münzen, sondern die Inselbewohner fertigen **Goldnoten** an, die zu 100 Prozent durch Gold gedeckt sind. Jeder kann jederzeit zu einem anderen gehen und statt der Goldnote den vereinbarten **Goldbestand** ausgehändigt bekommen. Auf den Noten steht nämlich genau drauf, wieviel Gramm Gold es dafür gibt.

Nun fangen die Insulaner an, ihr Gold zu beleihen. Das ist kein Problem, denn Gold als *Sicherheit* ist durch nichts zu übertreffen. Daher kann jeder sein Gold zu 100 Prozent beleihen. Was auch alle tun. Und mit dem »zusätzlichen Geld«? Kaufen sie natürlich Gold, dessen Preis entsprechend in die Höhe schießt. Woraufhin man an seinem Goldbestand wieder »Luft« hat, das Gold ist ja »wertvoller« geworden. Und die Differenz kann man wieder beleihen. Zwar dürfen die Insulaner immer wieder zu 100 Prozent beleihen, doch der *zusätzliche Kredit nimmt laufend ab.* Und entsprechend geht natürlich auch der *Wertzuwachs am Gold zurück!* Denn mit nichts anderem kann Gold zusätzlich nachgefragt werden als mit der zusätzlichen Kaufkraft, die aus dem zusätzlichen Kredit kommt.

Wir schreiben den Vorgang auf:

Perioden (z.B. Jahre)	Goldwert am Perioden-Anfang	Wert-zu-wachs absolut	Wert-zu-wachs prozentual	Kredit-spiel-raum	Zusätz-licher Kredit (= Kauf-kraft)	Gold-wert am Perioden-Ende
1	1000	–	–	1000	1000	2000
2	2000	1000	100 %	1000	1000	3000
3	3000	1000	50 %	1000	1000	4000
4	4000	1000	33,3 %	1000	1000	5000
5	5000	1000	25 %	1000	1000	6000
6	6000	1000	20 %	1000	1000	7000
7	7000	1000	16,6 %	1000	1000	8000
8	8000	1000	14,2 %	1000	1000	9000
.	.	.	.	.	.	.
.	.	.	.	.	.	.
20	20000	1000	5,3 %	1000	1000	21000
.	.	.	.	.	.	.
.	.	.	.	.	.	.
50	50000	1000	2,0 %	1000	1000	51000

Das ist auf den ersten Blick eine höchst langweilige Zusammenstellung. Die entscheidende Position ist der **prozentuale Wertzuwachs.** Der nimmt nämlich immer weiter ab. In unserem Beispiel (das den Kredit-Spielraum immer *voll ausschöpft!*) von *100 Prozent* im ersten Jahr, in das alle mit »unbelastetem« Goldbestand gestartet waren, auf nur noch **2 Prozent** im fünfzigsten Jahr.

Nun kann sich jeder ausrechnen, wann mit dem zusätzlichen Schuldenmachen **Schluß** ist. Dieser Schluß ist offenbar erreicht, wenn der »Wertzuwachs«, den ich in einer Inflation durch zusätzliche Nachfrage aufgrund zusätzlicher Kredite erzielen kann, *kleiner ist* als die Kosten, die durch das zusätzliche Schuldenmachen entstehen.

Dabei muß es sich noch nicht einmal um **Zinskosten** handeln! Sollten, um bei unserem einfachen Beispiel zu bleiben, die Kosten der zusätzlichen Kreditierung (z. B. Notargebühren für Eintragung des neuen Kredits) im fünfzigsten Jahr höher sein als die bloß noch 2 Prozent Wertzuwachs, die ich erzielen kann, hört das Beleihen des Goldes einfach auf, weil es sinnlos geworden ist: Wer sein Gold dann noch beleiht, macht einen Verlust, den er vermeidet, wenn er es nicht beleiht, obwohl es durchs Beleihen »bisher« immer wertvoller geworden ist.

Völlig klar, daß die Veranstaltung um so früher endet, je eher **Zinsen** ins Spiel kommen. Liegt der Zins in unserem Beispiel bei 5,4 Prozent, dann hat es schon ab dem zwanzigsten Jahr keinen Sinn mehr, zusätzlich Schulden zu machen, um mit diesen Schulden den Goldpreis hinaufzutreiben.

Was fürs Gold gilt, kann man nun für *alle anderen* Dinge, Sachen usw. ebenfalls durchdeklinieren: Es gibt unbelastete **Grundstücke,** die Grundbesitzer nehmen Kredite auf, um Grundstücke nachzufragen, die dadurch teurer werden. Es gibt **Betriebe,** die unbelastet sind, die Unternehmer nehmen Kredite auf, um weitere Betriebe zu errichten. Selbst wenn die als *Sicherheit* dienenden Effekten (Gold, Grundbesitz, Firmen, auch Wertpapiere usw.) mit Hilfe der Kredite, die aufgrund ihrer Existenz aufgenommen werden konnten, *vermehrt* werden (man fördert zusätzliches Gold, gewinnt Neuland, bebaut acht- statt vierstöckig, stellt neue Maschinen auf), **geht jede Inflation in sich selbst zu Ende – sofern wir »Inflation« definieren als ein Schuldenmachen, dem keine zusätzliche Produktion gegenübersteht.**

Dies wiederum *ist* aber die Inflation, sonst wäre sie ja keine!

Um das voll in uns aufzunehmen, müssen wir noch einmal kurz zum Vater **Haberler** zurückgreifen, der sehr schön zwischen der *privaten* und der *staatlichen Kreditinflation* unterschieden hat. Und genau das ist es:

• Die Kreditaufnahme seitens der **privaten Wirtschaft** führt zwar in einer *ersten* Phase auch zu einer Preiserhöhungstendenz, weil zusätzlicher Kredit immer zusätzliche Nachfrage bedeutet. Da der Unternehmer der freien Wirtschaft aber immer unter dem bekannten Schuldendruck steht, muß er dafür sorgen, daß entsprechend seinen **Zinsversprechen** auch definitiv **geleistet** (und das Geleistete auch vom Letztverbraucher **akzeptiert**) wird, weil sonst die

177

Schulden nicht verschwinden. Das haben wir oben schon klargemacht.

Das zusätzliche Schuldenmachen der freien Wirtschaft führt also zu **zusätzlicher Produktion** – und dieses zusätzliche Warenangebot **holt die Preise wieder herunter.**

● Die Kreditaufnahme des **Staates** aber führt zu einer Preiserhöhung, die *nicht* mit Hilfe zusätzlicher Produktion wieder »aufgelöst« wird, weil der Staat nicht unter Produktionszwang steht, **sondern immer nur weiter aufschuldet.**

Daher setzt staatliches Schuldenmachen immer einen inflationären Prozeß in Gang, der in eine allgemeine, immer breitere Lebensbereiche umfassende **Gesamt-Inflationierung** führt, die spätestens enden muß, wenn sich keine neuen Kreditierungs-Möglichkeiten mehr ergeben, weil die »Wert«-Zuwächse der Gesamt-Inflation (einschließlich der »Schöpfung« *neuer* Werte) nicht mehr ausreichen, um die Inflations-»Kosten« zu decken.

Sobald der Staat auftritt, beschleunigt er nicht nur die Inflation, sondern auch den allgemeinen wirtschaftlichen Niedergang, wie folgende Überlegungen beweisen:

Der Staat fragt vor allem dort Güter und Leistungen nach, wo sie sonst niemand haben will. Oder nicht zu den Preisen und Löhnen haben will, die der Staat bezahlt. Das gilt für Eisenbahner wie für Bauern, für die meisten Beamten, für die Beschäftigten in subventionierten Unternehmen usw. Wenn sich diese Menschen alle am Markt bewähren müßten, wären sie gezwungen, etwas anderes zu leisten oder zu arbeiten. Man kann auch schlicht sagen: Sie müßten fleißiger sein, *genau das* herzustellen oder zu liefern, was die anderen ihnen dann *freiwillig* abnehmen würden. Sie würden in jedem Fall *sinnvoller* arbeiten (weil buchstäblich »gefragter«!) als so, da ihnen der Staat das Geld gibt und sie subventioniert.

Das Resultat solcher sinnvollen Arbeiten wäre die Schaffung zusätzlicher Werte (Investitionen, neue Maschinen, Produktionsverfahren usw.). Indem der Staat in den Branchen, in denen er »helfen« will, eingreift, verhindert er letztlich, daß dort Vernünftiges, weil auf Dauer von der übrigen Bevölkerung Gewolltes entsteht. Also:

Je stärker der Staat Güter und Dienstleistungen nachfragt oder subventioniert, um so mehr beschränkt er das Entstehen zusätzlicher Werte, die »beliehen« werden könnten. Oder: Je stärker der Staat inflationiert (= primitivste Form von »Schaffung« zusätzlicher Nachfrage), um so schneller geht die Inflation mangels zusätzlicher Wertschöpfung (= Beleihungsgrenzen-Ausdehnung!) zu Ende.

Die großen Inflations-Gewinne werden daher auch gleich *am Anfang* gemacht. Nur denkt da noch keiner daran. Die Bevölkerung ist zutraulich und hofft, die Politiker würden es schon nicht *wieder* dahin treiben, daß das Geld immer wertloser wird. Am Anfang genügen relativ geringe Summen (absolut), um schnell große »Wertsteigerungen« auszulösen (relativ). Der erste Kredit hat also den größten »Hebel«.

Sobald die Bevölkerung aber merkt, daß man bequem Gewinne machen kann, wenn man sich auf das *einfachste* aller Spielchen einläßt, nämlich Schulden

179

zu machen und damit eine »Sache« zu erwerben, die immer »wertvoller« wird, so daß man aus dem »Gewinn« an der Sache »später« die Schuld plus Zinsen ablösen kann und noch ein wunderschönes Netto einschiebt – sobald also das für jede Inflation so typische **Treibhaus-Klima** begonnen hat, ist es mit der Inflation aber auch schon so gut wie vorbei.

Je schneller nämlich die Kredit-Spielräume ausgereizt sind, um so näher rückt der Tag, an dem auch *diese* Inflation wie alle ihre Vorgängerinnen auf die Guillotine geschnallt wird. Dieser Tag ist erreicht, wenn gilt:

Die Kosten einer	**sind**	**die Gewinne aus**
weiteren Infla-	**h ö h e r**	**der Inflationie-**
tionierung	**als**	**rung.**

Sie müssen über diesen Satz immer wieder nachdenken, weil es, zugegeben, sehr schwer fällt, zu begreifen, daß eine Inflation zu Ende geht,

weil sie sich ganz einfach nicht mehr lohnt!

Als »Kosten der Inflation« muß man sich nicht immer nur **Zinsen** vorstellen, obwohl das an sich noch unmittelbar einleuchtet: Jede Inflation setzt einen **Kredit** voraus, und der ist immer mit einem **Zins** verbunden. Irgendwann sind aber die Zinsen höher als die »Wertsteigerungen« an den »Gütern« – *ohne daß ich zusätzliche Kredite aufnehmen kann, weil die »Güter« schon bis unters Dach belastet sind.* Ohne zusätzliche Kredite kann ich aber keine zusätzliche Kaufkraft in die Hände bekommen, um die »Preise« (»Werte«) der Güter weiter hinaufzutreiben.

Jede Inflation bedeutet nicht nur absolut, sondern auch prozentual steigendes Schuldenmachen.
Daher kommt es, daß in einer Inflation der Anteil des **Eigenkapitals** in den Bilanzen der Unternehmen so rätselhaft abnimmt, was vice versa bedeutet: *die Schulden steigen immer schneller an.* Die Wirtschaft der Bundesrepublik Deutschland ist dafür ein beredtes Beispiel. Der Eigenkapital-Anteil in den Bilanzen ist mittlerweile auf ca. 18 Prozent gesunken – auf den tiefsten Stand der deutschen Geschichte überhaupt.*) 18 Prozent Eigenkapital bedeutet 82 Prozent Fremdkapital. Sobald dieses auf **100 Prozent** gestiegen ist, sind neue Kredite nicht mehr vorstellbar.

Jede Inflation *muß* in einer unter Wettbewerbsdruck stehenden freien Wirtschaft das Eigenkapital vollständig zum Verschwinden bringen, weil jeder Unternehmer, der sich in der Inflation (zunächst »risikolos«!) verschuldet, den gewonnenen Kredit einsetzen kann, um die anderen Unternehmen auszukonkurrieren.

Nehmen wir nur Firma A und Firma B. Beide gleich groß, beide gleich gut, beide haben die gleichen Bilanzstrukturen:

---

*) **Deutsche Bundesbank:** Jahresabschlüsse der Unternehmen in der Bundesrepublik Deutschland 1965 bis 1981, 3. Auflage, September 1983 (= Sonderdrucke der Buba, Nr. 5); wird laufend nachgetragen. In ihrem Monatsbericht April 1985 hat die Bundesbank neue, schier unglaubliche Zahlen nachgeschoben. Danach ist der Eigenmittelanteil in den Bilanzen des deutschen **Mittelstandes** (bis 25 Millionen Mark Jahresumsatz) bei sage und schreibe **10,1 Prozent** angekommen, die Bauwirtschaft bei **1,0 Prozent** (kein Satzfehler!). Woher ein derart abgewirtschafteter Mittelstand die »Kraft« zu neuen Investitionen (= Schuldenmachen = neue Arbeitsplätze) nehmen soll, bleibt unerfindlich.

| | Firma A | | | | Firma B | | |

	Aktiva		Passiva		Aktiva		Passiva
Grund-besitz	100	Eigen-kapital	100	Grund-besitz	100	Eigen-kapital	100
Maschinen	50	Schulden	50	Maschinen	50	Schulden	50
	150		150		150		150

Die Bilanz der Firma
B sieht dann so aus:

Und die Firma A hat wohl
kaum eine Wahl. Sie muß
ähnlich entscheiden – oder
untergehen.

Firma B
(»inflationsdynamisiert«)

Aktiva			Passiva
Grund-besitz	100	Eigen-kapital	100
Maschinen	150	Schulden	150
	250		250

Die Geschäftsleitung der Firma A ist sehr »konservativ« und investiert nur, wenn die alten Maschinen abgeschrieben sind. In der Firma B ist ein junger »dynamischer« Manager eingestellt worden, der sich sagt: Wir haben doch Inflation, Leute. Das heißt, der Wert unseres Grundbesitzes wird sich in den nächsten Jahren automatisch verdoppeln. Wir können also den Grundbesitz ohne Risiko beleihen, und zwar voll. Und mit dem Geld kaufen wir Maschinen. Die Konkurrenz wird sich wundern, was wir demnächst anbieten können.

Honoré de Balzac hat in seiner »Kunst, seine Schulden zu zahlen« dies auf die eingängige Formel gebracht:

»Wer sich keinen Kredit schafft, muß unweigerlich bankrott machen, *denn je mehr Kredit man sich schafft, desto mehr Umsatz hat man auch.* Je mehr Umsatz man hat, desto mehr Geschäfte macht man. Je mehr Geschäfte man macht, desto mehr Geld verdient man ...«

Wir müssen die Inflation immer nur als das ansehen, was sie ist: ein riesiger **Kreditschwindel,** der spätestens zu Ende geht, wenn es keine neuen Kredite mehr gibt – oder wenn sich neue Kredite nicht mehr rechnen. Das »moderne« Banken-»System« bringt es mit sich, daß Grenzen für zusätzliche Kreditierungen immer weiter hinausgeschoben werden können. Insofern ist die Weltinflation diesesmal erst dann endgültig beendet, wenn es keinen mehr gibt, der sich noch einen neuen Kredit »leisten« kann.

Danach bleibt die Welt aber nicht auf einem »hohen«, dennoch »stabilen« Preisniveau stehen. In dem Augenblick, da die Inflation nicht mehr möglich ist, weil alle Verschuldungsspielräume ausgeschöpft sind, hört die Inflation nicht einfach »auf« – sondern die **Deflation beginnt.**

Und Deflation heißt sofort CRASH, weil mit dem Rückgang der Preise (»Werte«) die Kredite mangels »Deckung« sofort notleidend werden.

Die rührende Mär vom Staat,
der sich durch die Inflation »entschuldet«

Wenn die sogenannten »Wirtschaftsexperten« uns wieder mal erklären wollen, wie toll alles ist und daß »nichts passieren« kann, vor allem nichts mit den immer höher steigenden **Staatsschulden,** dann kommen sie immer wieder auf den ganz, ganz großen Trick zu sprechen. Und der liest sich dann etwa so:

»Jeder Schuldner, *auch* der Staat (wird) durch Geldentwertung *automatisch* entlastet. Die Inflation führt zum Beispiel zu entsprechend höheren *Umsatzsteuern:* eine der Hauptquellen vieler Staaten, und auch zu anderen *höheren* nominellen Steuereinnahmen, selbst bei unveränderter Steuerprogression ... Die ›*Selbsttilgung*‹ der Staatsschulden durch direkte und indirekte Folgen der *Geldentwertung* zu übersehen, hieße eine Milchmädchen-Rechnung aufmachen.«

Dieser Text stammt vom Zürcher Finanzkorrespondenten der »Frankfurter Allgemeinen Zeitung«, dem wohl berühmtesten deutschen Wirtschaftsjournalisten, **Heinz Brestel,** und steht in Brestels »Jahrbuch für Kapitalanleger 1985«.*)
Arme Kapitalanleger! Denn die Milchmädchen-Rechnung wird nicht von jenen aufgemacht, die die »Selbsttilgung« der Staatsschulden übersehen, sondern vom geschätzten Autor Brestel selbst.

---

*) Das »Jahrbuch«, eine der wichtigsten deutschsprachigen Unterlagen für Kapitalanleger, erscheint ab 1985 nicht mehr im Fortuna Finanzverlag, sondern bei CV Central-Versand in CH-3063 Ittingen/Bern. In dem eben zitierten Passus wendet sich Brestel konkret gegen die **Lüftl-Martin-Theoreme vom unausweichlichen weltweiten Staatsbankrott.**

184

Schon Brestels Wortwahl zeigt, daß er gewiß nicht intensiv genug nachgedacht hat: Da gibt es eine »Geldentwertung«, die dazu führt, daß sich die Staatsschulden »automatisch« »selbst tilgen«. Das ist ja großartig! Da müssen die Staaten, die doch überall so hoch verschuldet sind und schleunigst von ihren Schulden herunterkommen wollen, nur fragen: Ja, wo gibt es dieses Allheilmittel denn, die »Geldentwertung«, von der Heinz Brestel spricht? Davon kann man ja gar nicht genug haben, denn wenn man das Mittel hat, geht ja alles automatisch. Warum haben wir es denn überhaupt zugelassen, daß es so weit gekommen ist? Her mit dem Mittel »Geldentwertung«. Man gibt ein paar Tropfen davon auf einen sauberen Lappen, fährt damit über die Schulden, und siehe da: Sie haben sich von *selbst* getilgt!

Nur leider! Selten ist auf so knappem Raum ein solch großer Unsinn verzapft worden wie vom FAZ-Experten Heinz Brestel zum Thema »Staatsschulden und Inflation«. Wie kann ein so angesehener Mann nur auf die Idee kommen, daß Schulden von selbst verschwinden!

Brestels Vorstellung ist schon *in sich* widersprüchlich. Zum einen spricht er davon, daß sich die Staatsschulden durch die »Geldentwertung« verflüchtigen, womit er vermutlich die alte Sache anspricht, daß Schuldner in einer Inflation mit »entwertetem Geld« zurückzahlen können, was dann also nicht so »weh« tut. Diese erste Form der wunderbaren Staatsschuldentilgung ist also keine *Rückzahlung,* sondern eine *Erleichterung* der durchaus bestehenbleibenden Schulden.

185

Zum zweiten spricht er davon, daß sich die Staatsschulden durch »höhere Steuereinnahmen« verflüchtigen. Damit spricht er die Tatsache an, daß in einer Inflation alle Umsätze schon deshalb steigen, weil alles »teurer« wird und auch die Löhne steigen. Und der Staat, der bei Umsätzen und Löhnen jeweils die Hand aufhält, kassiert in einer »Geldentwertung« »automatisch« mehr. Brestels zweite Form der wunderbaren Staatsschuldentilgung ist also letztlich eine *Rückzahlung*. Der Staat weiß vor lauter – geldentwertungsbedingt immer schneller gestiegenen – Steuereinnahmen nicht mehr, wohin damit – und beginnt brav, seine Schulden zu »tilgen«.

Brestels Staat ist nun in einer Zwickmühle und in der besten aller möglichen Welten zugleich.

In der Zwickmühle, weil er nicht weiß, ob er in der »Geldentwertung« die Schulden sich selbst überlassen soll, dann tilgen sie sich bekanntlich von »selbst«, weil sie ja – sozusagen »in sich« – immer wertloser werden. Oder ob er die alsbald überbordenden Steuereinnahmen dazu verwenden soll, die Schulden bewußt zu tilgen.

In der besten aller möglichen Welten aber ist der Staat durch die »Geldentwertung« allemal, weil ja bei Schulden, die sich »von selbst tilgen« niemals mehr was passieren kann. Ist das nicht herrlich?

Brestel macht gleich *drei* Denkfehler auf einmal:
1. Er verwechselt den Staat als Schuldner mit einem **Sachwert-Spekulanten.** Der Sachwert-Spekulant macht in einer Inflation Schulden und wartet, bis der Sachwert so hoch gestiegen ist, daß der Erlös die

186

Schulden so weit übersteigt, daß sich ein typischer »Geldentwertungsgewinn« rechnet. Abgesehen davon, daß dies immer nur *einzelnen* Sachwert-Spekulanten gelingen kann, niemals aber *allen* Sachwert-Spekulanten (siehe dazu gleich den Abschnitt über die **unausweichliche Deflation!**), ist der Staat ja kein »Anleger«, der von Differenz-Geschäften lebt. Das mit der »Selbsttilgung« würde nur funktionieren, wenn der Staat – wie ein Immobilien-Spekulant – etwas auf Pump gekauft hätte, was er nun mit Gewinn weiterverkaufen kann. Die Brestelsche »Selbsttilgung« von Schulden dadurch, daß man die Schulden stehenläßt, gibt es leider nicht. (Außerdem darf der Sachwert-Spekulant nicht vergessen, daß in der Inflation selbstredend auch die **Wiederbeschaffungskosten** steigen, z. B. wird der Hausbau immer teurer, während auch ein noch so gepflegtes Anwesen unaufhaltsam verfällt ...)

Der einzige »Schnitt«, den der Staat in der Inflation hätte machen können, wäre der Verkauf von Grundstücken und des Goldbestandes der Notenbank gewesen. Die meisten staatlichen Grundstücke sind freilich unverkäuflich (Straßen, Gebirgsschluchten, Truppenübungsplätze), und beim Gold wurde zu lange gewartet. Der Verkauf des deutschen Goldbestandes hätte allerdings auch auf dem Gipfel des Preises im Frühjahr 1980 nicht mehr als ca. 120 Milliarden »Inflations-Gewinn« gebracht (deutsche Staatsschulden heute jedoch bereits: über 700 Milliarden).

2. Brestel übersieht, daß in einer »Geldentwertung« nicht nur die Staatseinnahmen steigen, sondern auch die Staats*ausgaben*. Niemand hat dies herrlicher de-

monstriert als jener sagenhafte ÖTV-Chef **Heinz Kluncker,** der 1974, auf einem inflationären Höhepunkt, dem Staat eine Lohnerhöhung abgezwungen hat, die fast doppelt so hoch war, wie die gerade laufende Geldentwertungsrate.

Sobald der Staat im »Minus« ist, also Schulden machen »muß«, wird bei *gleicher* Inflationsrate bei den Staatseinnahmen *und* bei den Staatsausgaben, wovon jeder vernünftige Mensch ausgehen wird, das »Loch« in den Budgets auch immer größer! Beweis: Staatsausgaben 150, Staatseinnahmen 100. Loch also 50. Ausgaben und Einnahmen steigen gleich schnell, sagen wir um 6 Prozent. Dann in 12 Jahren: Ausgaben bei 300, Einnahmen bei 200, Loch bei 100. Da das Loch mit Schulden finanziert werden muß, ist da nichts getilgt worden, sondern der Finanzminister muß sogar doppelt so hohe Schulden machen.*)

3. Den schlimmsten Denkfehler leistet sich aber Brestel, indem er eine »Geldentwertung« voraussetzt, ohne zu erklären, was das eigentlich ist, woher sie kommt, und *wer sie macht.* Geldentwertung ist bei Brestel offenbar so etwas wie im Mittelalter »Pestilenz« und »Theuerung« – das »kommt« halt »so« übers Land, und keiner weiß so recht, warum.

---

*) Wenn man annehmen wollte, daß das Loch bei 50 bleibt, müßten die Einnahmen auf 250 gestiegen sein, also nicht um 6, sondern um 8 Prozent p. a. Solche Einnahme-»Verbesserungen« kommen aber nicht »automatisch« im Verlauf der »Geldentwertung«, wie Brestel meint, sondern dadurch, daß die Steuersätze in der Inflation drastisch *erhöht* werden. Der bundesdeutsche Umsatzsteuer-*Satz* stieg seit den 1960er Jahren um 40% (10/14%)! Hätte das mit der Geldentwertung funktioniert, hätte man sich doch solche Steuererhöhungen schenken können!

188

Tatsächlich aber kommt die »Geldentwertung« durch **zusätzliches staatliches Schuldenmachen** übers Land. Und schon haben wir das Vögelchen gefangen: Der große FAZ-Crack zappelt mitten drin in einem lächerlichen Zirkelschluß:

Der Staat entschuldet sich durch Inflation. Noch mehr Inflation kriege ich, indem ich noch mehr Schulden mache. Also muß ich nur immer mehr Schulden machen, um schließlich immer weniger Schulden zu haben. Genauso argumentiert der betrügerische Wirt: Ich habe mit Hilfe von Wasser Bier gebraut. Jetzt will ich mehr Bier ausschenken, als ich gebraut habe. Also gieße ich mehr Wasser hinein. So kann ich unendlich viel Bier ausschenken.

Leute, die solchen Stuß verzapfen, wobei ihnen dann auch die Inflationisten aller Länder begeistert zujubeln (»Ja, ja, es kann doch niemals was passieren!«), haben aus der Geschichte nichts gelernt. Denn die unübertreffliche Lehrmeisterin zeigt uns immer wieder: In jeder Geldentwertung haben sich die Staatsschulden nicht etwa »von selbst getilgt«, sondern sie sind immer schneller immer höher geschossen. Eine der größten Inflationen aller Zeiten, die von 1920–23 in Deutschland, gibt da bestens Auskunft. 1920 lag die Verschuldung des Reiches bei knapp **200 Milliarden Mark.**

Am 15. November 1923 aber, auf dem Höhepunkt der »Geldentwertung«, betrug allein die kurzfristige Verschuldung des Reiches **192 Trillionen Mark.** Die deutschen Staatsschulden haben sich also **vermilliardenfacht.**

Wo ist da die »automatische Selbsttilgung« geblieben, verehrter Herr Brestel? Hat die damals noch nicht funktioniert? War der Automat kaputt?*)

Am Ende steht nicht die »Selbstentschuldung«, sondern immer und immer und immer nur der Staatsbankrott

An dieser Stelle kommt nun regelmäßig der Einwand, die gigantischen Inflationsschulden des Reiches seien 1923 aber »nichts mehr wert« gewesen. Insofern hätte sich der Staat ja am Ende *doch* entschuldet.

Wie wahr, wie wahr, liebe Kinder. Der Staat entschuldet sich *am Ende* immer. Aber leider nur nicht *zwischendurch,* wie Heinz Brestel, die Politiker und alle anderen Inflationisten glauben. Sie schauen immer nur auf die *alten* Schulden, die durch die Geld-

---

*) **Daß das mit der »Selbsttilgung«** nicht funktioniert, hätte Brestel schon in dem jedermann zugänglichen Standardlehrbuch **Stolper-Häuser-Borchardt,** Deutsche Wirtschaft seit 1870, 2. Auflage 1966 (Tübingen, Mohr) nachlesen können. Auf Seite 96 sind die **Reichsfinanzen 1920 bis 1923** in Millionen »Kraufkraft-Mark« wiedergegeben, also das »inflationsbereinigte« Bild:

Jahr	Einnahmen	Ausgaben	Defizit
1920/21	4091	11266	7175
1921/22	5236	11964	6728
1922/23	3529	9665	6136
1923/24	2913	14963	12050

Weder Defizit noch Schulden verschwinden also, wenn der Staat die Notenpresse laufen läßt: im Gegenteil, die Einnahmen gehen auch »real« immer schneller zurück, weil kein Mensch Lust hat zu arbeiten, wo er doch vom Staat das Geld sozusagen »umsonst« zugesteckt bekommt. Oder wozu druckt es der Staat denn sonst – als es den Bürgern **ohne Gegenleistung** zuzustecken!

entwertung in der Tat immer *wertloser* werden. Dabei übersehen sie leider die immer schneller steigenden *neuen* Schulden, die der Staat machen muß, damit die *alten* wertloser werden. Die *neuen* Schulden müssen immer mit laufender Kaufkraft gemacht werden. *Neue* Schulden kann man *nicht* mit »entwertetem« Geld machen. Diese neuen Schulden entwerten sich wiederum nicht »von selbst«, sondern nur, indem *noch neuere* Schulden gemacht werden. Kapiert das doch endlich!

Ganz zum Schluß entschulden sich alle Staaten immer. Denn die Staatsschulden verschwinden nicht durch »Selbsttilgung«, sondern immer nur durch **Staatsbankrott.** Und diesmal wird es endlich nicht nur vereinzelt da und dort einen Staat erwischen, sondern alle Staaten – im **größten Crash, den die Geschichte je hat schauen dürfen.**

Oder wo sind die **192 Trillionen** denn geblieben, die das Deutsche Reich im November 1923 ganz ohne Frage **schuldig** war? Seien Sie jetzt bitte nicht kindisch und behaupten Sie, das Geld sei damals »wertlos« gewesen. Denn zum einen hätte man sich auch in der Hyperinflation für **192 Trillionen** noch wahnsinnig viel kaufen können. Ein Liter Milch kostete im November 1923 zwar 20 Milliarden Mark und war nicht gerade »billig«. Hätte der Staat aber »zurückgezahlt«, hätte sich die Bevölkerung für die 192 Trillionen Mark immerhin 9,6 Milliarden Liter Milch kaufen können. Diese Milch hätte man zu einem Butterberg verarbeiten können, der bis heute nicht abgetragen wäre (vielleicht wäre es gar nicht zur Bildung der EG gekommen, wer weiß, wer weiß?).

Die 192 Trillionen hätte man auch in Dollar umtauschen können – eine damals höchst wertbeständige Währung. Ein Dollar kostete am Schluß der »Geldentwertung« zwar auch nicht wenig, nämlich **4,2 Billionen Mark.** Na und? Der »Wert« der deutschen kurzfristigen Staatsschulden wäre auch noch **46 Millionen Dollar** gewesen. Wo ist das Geld geblieben? Hat der Staat zurückgezahlt?

Der Staat zahlt *nie* zurück – egal, wie hoch seine Schulden steigen. Wir müssen uns vollständig von der Vorstellung lösen, die »Geldentwertung« würde bei den Staatsschulden irgend etwas »bewirken«. Wir müssen nur eine einzige Frage stellen – und die richtig beantworten:

Wie lange kann die Staatsverschuldung fortgesetzt werden?

Denn hört es mit der Staatsverschuldung auf, ist es auch mit der »zusätzlichen« Nachfrage vorbei – und der freie, ungebremste Sturz in die Tiefe beginnt.

Doch nun ernsthaft: *Kann* denn die Staatsverschuldung jemals aufhören? Kann es denn tatsächlich so weit kommen, daß der Staat keinen »Kredit« mehr kriegt, ja, daß er nicht mal mehr »Geld« bei seiner Notenbank drucken lassen kann? Das ist doch völlig unvorstellbar!

Die Geschichte der großen Inflationen lehrt, daß sie alle eines Tages zu Ende waren. Es muß also auch für den Staat und seinen angeblich »unendlichen« Kredit-Spielraum der Tag gekommen sein, an dem er keinen *zusätzlichen* Kredit bekommen konnte, weil

192

die kreditvergebende Instanz eben selbst am Ende war.

Das ist aber spätestens der Fall, wenn die kreditvergebende Instanz *ihrerseits* keinen Kredit mehr bekommt. Das aber bedeutet:

Jede Inflation endet automatisch, wenn die Menschen, die in der Herstellung von Kredit-Zetteln (Banknoten, Buchungen) beschäftigt sind, sich ihrerseits nicht mehr mit solchen Krediten »bezahlen« lassen.

Der englische Bankier **Sir Walter Salomon** hat diesen Umstand auf die einprägsame Formel gebracht:

»Jede Inflation endet, sobald die Banknoten ihre Herstellungskosten *übersteigen*.«

Jede Super-Inflation kann man also unschwer daran erkennen, daß der Staat krampfhaft versucht, die **Herstellungskosten** der Banknoten zu senken. Je billiger das »Geld« (als Kredit-»Dokument«) wird, desto länger kann der Schwindel natürlich dauern. Die »Bekanntmachung« der Deutschen Reichsbank »betreffend die Ausgabe neuer Reichsbanknoten über Einhundert Billionen (!) Mark« vom 2. November 1923 beschrieb die neuen Scheine:

»Rechts und links von den Unterschriften stehen die Stempel mit der Umschrift Reichsbankdirektorium. Die Wertbezeichnung ist durch größere Zierschrift hervorgehoben. Reihenbezeichnung und Nummer ist oben in der Mitte über dem Wort Einhundert in roter Farbe.«

Und:

»Die Rückseite der Note ist unbedruckt.«

Ja, so ist das eben. Für einen beidseitigen Druck war buchstäblich kein Geld mehr da! Da nimmt sich doch der Staat die Freiheit, Dokumente für sein Schuldenmachen bei der Reichsbank anfertigen zu lassen, und das in großzügigster Manier. Wann sieht man schon Schuldscheine mit **14 (in Worten: vierzehn!) Nullen?** Und dann sind das 8,6 × 17,4 Zentimeter große, nur einseitig bedruckte Papierfetzen! Unerhört!

Zum Schluß der großen deutschen Inflation arbeiteten 300 Papierfabriken und 150 große Druckereien mit 2000 Pressen Tag und Nacht, nur um Geldscheine zu produzieren. Theoretisch wäre in der großen deutschen Inflation noch »Luft« gewesen. Erst wenn alle Fabriken auf Papiergeldproduktion umgestellt worden wären (was freilich zeitliche Probleme aufgeworfen hätte), dann erst wäre »Schluß« gewesen. Aber Schluß mit der Inflation ist immer schon vorher, wenn eben das **Salomon-Theorem** zur Geltung kommt, eine Variante des oben von mir entwickelten Theorems, daß jede Inflation automatisch zu Ende geht, weil es in der Natur der Inflation liegt, daß ihre Kosten ihre Erträge übersteigen müssen.

Diese Konstellation **»Inflations-Kosten größer als Inflations-Erträge«** ist aber nicht erst erreicht, wenn die technischen Grenzen der Papierherstellung sichtbar werden oder wenn sich die Papiergeld-Hersteller nicht mehr mit Papiergeld bezahlen lassen.

Mit Hilfe einfacher Überlegungen kriegt man nämlich heraus, daß der Staatskredit, sofern mit Inflation »gearbeitet« wird, um so schneller sein Ende findet – *je höher die Inflation getrieben wird.*

Wenn der Staat inflationiert, um die »Last« der alten Schulden zu mindern, muß er – verglichen mit den alten Schulden – immer höhere *neue* Schulden machen – weil die *Gesamt*schulden eben auch immer höher steigen.

Auch der schönste Staat kriegt nur Kredit, wenn der Sparer für seinen Konsum-Verzicht eine Belohnung erhält, eben den Zins. Sonst würde der Sparer sein Geld nicht ausleihen, sondern ausgeben.

Der Staat kann nun versuchen, den Sparer zu überlisten, indem er ihm zwar die Zinsen zahlt, aber eben mit »Inflationsgeld«, das er sich frisch hat drucken lassen. Dann muß er nicht die Steuerzahler zwingen, Steuern in Höhe der Zinsen abzuführen. Der Sparer ist zwar formell »bedient«, er merkt aber sehr schnell, daß er betrogen wurde. Denn trotz Zinsen kann er sich mit seinem *gesamten* Geld nicht mehr kaufen als vorher.

Daraus folgt, daß der Sparer seinen entgangenen Zins in der nächsten Runde zurückhaben will. Er prolongiert den alten Kredit nur zu höherem Zins, und sollte er zusätzlichen Kredit geben, müssen für diesen auch bessere Konditionen vereinbart werden. Obwohl vielleicht nur ein »kleiner« Betrag umgeschuldet oder zusätzlich finanziert werden muß, wobei sich der *höhere* Zins bereits zeigt, ist natürlich bereits das *gesamte* Zinsniveau gestiegen. Das zeigt sich erst allmählich, wenn rätselhafterweise die Zinskosten von Jahr zu Jahr steigen.

Jede **Inflation** ist von vorneherein zum Tode verurteilt, weil sie nur »gemacht« werden kann, indem der Staat immer höhere Kredite aufnimmt. Je höher die

Kredite, um so stärker steigt aber der *Gesamtschulden*-Block, der durch die Inflation entwertet wird, so daß immer höhere Zinsen einen immer höheren Schuldenstand »aufwerten« müssen.

Die Inflation ist spätestens zu Ende, wenn die »Einnahmen«, die ich über die Inflationierung erziele (= zusätzlicher Kredit, z. B. bei der Notenbank oder im Ausland), nicht mehr ausreichen, um die Ausgaben zu decken, die gestiegen sind, weil ich schon inflationiert *hatte*. Allen großen Inflationen ist nämlich das rätselhafte Phänomen gemeinsam, daß »zum Schluß« *immer mehr* »*Geld*« *gefehlt hat*. Obwohl man es doch druckte, was die Pressen hielten.*)

Weil die »modernen« Staaten und ihre »aufgeklärten« Notenbanken inzwischen wissen, daß das mit der Inflation nicht funktioniert, haben sie sich darauf verständigt, die Inflation zu »bekämpfen«, was aber nur eine kosmetische Operation ist. Denn die Inflation bekämpfen heißt nur, den Kredit bei einer eige-

---

*) Mit Hilfe von Inflation ein staatliches Defizit einholen zu können, ist ein Denkfehler, der dem berühmten Sophismus des **Zenon** gleicht, der behauptet, daß Alexander die Schildkröte nicht einholen kann, weil er immer nur den Weg zurücklegen kann, den die Schildkröte bereits zurückgelegt hat. Läuft er 100 Meter, schafft die Schildkröte zehn Meter, läuft er zehn Meter, schafft sie einen, läuft er einen, schafft sie zehn Zentimeter usw.
Beim Staat ist es umgekehrt: Der Staat hat ein Defizit von 100, das deckt er mit Hilfe einer Inflation von 100. Dadurch steigt aber das Defizit auf 200, der Staat macht eine Inflation von 200, das Defizit aber steigt auf 400 usw. Selbst wenn der Staat »klug« wäre und »in Rechnung stellt«, daß er beim Versuch, ein Defizit von 100 mit einer Inflation von 100 zu decken, ein Defizit von 200 haben wird, also gleich eine Inflation von 200 macht, um das Defizit »endlich« zum Verschwinden zu bringen, hat er tatsächlich kein Defizit von 200 mehr, sondern gleich eins von 400.

nen (oder ausländischen) Notenbank zu verkleinern. Die **Staatsverschuldung,** die eigentliche Wurzel des Übels, wird dadurch aber in keiner Weise berührt. Man trägt die Schuldenmacherei nun nicht mehr offen, indem man lustig inflationiert, sondern man versteckt sie wie einen Spastiker zu Hause. Das macht man mit Hilfe des **Zinses,** der nun immer schneller steigt. Das Geld, das der Staat aus den alten Schulden zahlen müßte (und das er in der Inflation mit frisch gedrucktem Baren unters Volk bringt), wird jetzt nur noch **gezeigt.** Und damit die Menschen es stehenlassen, werden immer höhere Zins-Versprechen abgegeben. Die riesige »Kaufkraft«, die sich während einer offenen Inflation direkt übers Land ergießt, ist verhüllt und bleibt mit Hilfe immer schneller immer höherer Zinsen eingesperrt. Bis sie sich eines Tages brüllend Bahn bricht – oder im Keller des Hauses vom Staat still und heimlich erwürgt wird.*)

Der unausweichliche Umschlag von der Inflation zur Deflation

Was jetzt kommt, ist das Wichtigste vom ganzen Buch. Wer das überliest oder nicht kapiert, weil ihm das vielleicht als »zu kompliziert« erscheint – für den gibt es keine Rettung. Er wird untergehen.
Durch die **Inflation** kommen Sie mit dem Hirn eines

---

*) Zum unausweichlichen **Zinsanstieg** bei steigender Staatsverschuldung, bei der die Zinsen nur **gezeigt,** aber nicht **gezahlt** werden, vgl. die ausführlichen Ableitungen in **Martin/Lüftl,** Die Pleite, vor allem den Anhang über das PacMan-Phänomen.

Neandertalers: Sachwerte kaufen, Schulden drauf –
und Abfahrt. Bitte nicht vergessen, rechtzeitig Kasse
zu machen.

Auch für die Phase der »**Stabilisierung**« benötigt man
wenig denkerische Substanz: Da sind die Zinsen
herrlich hoch, da kann man »risikolos« kassieren.
Weil alle Welt dann auch noch mit Zins*senkungen*
rechnet, was vice versa steuerfreie Kursgewinne bei
Festverzinslichen bedeutet, bleibt alles auf diesen Papieren hocken und wartet und freut sich und wartet ...

Auch auf den Aktien bleibt man sitzen, weil die bei
der nächsten Zinssenkung dann noch einmal »richtig
kommen« werden. Was aber kommen wird, ist ganz
was anderes:

Die DEFLATION. Und mitten drin der CRASH.

Wir werden jetzt den Umschlag von der **Inflation** zur
Deflation ableiten – und warum er unausweichlich
kommen muß. Sämtliche Anlage- und Lebensart-
Entscheidungen ergeben sich danach daraus.

Wie wir gesehen haben, ist jede Inflation eine Geldvermehrung, die auf dreifache Art zustande kommen
kann: durch Ankauf von Gold durch die Notenbanken (scheidet heutzutage aus). Durch Aufnahme zusätzlicher privater oder zusätzlicher staatlicher Kredite. Jede Inflation setzt also Schuldenmachen voraus.

Jede Inflation endet *spätestens,* wenn keine zusätzlichen Schulden mehr gemacht werden können. Diese
Grenze ist bei der **Privatwirtschaft** relativ schnell erreicht, da die freie Wirtschaft immer unter dem
Zwang steht, die einmal gemachten Schulden *bedien-*

198

bar zu halten. Das heißt: Sie muß letztlich für zusätzliche Produktion sorgen und dafür, daß diese Produktion beim Kunden unterkommt. Insofern verhält sich die freie Wirtschaft bei einer Kreditaufnahme *erst* »inflationär« (macht Schulden, fragt damit zusätzlich etwas nach), *dann* »deflationär« (muß die Schulden verzinsen, wenn nicht tilgen, was mit Hilfe zusätzlicher Produktion geschieht).

In einem System der freien Wirtschaft holen also die zusätzlichen Waren das zusätzliche Geld immer wieder ein. Auch das ist ein Umschlag von Inflation in Deflation, aber in sehr kurzer Frist und so über die gesamte Wirtschaft verteilt, daß sich das allgemeine, durchschnittliche Preisniveau nicht oder nur unwesentlich ändert.

Da es eine solche »ideale« Form der freien Wirtschaft leider noch nicht gibt, müssen wir uns mit den Realitäten herumschlagen, die sich anhand von diesen Fällen durchdeklinieren lassen:

1. Die Privatwirtschaft nimmt und erhält *doch* immer weiteren Kredit, weil alle Beteiligten hoffen, daß man sich »im Laufe« der Geldentwertung »automatisch entschulden« könne.

Spekulant: Ich brauche einen Kredit, um mir Immobilien zu kaufen.

Bank: Sehr gern. Wie stellen Sie sich Kapitaldienst und Rückzahlung vor?

Spekulant: Na ja. Für die Zinsen bin ich eh gut. Ich habe doch hohe Einkünfte aus meiner Praxis. Und die Hypothek selbst löse ich schließlich ab, wenn ich das Grundstück mit Gewinn verkauft habe. Alles wird doch teurer.

Bank: Selbstverständlich. Wollen Sie 100 Prozent Fremdfinanzierung oder nur 85?
Kunde: Eigentlich ist das mit den Preissteigerungen so sicher, daß ich auch 120 nehmen könnte.
Bank: Wenn Sie wollen, bitte.

*

Wie wir schon gesehen haben, gehen *solche* Inflationen automatisch zu Ende, sobald die Kosten für die Aufnahme zusätzlicher Kredite (um diesen Prozeß »dynamisch« voranzutreiben) *höher* werden als die tatsächlichen und schließlich auch erwarteten Preissteigerungen. Kein Mensch kann auf die Dauer 100 Prozent zu zehn Prozent Zinsen und zwei Prozent Tilgung finanzieren, wenn Wertsteigerung *plus* Miete nur 6 Prozent abdecken.
2. Nun tritt der **Staat** auf und erhält ebenfalls *jeden* Kredit, weil alle Beteiligten der Meinung sind, daß alles, was der Staat macht, vor allem das Schuldenmachen, »gesamtwirtschaftlich positive« Effekte hat.

Dabei sind folgende Szenarien zu unterscheiden:

A

Staat: Sie müssen einen zusätzlichen Kredit bereitstellen.
Bank: Selbstverständlich, jederzeit. Wozu soll er dienen?
Staat: Ich muß einigen Firmen helfen, die in Schwierigkeiten sind.
Bank: Das buchen wir nur einfach um. Den Kredit, den wir den Firmen gewährt haben, auf Ihr Konto.

200

Das bedeutet, wir müssen gar keinen neuen Kredit zur Verfügung stellen, »fresh money«, wie wir sagen.

B

Staat (später): Jetzt brauch' ich aber doch »fresh money«.

Bank: Jeden Betrag. Wozu darf das Geld dienen?

Staat: Ich muß die Wirtschaft ankurbeln. Wir haben so viele Arbeitslose.

Bank: Ein Beschäftigungs-Programm, wie schön. Große Staatsaufträge, nehme ich an.

Staat: Ja, und auch Investitions- und Einstell-Beihilfen.

C

Staat (noch später): Ich bin hier wegen der Zinsen.

Bank: Kein Problem, die schreiben wir doch jährlich zu. Sie haben doch bei uns sozusagen ein offenes Konto.

Staat: Bleibt also alles stehen?

Bank: Alles bleibt stehen. Das ist doch am einfachsten, nicht wahr?

D

Staat (wieder später): Die Konjunktur kippt mir weg, und die Arbeitslosen werden immer mehr.

Bank: Fresh money also?

Staat: Fresh money. Aber reichlich!

Bank: Sie kennen die Lage am Kapitalmarkt? Wir kriegen selbst die Zehnprozenter nur mit Disagio los. Unterm Strich kostet Sie fresh money jetzt zwölf.

Staat: Ich brauche aber das Geld!
Bank: Gehen Sie doch mal zur Notenbank.

E

Staat: Da bin ich.
Notenbank: Du kennst doch die Gesetze. Ich darf dir nichts auf die schnelle geben.
Staat: Dann ändere ich die Gesetze eben.
Notenbank: Dann merken die Leute aber, was gespielt wird. Daß du wieder mit der *offenen* Inflation anfängst.
Staat: Ist mir wurscht. Jetzt geht es um die Arbeitsplätze und darum, die Renten noch sicherer zu machen.
Notenbank: Dann werden alle Sparer morgen ihre Konten plündern. Denn wer noch spart, wo du Inflation ansagst, ist ein Trottel.

F

Notenbank (wenig später): Was habe ich dir gesagt: Die Sparer sind da.
Staat: Na und. Sollen sie doch abheben.
Notenbank: *Was* abheben? Das Geld, das sie wiedersehen wollen, haben die Banken doch *dir* geliehen. Nun mußt *du* zurückzahlen.
Staat: Kann ich nicht. *Du* zahlst.
Notenbank: Ich kann auch nicht »zahlen«. Alles, was ich kann, ist zusätzliche Papierscheine unters Volk streuen. Wie Konfetti im Kölner Karneval.
Staat: Wie könnten wir denn »zahlen«?
Notenbank: Ganz einfach. Du erläßt ein **Sparerschutz-Gesetz!** Jeder der abhebt, muß 100 Prozent

des abgehobenen Betrages als **Strafsteuer** an den Fiskus abführen. So vermeiden wir, daß abgehoben wird – und alle Sparguthaben bleiben voll erhalten.

*

Wir sind mitten drin in diesen Szenarien. Die Lage der Staatsfinanzen ist weltweit **absolut aussichtslos** geworden. In der nächsten konjunkturellen »Talfahrt« werden die Staatseinnahmen so stark hinter den Staatsausgaben zurückbleiben, daß der **Staatsbankrott** nur noch eine Frage kurzer Zeit ist.*)

Bitte Papier und Bleistift bereithalten – und mitzeichnen

Den unausweichlichen Umschlag von der Inflation zur Deflation wollen wir uns nunmehr optisch zu Gemüte führen. Es handelt sich um die zentrale Analyse dieses Buches.

Wir starten mit ganz einfachen Aussagen über die freie Wirtschaft, also:

1. Es gibt Unternehmen, die produzieren etwas, von dem sie sich Gewinn versprechen, d. h. diese Unter-

---

*) Die von **Walter Lüftl** und mir vorgenommenen Berechnungen bezüglich der Termine, an denen die einzelnen Staaten ihre Zahlungen einstellen **müssen,** liegen in allen Staaten **voll im Plan;** bei der Bundesrepublik Deutschland und der Schweiz zeichnet sich eine geringfügige Verbesserung ab, um so schneller geht es aber mit allen anderen Staaten, voran mit den **Vereinigten Staaten,** dahin. Vgl. dazu nochmals **Martin/Lüftl,** Die Pleite, vor allem Anhang 1.

nehmen kalkulieren so, daß die Preise für die produzierten Waren *über* den Kosten liegen.

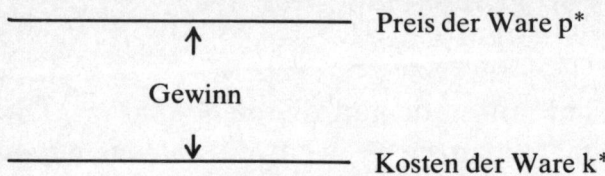

Preis der Ware p*

Gewinn

Kosten der Ware k*

Dies scheint so selbstverständlich zu sein, daß eigentlich kein vernünftiger Mensch darüber nachdenkt. Aber schon hat man den *ersten Fehler* gemacht. Denn bei dieser einfachen Überlegung fehlt die **Zeit!** Daher müssen wir weiter formulieren:

2. Alle Unternehmen, die etwas produzieren, müssen die **Kosten der Produktion vorfinanzieren.** Das heißt: Der Unternehmer kann mit dem Verkauf nicht unendlich lange warten. Mit dem Laufe der Zeit wird sein Gewinn, definiert als Differenz zwischen Preis und Kosten, immer kleiner.

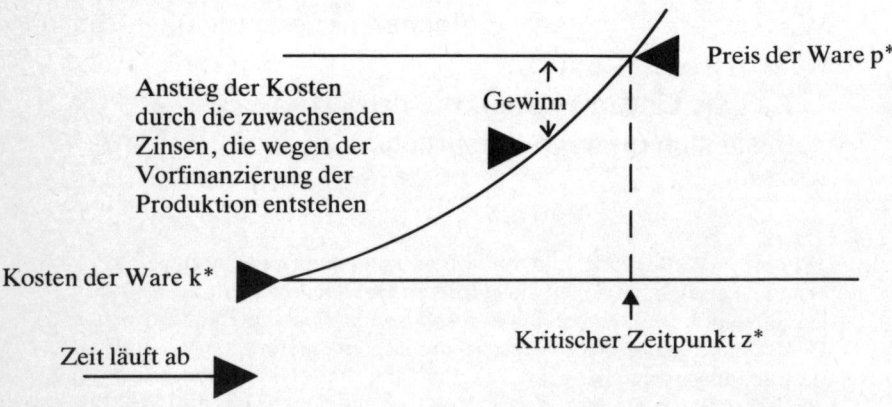

Anstieg der Kosten durch die zuwachsenden Zinsen, die wegen der Vorfinanzierung der Produktion entstehen

Gewinn

Preis der Ware p*

Kosten der Ware k*

Zeit läuft ab

Kritischer Zeitpunkt z*

Spätestens zum Zeitpunkt z* muß die Ware verkauft sein, weil sonst die Kosten plus die Zinsen wegen der Vorfinanzierung der Kosten höher sind als der ins Auge gefaßte Preis. Der Unternehmer macht ab z* Verlust.

(Daß es Unternehmen gibt, die ihre Produktion *nicht* vorfinanzieren, weil sie sehr cash-stark sind, spielt keine Rolle; jeder Betriebswirt weiß, daß dennoch solche Kosten *kalkuliert* werden müssen, da die Kasse *alternativ* angelegt werden müßte. Ein Unternehmen, dessen Geschäftszweck das Halten von Kasse ist, arbeitet immer schlechter als jedes Unternehmen, das seine Kasse nicht hält.)

3. Nun kommt die »Inflation«. Die bewirkt ganz einfach, daß der Preis der Waren steigt – und zwar *über* das vom Unternehmer ursprünglich ins Auge gefaßte Niveau.

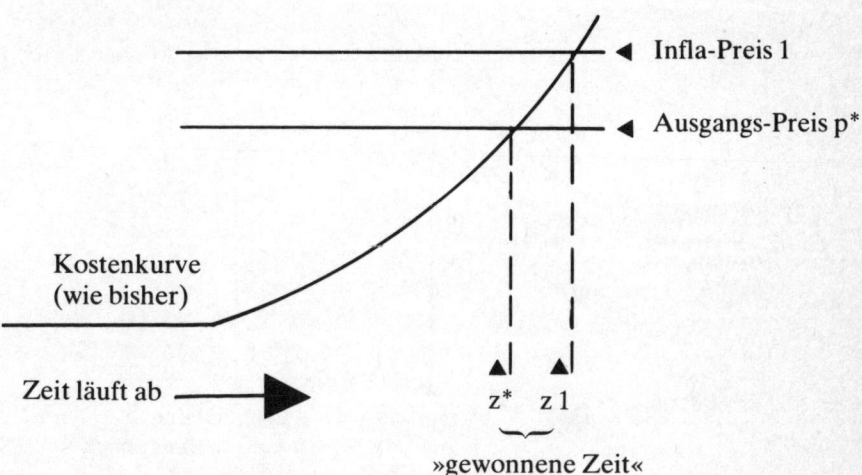

Infla-Preis 1

Ausgangs-Preis p*

Kostenkurve (wie bisher)

Zeit läuft ab

z* z 1

»gewonnene Zeit«

Hier sehen wir, was als »wohlige Wirkung« einer Politik des leichten Geldes in der ersten Phase der Inflation bezeichnet wird: Weil der Preis nun »höher« ist, rückt der Zeitpunkt, zu dem man verkauft haben *muß,* weiter in die Zukunft hinaus (z1). Alles erscheint leichter, lockerer. Die Unternehmer finden die Politiker prima. Es ist just, was wir oben als **Augusteisches Zeitalter** kennengelernt haben.

Wird gar die »zusätzliche Nachfrage« noch mit einer »Zinssenkung« kombiniert, scheint sich geradezu ein **optimaler Zustand** abzuzeichnen, der sich bekanntlich immer dann abzeichnet, wenn niemand mehr zu irgendwas gezwungen ist. In diesem Fall die Unternehmer nicht mehr zum Streß, der ansonsten das Kennzeichen einer Marktwirtschaft ist.

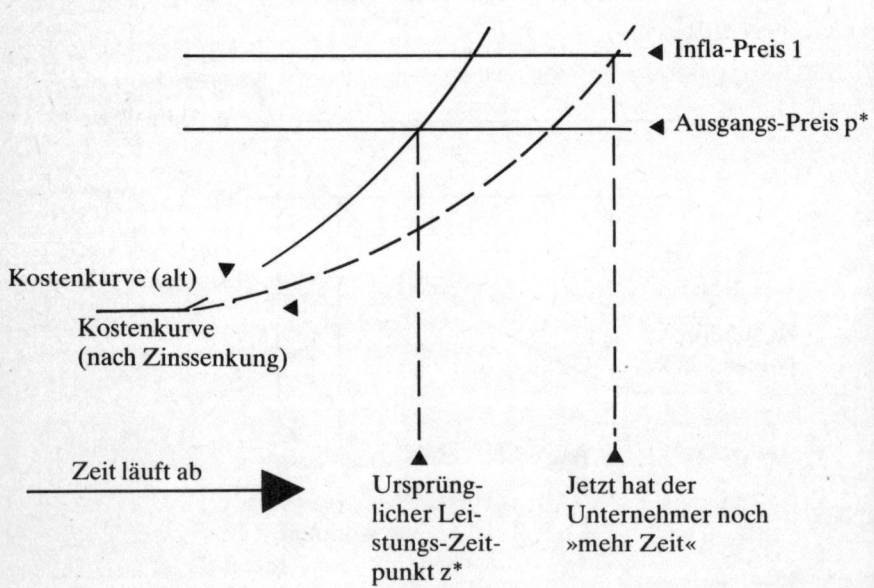

4. Die unendlich schöne Geschichte von sinkenden Zinsen und steigenden Preisen geht aber leider zu Ende – und zwar ziemlich rasch. Je weiter nämlich die Zinsen »sinken«, um so länger könnte sich der Unternehmer Zeit lassen, mit der Vermarktung der Produktion zu warten. Wäre der Zinssatz etwa bei Null – auch das wäre ja »drin«, wenn wir den berühmten **Lord Beveridge** richtig verstanden haben (siehe oben) – dann ergäbe sich das wundersame Bild, daß die Leute zwar kräftig sparen (oder nicht?), aber mit Sicherheit niemals für ihren Verzicht belohnt werden. So lange sie auch warten, niemals würden sie beliefert.

Der steigende Preis ist nun ebenfalls nicht gerade das, was sich der Sparer erträumt. Denn wenn sein Warten doch eines Tages durch eine gnädig erfolgte Lieferung belohnt würde – es wäre eine Belieferung zu einem erheblich höheren Preis. Der Sparer will aber nicht nur immer umsonst gegen steigende Preise ansparen.

So gilt denn auch für die herrliche Konstellation von »sinkenden Zinsen« bei »leicht steigenden« Preisen: **Du kannst einige Menschen auf Dauer betrügen, auch alle Menschen eine Zeit lang – aber nicht auf Dauer alle.**

So beginnt der Zins irgendwann wieder zu steigen, aber damit leider nicht genug.

5. Denn jetzt kommen die steigenden Preise in Form steigender Kosten auf die Unternehmen zurück. Die Kostenkurve hebt sich nicht nur plötzlich *im Niveau*, sondern auch in der *Krümmung*. Dies sieht in einer

Nahaufnahme des »kritischen Bereiches« dann so
aus:

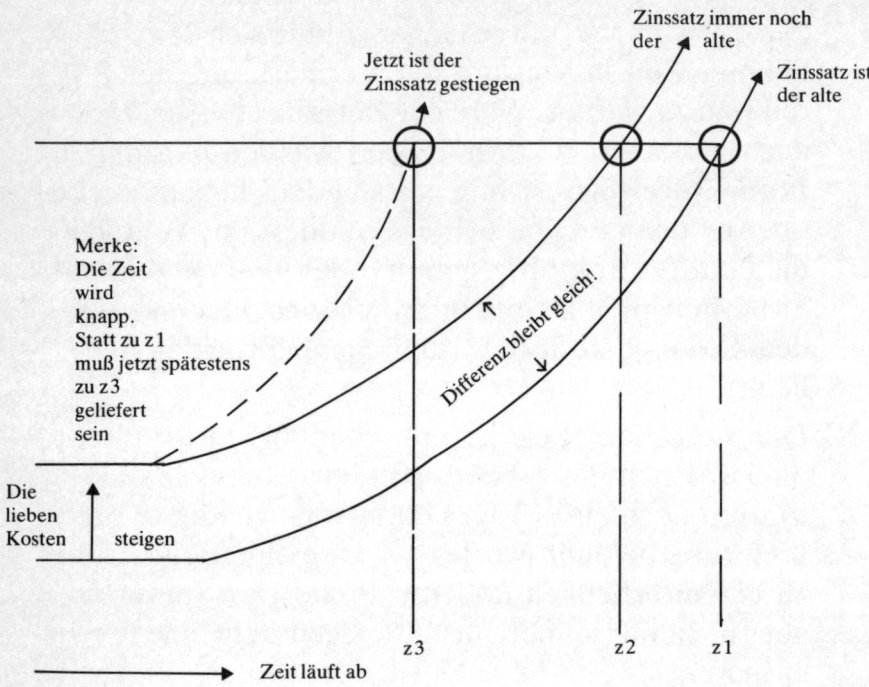

Jetzt ist der
Zinssatz gestiegen

Zinssatz immer noch
der alte

Zinssatz ist
der alte

Merke:
Die Zeit
wird
knapp.
Statt zu z1
muß jetzt spätestens
zu z3
geliefert
sein

Differenz bleibt gleich!

Die
lieben
Kosten steigen

z3   z2   z1

Zeit läuft ab

Jetzt gibt es nur eine Rettung, wenn nicht alles plötzlich in die »andere« Richtung laufen soll – also nach
links, (was bedeutet: die **Zeit** wird wahnsinnig
knapp, oder **abwärts,** was bedeutet: die Preise fallen):

Wir brauchen noch mehr Inflation.

Auch dazu steht der Staat herzlich gern bereit. Ihm
ist es ja möglich, die Preise durch zusätzliche Nach-

frage (aufgrund zusätzlicher Kredite) noch dann in die Höhe zu treiben, wenn die private Wirtschaft längst abschnallen mußte, weil sie keine Verschuldungs-Spielräume mehr hat (**Eigenkapitalanteil** tendiert gegen Null).

Jetzt aber schaukelt sich alles immer schneller gegenseitig hoch: Die Preise steigen, ergo die Kosten, ergo aber auch die Zinsen, weil die Sparer **die Zeit, die man ihnen nehmen will,** *zurückhaben* **wollen.** *Plus dazu noch die Zeit, die sie sowieso »guthaben«, weil sie schon gleich zu Anfang der Inflation rasiert wurden – so dumm wie Sparer nun mal sind.*

Nächste Nahaufnahme:

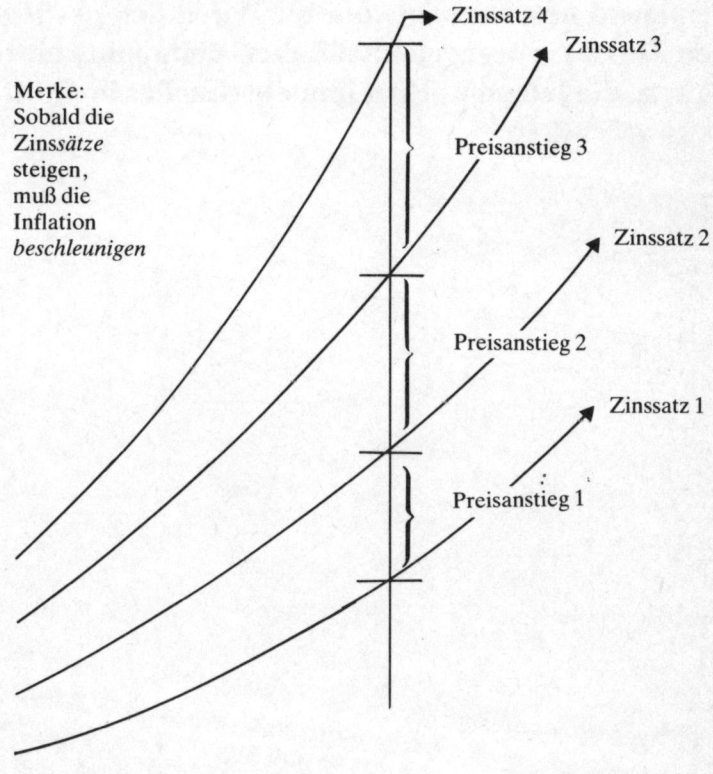

Zinssatz 4

Zinssatz 3

Merke:
Sobald die
Zins*sätze*
steigen,
muß die
Inflation
beschleunigen

Preisanstieg 3

Zinssatz 2

Preisanstieg 2

Zinssatz 1

Preisanstieg 1

6. Und jetzt enthüllt die Inflation ihr wahres Haupt!
Weil die Zinsen immer die »vergangene« Inflationsrate überholen wollen und allmählich auch noch die
»laufende« und schließlich die »künftige« Inflationsrate eingeholt werden soll, beschleunigt sich der Vorgang jetzt enorm:
**Je höher der Zins nämlich ist, desto »schneller« ver-
geht die Zeit. Der Unternehmer hat jetzt nur die
Wahl, ganz fix zu liefern** (Stöhn! Diese Hektik, dieser
Streß!) **und/oder die Preise hinaufzusetzen** (Hoffent-
lich geht die Inflation weiter!) **oder er macht pleite.
Just in diesem Augenblick schlägt die Inflation um in
Deflation. Sobald nämlich die Inflation nicht mehr
genügend beschleunigt, um die durch den gestiegenen Zinssatz vorgegebenen Liefer-Zeitpunkte einzu-
halten, die jetzt natürlich immer schneller in die Gegenwart rücken:**

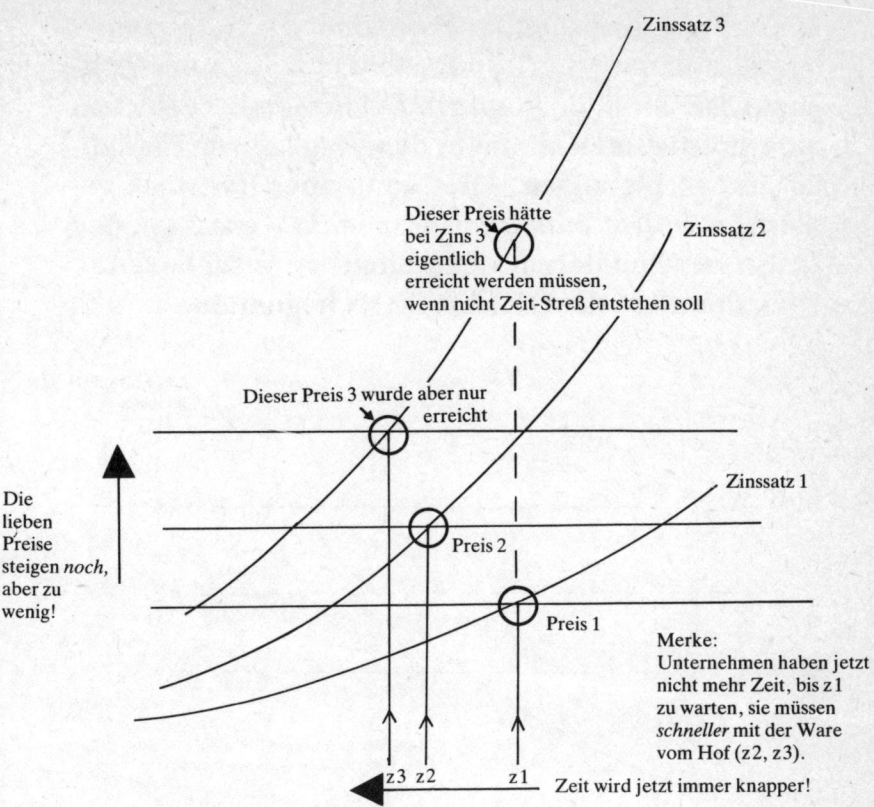

Zinssatz 3

Dieser Preis hätte
bei Zins 3
eigentlich
erreicht werden müssen,
wenn nicht Zeit-Streß entstehen soll

Zinssatz 2

Dieser Preis 3 wurde aber nur
erreicht

Die
lieben
Preise
steigen *noch,*
aber zu
wenig!

Zinssatz 1

Preis 2

Preis 1

Merke:
Unternehmen haben jetzt
nicht mehr Zeit, bis $z1$
zu warten, sie müssen
schneller mit der Ware
vom Hof ($z2$, $z3$).

$z3$ $z2$ $z1$ Zeit wird jetzt immer knapper!

211

7. Da der Liefer-Zeitpunkt (bei dessen Nichteinhalten automatisch Verlust entsteht) **letztlich der Zeitpunkt ist, an dem** *Liquidität* **einkommt, versuchen die Unternehmen nunmehr den Eingang von Liquidität zu beschleunigen.** Dies kann aber *nur noch geschehen, indem man die Preise senkt* – eben um den Markt zu schnellerem »Zugreifen« zu veranlassen. Und damit hat die DEFLATION begonnen.

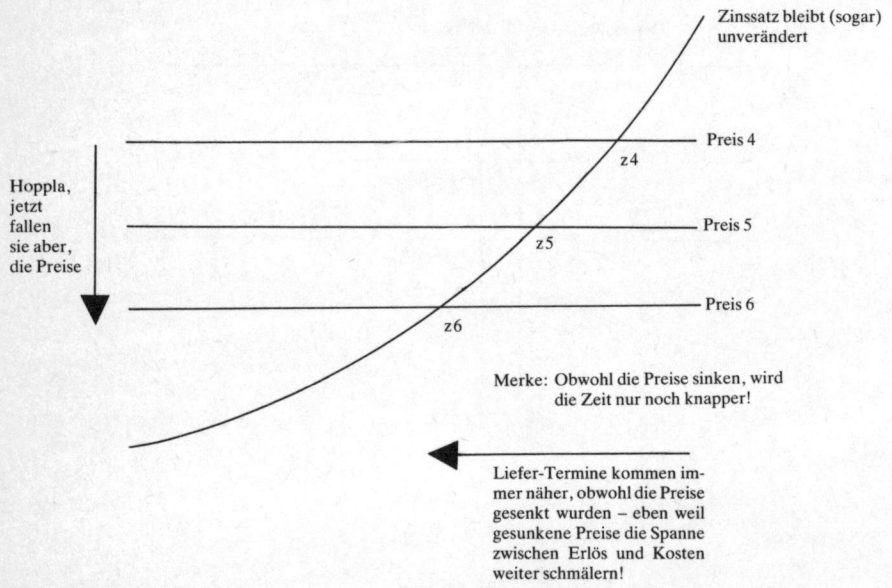

Zinssatz bleibt (sogar) unverändert

Preis 4

z 4

Hoppla, jetzt fallen sie aber, die Preise

Preis 5

z 5

Preis 6

z 6

Merke: Obwohl die Preise sinken, wird die Zeit nur noch knapper!

Liefer-Termine kommen immer näher, obwohl die Preise gesenkt wurden – eben weil gesunkene Preise die Spanne zwischen Erlös und Kosten weiter schmälern!

Dies alles erklärt uns auch ganz nebenbei die Tatsache, daß **Inflationen** immer schön langsam »anlaufen« und erst zum Schluß hin immer schneller werden. Während es bei **Deflationen** gerade umgekehrt ist. Sie beginnen nicht mit einigen »kleinen Preiskorrekturen«. Wenn die Preise schon gesenkt werden, dann gleich saftig. Auch klar, denn: Die deflationäre

212

Preissenkung hat nur das eine Ziel: Beschaffung von **Liquidität,** d. h. letztlich **Überleben.**

▶Die Logik der **Inflation:**
Der erste Unternehmer, der die Preise erhöht, riskiert seine ganze Existenz. Denn er ist teurer als alle anderen. Erst wenn er sich mit seinen höheren Preisen am Markt »durchsetzen« konnte, ziehen die anderen »nach«. Jede Inflation muß sich erst warmlaufen.

▶Die Logik der **Deflation:**
Der erste Unternehmer, der die Preise senkt, ist Kaiser. Ihm gehört der ganze Markt, denn er ist billiger als die gesamte Konkurrenz. Sobald dort die Kunden abströmen, werden auch dort die Preise gesenkt. Das geht dann auf einmal ruckizucki. Jede Deflation ist ein Kaltstarter.

Die letzte Chance, die das »System« jetzt noch hat, ist die Senkung der Zinsen und/oder die Wiederankurbelung der Inflation. Nur leider: **beides geht nicht mehr!**

Die Zinsen lassen sich nicht mehr senken (wir haben es schon oben gesehen), **weil sie nach dem *in sich unausweichlichen Ende der Inflation* nur noch dazu dienen, die ungeheure Flut der unweigerlich kommenden Illiquiditäten noch eine Runde von sich weg zu schieben. Nachdem die Inflation in Deflation umgeschlagen ist, ist der Zins nichts als eine Illiquiditätsverhinderungsprämie, die noch eine Zeitlang gezeigt**

wird (gezahlt wird nichts mehr!), solange eben sich die Gläubiger noch an der Nase herumführen lassen. Die Inflation läßt sich ebenfalls nicht mehr beleben, ganz einfach, weil die *Basis für weitere Kredite nicht mehr vorhanden ist!* Im Gegenteil, sowie die Deflation begonnen hat, sinken die zuvor inflationär aufgeblähten »Werte« ruckartig – und alles beleihen die Banken, nur nicht in sich zusammenkrachende »Aktiva«. Das Fehlen von »beleihbaren« Aktiva ist sehr schön in der Bundesrepublik dokumentiert: Der Eigenkapitalanteil (= Sicherheit für die Bank) verschwindet. Im Durchschnitt hat der deutsche Mittelstand (Unternehmen bis 25 Mio Jahresumsatz) davon noch 10,1 %. Wer leiht, wenn jemand schon 90 % Schulden hat!

Ja, kann denn dann nicht wenigstens der »Staat« noch helfen?
Früher, liebe Freunde, als die Sparer die Sache mit dem Staat und die sich aus der Existenz des Staates zwanghaft ergebende Tatsache, daß immer wieder Inflation und Staatsbankrott gemacht wird, noch nicht durchschaut hatten, war dies eine Möglichkeit. 1920–23 konnte das Deutsche Reich die fabelhafteste Inflation aller Zeiten lancieren mit einem Argument, das als Klassiker unter die Staats-Ausreden eingegangen ist.
Damals, als jedermann ersichtlich war, daß eine Hyperinflation herrschte, fragte man den Notenbank-Präsidenten (der Mann hieß **Havenstein**), wieso er eigentlich so viel Geld drucke, das sei doch wohl nicht ganz das Richtige.

214

»Im Gegenteil, wir *müssen* sogar viel Geld zur Verfügung stellen. Weil sonst die Bevölkerung nicht mehr imstande ist, die so stark gestiegenen Preise zu bezahlen!!«[*])

Früher hat die Bevölkerung den Schwindel mit den Inflationen auch erst durchschaut, nachdem der Kaufmann Müller seine Preisschildchen immer schneller ausgewechselt hat. Heute aber ist jede Inflation zu besichtigen – lange bevor sie kommt. Da gibt es die berühmten **Geldmengen-Statistiken,** die genau anzeigen, was man zu erwarten hat. Sollten die Staaten also tatsächlich noch einmal die Uralt-Nummer bringen wollen, und die LKW's zur Notenbank schicken, damit die dort das Bare abholen, womit man dann die Bevölkerung zu beglücken gedenkt (alias »Arbeitsplätze schafft«, alias »die Renten noch sicherer macht«) – dann ist es auch schon vorbei. Die Märkte für die festverzinslichen Papiere werden aufhören, solche zu sein, weil ganz einfach zu jedem Markt nicht nur ein Verkäufer, sondern auch ein Käufer gehört. Den wird man beim Start der nächsten Inflation jedoch vergeblich suchen.

Krachen aber die Märkte für festverzinsliche Papiere zusammen, schnellen die **Zinsen** ruckartig nach oben

---

*) Diesen Ausspruch des Reichsbankpräsidenten **Rudolf Havenstein,** der das Institut 1908–1923 leitete, diktierte mir einer seiner Nachfolger, nämlich **Hjalmar Schacht** im August 1966 in den Block. In dem Jubiläumsband »Währung und Wirtschaft in Deutschland 1876–1975«, herausgegeben von der **Deutschen Bundesbank,** heißt eine Überschrift schlicht: »Die Staatsfinanzen als Motor der ›Großen Inflation‹«, und wir lesen, daß Havensteins Ansicht gar nicht »falsch« war: »Die letzte Phase der Inflation führte zu jener merkwürdigen Erscheinung, daß die zirkulierende Geldmenge nicht mehr ausreichte, den Geldbedarf zu befriedigen.« Also »mußte« man tatsächlich immer mehr drucken.

(das geht *spiegelbildlich,* wie Sie wissen) – ist es erst recht vorbei, denn dann steigen die Zinsen noch schneller und dann ist es sowieso aus – siehe oben!

Zusammenfassung

1. Jede Inflation muß in sich selbst enden, sobald die Kosten einer zusätzlichen Inflationierung höher sind als die Erträge.

2. Im Extremfall einer Papiergeld-Inflation hört dies auf, sobald die Banknoten teurer werden als das, was draufsteht.

3. In der Inflation hebt ein allgemeines Schuldenmachen an, weil sich Betriebe unter Konkurrenzdruck nur halten können, wenn sie sämtliche Verschuldungsspielräume ausnutzen.

4. Daß sich der Staat durch die Inflation entschuldet, ist ein absolutes Märchen. Erstens steigen in der Inflation die Staatsausgaben schneller als die Staatseinnahmen. Zweitens aber muß der Staat in der Inflation immer schneller immer neue Schulden machen, um die alten Schulden zu »entwerten«.

5. Die »Geldentwertung« kommt nämlich nicht von irgendwoher, sondern sie setzt immer staatliches Schuldenmachen voraus.

216

6. Erst am Ende der Inflation steht die staatliche Entschuldung, aber nicht per Inflation, sondern per Staatsbankrott.

7. Der Umschlag von der INFLATION zur DEFLATION erfolgt zwangsläufig, sobald die Inflation nicht mehr so beschleunigt wird (werden kann), wie dies zur Deckung der Inflationskosten erforderlich ist.

8. Im Laufe der Deflation wird die Zeit immer knapper, was den Prozess zusätzlich beschleunigt. Inflationen laufen langsam, brauchen Zeit zum »Aufwärmen«, Deflationen kommen ruckizucki.

PCM dazu: Sie werden es *jetzt* erleben!

Lauter dumme Jungs?

Warum die Politiker dem Desaster, das sie selbst heraufbeschworen haben, hilflos gegenüber treten

»Doch plötzlich entdeckten wir, daß das Schiff nicht fährt, sondern driftet, daß auf seiner Kommandobrücke kleine Jungen stehen, deren ganze Fähigkeit und Leidenschaften sich darauf beschränken, vor dem Spiegel Grimassen zu schneiden.«

Stevan Bratkowski in seinem Aufsatz »Der Staat als Bankrotteur« (»Kontinent« 3/1984)

Die größte Selbstverrentung aller Zeiten

Die Politiker hängen hilflos in der Uhr, weil sie zu blöde sind, die *Folgen* der Staatsverschuldung zu begreifen. Sie ist nämlich das sicherste Mittel, einen Staat vollständig zu ruinieren und seine Bevölkerung in Depression und Elend verenden zu lassen.

Die Nationalökonomen früherer Jahrhunderte haben das glasklar erkannt, daß zunehmende Staatsverschuldung ein Land nicht reicher, sondern immer *ärmer* macht.*) Stellvertretend für sie alle sei noch einmal der großartige **Struensee** zitiert, der in seinem Kapitel »Von den Staatsanleihen« ausführt:

»Ein Staat muß nicht ohne dringende Not und ohne weise Absicht borgen. Nimmt er Kapitalien auf, um in Pracht auszuschweifen, … um widersinnige und dem Lande gar nicht angemessene Entwürfe auszuführen, so verfährt er als ein Verschwender, *und allgemeines Elend ist die Folge. Anfangs* scheint zwar das Land in den besten Umständen; besonders wenn man bloß bei dem Hofe und in dessen Nachbarschaft stehen bleibt, bemerkt man alle Kennzeichen eines *blühenden und zunehmenden Wohlstands.* Richtet man aber seine Augen auf die Provinzen, oder wartet man den *endlichen Erfolg* dieses *scheinbaren* Wohlstands ab, so erblickt man nichts als *Jammer«.***)

---

*) Ich möchte nur an die Ausführungen bei **Montesquieu, David Hume** oder **J.F. Melon** erinnern (»Die Schulden eines Staates sind Schulden der rechten Hand an die Linke … Der Verbrauch, der auf das Schuldenmachen folgt, hat ein Kapital vernichtet, welches nimmermehr ein weiteres Einkommen gibt«). **Ricardo:** »Das (Schuldenmachen) ist ein System, das uns weniger haushälterisch macht, uns über unsere wirkliche Lage zu verblenden sucht.« Der große französische Liberale **J.B. Say** erklärt bündig: »Ein Privatmann borgt oft seiner Industrie wegen; eine Regierung borgt stets, um zu konsumieren.«
) **Struensee, Abhandlungen, a. a. O., Band 1, Seite 267.

In der »modernen«, der »aufgeklärten« Nationalökonomie gilt das staatliche Schuldenmachen als höchste Form der **Staatskunst.** Und die »Lösung« aller »Probleme«, die heutzutage als drängend angesehen werden, vornehmlich das Problem der **Arbeitslosigkeit,** soll schließlich mit Hilfe *zusätzlicher* Staatsverschuldung über die Bühne gehen. Denn mit Hilfe zusätzlicher Schulden kriegt der Staat jene »Mittel« in die Hand, mit deren Hilfe er »Beschäftigungsprogramme« und so weiter starten kann.

Ich habe bereits mit **Walter Lüftl** nachgewiesen, daß zusätzliche Staatsverschuldung genau den gegenteiligen Effekt hat, und ich möchte hier noch einmal darum bitten, die entsprechenden Passagen in unserem Standardwerk »Die Pleite« nachzulesen.

In einem »ersten Schuß« führt staatliche Nachfrage zwar in der Tat zu neuer oder zusätzlicher Beschäftigung (das ist jener »blühende Wohlstand«, von dem oben auch Struensee spricht). **Da staatliche Beschäftigungsprogramme oder ähnliches aber mit Hilfe von Krediten finanziert werden** *müssen*, **um diesen** *zusätzlichen* **Effekt zu haben*), steigen natürlich die** *Zinsen* **aus der Finanzierung der Programme immer weiter an, Zinsen, die selbstverständlich** *Einkommen* **sind, und zwar** *arbeitslose Einkommen.*

---

*) Theoretisch könnte der Staat ein Beschäftigungsprogramm auch mit Hilfe von zusätzlichen Steuern finanzieren, die er »den Besserverdienern« abknöpft. Dann fehlt aber den Besserverdienern das Geld, so daß *deren* Nachfrage zurückgeht, die durch die staatliche Mehr-Nachfrage nur *ausgeglichen* werden kann. Ein *zusätzlicher* Effekt ist bei solchen Finanz-Scherzen natürlich *nicht* drin! Vgl. dazu **»Ergänzungsabgaben«** und ähnlichen Nonsens der neueren bundesdeutschen Finanzgeschichte.

Je mehr also der Staat angekurbelt hat, um so stärker geht die Beschäftigung *auf Dauer* **zurück, weil ein immer größerer Teil des »Volkseinkommens« eben aus arbeitslosem Einkommen besteht. Und wenn man nicht arbeiten** *muß,* **dann** *wird* **auch nicht gearbeitet.**

Je mehr der Staat also wirtschaftlich »aktiv« war, je mehr Konjunktur-, Beschäftigungs-, Subventions- oder Infrastruktur-Programme er also aufgelegt hat, desto mehr Menschen können von den *Zinsen* dieser Programme leben. Demokratien, in denen eine solche Form der Politik besonders häufig anzutreffen ist, **verrenten sich selbst!**

Daher gibt es auch keine andere »Ursache« für die immer weiter steigende Dauerarbeitslosigkeit als die *früheren* »Beschäftigungsprogramme«.

Dies kann man sich mit einem Blick etwa auf die deutsche Wirklichkeit sofort klarmachen:

● Bund, Länder und Gemeinden zahlen pro Jahr **Zinsen** aufgrund früherer Schuldenmacherei, die in etwa jener Summe entsprechen, die die Arbeitslosen verdienen würden, wären sie beschäftigt.*)

Es gibt überhaupt nur *zwei* zahlenmäßige Entwicklungen, die seit 1970 in der Bundesrepublik Deutschland einander entsprechen: **Zinszahlungen** auf die Staatsschulden *und* **Anstieg** der Arbeitslosigkeit (bzw. der Lohnsumme, die die Arbeitslosen nicht kassieren dürfen, bzw. die Unterstützungszahlung,

---

*) Daß der Staat seine Zinsen nur **zeigt,** aber nicht echt zahlt, weil er sie gleich wieder »vorfinanziert«, spielt für den hier vorgetragenen Gedanken keine Rolle.

die sie kassieren). Es zählt zu den vielen entmutigenden Erfahrungen im End-Stadium von Demokratien, daß solche simplen Zusammenhänge einfach nicht gesehen werden, die da lauten: **Je mehr der Staat Geld fürs Nichtstun bezahlt (= Zinsen für die Staatsschuld), um so weniger wird tatsächlich gearbeitet.** Die Schuldzinsen des Staates haben sich zwischen 1970 und 1985 etwa **verneunfacht,** sie stiegen von 6,9 auf ca. 62 Milliarden Mark. Die Zahl der Arbeitslosen stieg von ca. 200000 auf 2,2 Millionen, also auf das **Elffache.** Im Jahre 1984 hatte die SPD einen Standard-Schlager drauf, von wegen »sozialen Kosten« der Arbeitslosigkeit, die von ihr auf 55 Milliarden Mark beziffert wurden. Diese Summe entsprach – oh Wunder! – ziemlich genau dem Betrag, den der Staat im gleichen Jahr in Form von *Zinszahlungen auf die vorangegangene Staatsschuld* austeilen mußte. Daß diese Zinszahlungen auf die Staatsschuld und die »Kosten« der Arbeitslosigkeit nichts anderes sind als zwei Seiten derselben Medaille, kann man sich auch mal »andersrum« klarmachen. Was passiert nämlich, so muß man nur fragen, wenn der Staat die Zinszahlungen *einstellt?* Dann fallen offenbar »Einkommen« in Höhe von ca. 62 Milliarden Mark weg (1985). Was aber müßten die Menschen tun, denen plötzlich so viel Geld »fehlt«? **Ganz einfach: Sie müßten sich das Geld wieder durch Arbeiten besorgen. Es kann daher kein wirksameres Beschäftigungsprogramm geben, eines, das endlich mit der Dauerarbeitslosigkeit aufräumt, als die *ersatzlose Streichung* der Zinszahlungen auf die Staats-**

schuld! Wenn es nämlich keinen mehr gibt, der »automatisch« Geld überweist (Zinsen für Bundessparbriefe usw.), dann muß sich der einzelne Bürger, der vom Staat via Beschäftigungsprogramm *verrentet* wurde, sein Geld wieder *selbst verdienen* – durch **Arbeit**. Denn die Alternative zum Arbeiten heißt schlicht und einfach: **verhungern!** Und bevor er das. mit sich geschehen läßt, spuckt doch wohl jeder noch einmal flott in die Hände.

● Wie das mit dem Zusammenhang zwischen **Höhe der Staatsschuld** und **Arbeitslosigkeit** ausschaut, beweist auch ein Blick auf die Aktivseite deutscher Unternehmen, die – wie der Gigant Siemens – immer mehr Wertpapiere, also letztlich Staatstitel, thesauriert haben (bzw. Banken Geld geliehen haben, die es ihrerseits dem Staat zur Verfügung stellten).

Alles Geld, das da »herumliegt«, könnte *sofort* investiert werden und würde auch schlagartig Arbeitsplätze schaffen, wenn die Firmen es nur täten. Sie tun es nicht, weil es sich nicht »lohnt«, weil die Zinsen für die Staatsanlagen von der freien Wirtschaft nicht mehr übertroffen werden können.*)

Der Bundesverband Deutscher Banken, der bestens über Investitionen Bescheid weiß, gibt die Kosten für die **Einrichtung** eines **neuen Arbeitsplatzes** mit 220 000 bis 250 000 Mark an. Multiplizieren wir diese Summe mit der Zahl der Arbeitslosen, so erhalten

---

*) In der »**Pleite**« hatte ich auf das **Siemens-Syndrom** hingewiesen, vgl. dort Seite 79 ff. Wie vorherzusehen, ist die Position **Wertpapiere** in der Siemens-Bilanz per 30.9.84 erneut gestiegen (von 16,5 auf fast 20 Milliarden), obwohl sich das Unternehmen alle Mühe gibt, »Geld« in Form von »Investitionen« unter die Leute zu bringen.

wir das Geld, das wir in der Aktivseite deutscher Unternehmen als »Wertpapiere« (= letztlich Staatspapiere oder Staatskredite) stehen haben.

Beispiel Siemens: Mit den 20 Milliarden »Wertpapieren«, die gelegentlich auch als »Kriegskasse« des Unternehmens bezeichnet werden, könnte man tatsächlich einen Krieg gegen die Arbeitslosigkeit finanzieren. Wenn die Siemens AG die Arbeitsplätze nur sehr spartanisch einrichten würde und pro Mann 200 000 springen ließe, wären doch sofort 100 000 neue Arbeitsplätze einzurichten (20 Milliarden »Kriegskasse« geteilt durch 200 000 Investitionskosten pro Arbeitsplatz). Dadurch, daß die Siemens AG ihr Geld dem Staat zur Verfügung stellt, verhindert der größte deutsche Betrieb also, daß die Arbeitslosigkeit abgebaut wird.

Felix Somary schreibt in seinem schon erwähnten politischen Testament über »Krise und Zukunft der Demokratie«:

»Nie baut man so luxuriöse Amtsgebäude wie in der Zeit vor dem Bankrott ...«

Dies ist mehr als ein bloßer Gag. Die Weltgeschichte lehrt nämlich, daß just *nach* den größten öffentlichen Investitionen auf einmal »Schluß« ist. Nachdem die höchsten Pyramiden gebaut wurden, hört das mit dem Pyramiden-Bauen auf einmal auf. Nachdem die Mayas mit den tollsten Sonnen-Tempeln aufwarteten, war es auch schon mit dem ganzen Maya-Volk vorbei. Nachdem die Einwohner von Siena den großartigsten Kirchenbau in Angriff genommen hatten, verschwindet die ganze Republik von der Bildfläche.

Und mit dem Turm von Babel ist es just vorbei und das größte Elend startet, nachdem man eben noch den Himmel berühren wollte ...

Wir denken bei solch jähem Ende immer nur an *eine* Seite der Bilanz: daß dem Bauherrn dann halt das »Geld ausgegangen« sei und er Dome und Paläste, Kanäle und Brücken halbfertig in der Landschaft stehen lassen mußte. Die *andere* Seite der Veranstaltung ist jedoch viel wichtiger: **Alle diese Gebäude sind auf *Pump gebaut* worden** (zu solch gewaltigen Anstrengungen läßt sich auch der willigste Sklave letztlich nicht vorwärtspeitschen), und das heißt:

Je mehr und je gewaltigere öffentliche Gebäude in der Landschaft standen, die auf Pump gebaut waren, um so höher mußten selbstverständlich auch die Einkommen steigen, die just von denen kassiert wurden, die sie bauten: ZINSZAHLUNGEN.

Je mehr Pyramiden in den Sand gesetzt wurden, um so höher wuchs die Schuld der Pharaonen, um so höher stiegen ihre Zinsverpflichtungen – um so höher aber wurden auch die Einkommen der Nicht-Pharaonen, die Hand angelegt hatten und die man eben mit *verzinslichen* Papieren bezahlte. Nachdem solche Irrsinns-Projekte wie die von Cheops, Cheffren und so abgewickelt waren, ließ sich kein Arbeiter mehr zum Pyramiden-Bau überreden. Wenn der Baumeister nämlich an seiner Hütte anklopfte, sagte ihm der: »Junge, ich hab' genug verdient. Ich will ab jetzt von meinen Zinsen leben.«

(Daß dies nicht auf jedes *einzelne* arme Schwein im alten Ägypten zutrifft, tut nichts zur Sache; entschei-

dend bleibt die Grundaussage, daß öffentliche Pro-
jekte die Gesellschaft, die sie ausführen, mehr und
mehr verrenten, wobei es unerheblich ist, wie dann
die Einkommensverteilung im einzelnen aussieht.)

Gibt es denn keinen Ausweg mehr?

In Seminaren und Diskussionen werde ich immer
wieder gefragt, was ich, der ich so oberschlau von
Crash und Staatsbankrott daherrede, denn machen
würde, wenn ich der Bundeskanzler wäre. Dann
kommt mein Standard-Witz:

»Wenn ich Kanzler wäre, würde ich mich nur verschlech-
tern. Also, warum sollte ich Bundeskanzler sein?«

Aber natürlich gibt es einen Preis, zu dem ich auch
einen Bundeskanzler beraten würde. Er liegt bei
Null, denn mein Rat ist kostenlos.
**Das Desaster, vor dem die Menschheit wieder einmal
steht, ließe sich auf Dauer nur vermeiden, wenn der
Staat beseitigt würde. Und also auch der Herr Bundeskanzler.**
Damit ist nicht der Staat gemeint, der die Unver-
sehrtheit von Leben und Eigentum sichert und dafür
sorgt, daß die privaten Verträge eingehalten werden
bzw. vollstreckbar bleiben. So etwas muß man nicht
»Staat« nennen. Es ist ein funktionierendes **Gemeinwesen,** über das man nicht zu diskutieren braucht.
**Der Staat, der endlich verschwinden muß, ist jene In-
stitution, die *Zwangszahlungen* veranlaßt, aus denen
sich automatisch *Zeitverschiebungen* und das be-**

kannte *Schuldenmachen* ergeben, das jetzt wieder einmal auf der Zielgerade ist – diesmal gleich bei allen Staaten auf einmal.*)

Was könnte man jetzt noch machen, um das Desaster wenigstens möglichst klein zu halten?

Mit einem simplen Handgriff geht das leider nicht. Es geht nämlich nicht nur darum, die **Staatsschulden** irgendwie »unter Kontrolle« zu kriegen oder notfalls mit Hilfe eines **Moratoriums** einzufrieren. Oder letztlich auf einen Vergleich oder *Konkurs* zuzusteuern.

Um dann wieder »von vorn anzufangen«.

Das geht ganz einfach deshalb nicht, weil die jahrzehntelange Fehlentwicklung, die von den **Politikern** initiiert wurde, nicht einfach nur in einer **Summe** zu fassen ist, die dann eben »weg« ist, wenn die Staaten pleite machen.

Die jahrzehntelange Staatsverschuldung hat nämlich zwei Folgen gehabt, die sich nicht so schnell beseitigen lassen, wie man eine Summe X einfach »ausbucht«:

1. Der Staat macht seine Schulden nicht »als solche«, sondern er nimmt Geld auf, das er *dann* zu ganz bestimmten Zwecken wieder ausgibt.

Je höher die Staatsverschuldung gewesen ist, um so mehr hat sich die Wirtschaft auf diese Gelder eingestellt. Das gilt sowohl für *Betriebe* (z. B. Straßenbau, Rüstungsindustrie), **die beim Wegfall der Staatsverschuldung vor dem Nichts stehen würden.**

---

*) Den Beweis, daß der Staat ein **Widerspruch in sich** ist, entnehmen Sie bitte den **Anhängen 2** und **4** des Buches **Martin/Lüftl**, Die Pleite, München 1984.

Aber es gilt auch für *Private* (z. B. die Sparer und Rentner, die von den »Zinsen« aus den früheren Staatsschulden gelebt haben), **die nun ebenfalls keinerlei Einkünfte mehr hätten.**

Beide, Betriebe und Private, sind aber so weit vom *marktwirtschaftlichen Prozeß* entfernt, daß es Jahre dauern würde, bis sie sich wieder in einer freien Wirtschaft zurechtfänden. Eine Panzerfabrik kann vielleicht noch ziemlich schnell auf Fahrräder umstellen (oder auf Pflugscharen!), aber was machen die Menschen, noch dazu die *alten* Menschen, die bisher von ihrer Lebensversicherung gelebt haben, die ihrerseits das Geld dem Staat »anvertraut« hat, der nun die Kasse schloß. Kann man eine 80jährige noch umschulen?

2. Die Staatsschulden haben die *wichtigste* Richtgröße der freien Wirtschaft »versaut« – den **Zins.** Er ist um ein *Vielfaches* höher, als er wäre, wenn man die Budgets immer ausgeglichen hätte (siehe oben die Ausführungen über den Zinssatz – gilt auch für den Dollarkurs! – als »Illiquiditätsverhinderungsprämie!).

Da ein hoher Zins aber bedeutet, daß die Zeit immer schneller abläuft, also »knapper« wird, sind die Zeitbeschleunigungs-Industrien zu Wachstumsbranchen geworden (Computer, schnelle Autos usw.), **die schlagartig vor Absatz-Stockungen stehen, wenn wir wieder den Zweiprozenter kriegen.**

Die Streichung der Staatsschulden (was immer man sich darunter im einzelnen vorstellen mag) **wird mit einem Schlag alle jene Branchen einreißen, die heute florieren. Spitzentechnologien sind genauso sinnlos**

wie Herumzuckeln im Weltraum. Man braucht auch keine schnellen Rechner mehr, wenn draußen 100 arbeitslose Buchhalter warten, die dasselbe zum halben Preis erledigen – und obendrein nirgendwo mehr Eile ist.

Hoffmann-La Roche können sie nach der Staatsschulden-Streichung vergessen, wer braucht denn dann noch Valium, wenn auf einmal alle ganz viel Zeit und Muße haben? Tempo 100 kommt von selbst, vielleicht gar Tempo 10, weil alle mit der Kutsche fahren? Über der Startbahn West wächst vielleicht schneller Gras als der Bart aus dem Kragen des grünen Weltverbesserers?

Und wenn wir die Staatsschulden streichen – wie?

Rein *technisch* ist die Abwicklung des weltweiten Staatsbankrotts kein Problem. Folgende interessanteren Varianten lassen sich denken:*)

A. *Einfrieren*. Die Schulden werden zwar »anerkannt«, Zinsen werden jedoch nicht mehr gezahlt. Das Abheben wird eventuell »eingeschränkt«. Aus den Staatsschulden ist dann *unverzinsliches Staatspapiergeld* geworden.

---

*) Da alles in allen Varianten schon vorgekommen ist, darf ich auf das Standardwerk verweisen: **C.A. Fischer,** Vom Staatsbankrott, 2. Auflage, Karlsruhe 1922.

B. *Auszahlen*. Alle Staatsschulden werden »zurück-gezahlt«, indem die Staaten in einer einzigen großen Aktion entsprechende, jederzeit verfügbare »Kauf-kraft« bereithalten. (Daß dies *nicht* in Form von *Bar-geld* geschehen kann, weil es drucktechnische Gren-zen gäbe, haben wir oben untersucht.)

C. *Vergolden*. Die Staatsschulden werden zu sofort verfügbarer, unverzinslicher »Kaufkraft« erklärt; um aber den ansonsten mit Sicherheit zu erwartenden *Unruhen* vorzubeugen, wird die neue »Kaufkraft« zur Auszahlung in **GOLD** bereitgehalten.

Variante **C** ist meines Erachtens die einzige, bei der die Verantwortlichen ihren Kopf retten könnten, weshalb sie detaillierter geschildert werden soll.

Ausgangspunkt ist der **Goldbestand** der **Notenban-ken** dieser Welt, einschließlich Internationalem und Europäischem Währungsfonds. Da die Notenbanken letztlich den Staaten »gehören«, können diese auch über das »Währungsgold« verfügen. Dieses Gold umfaßt etwa die Hälfte alles bisher bekannten bzw. geförderten Goldes – rund **35 000 Tonnen.**

Dieser Goldblock ist auch das einzige Aktivum, daß die Staaten im Ernst an »Zahlungs Statt« anbieten könnten. Der Rest ist nichts als eine simple Buchung. Wir haben:

Weltbilanz aller Staaten der Erde
(vereinfacht)

Aktiva	Passiva
35.000 Tonnen Gold	3.500.000.000.000 US-$ Staatsschulden

Die Staatsschulden sind nicht nur die auf US-$ lautenden, sondern auch die sonstigen, in Dollar umgerechneten Schulden, vor allem der europäischen Nationen.

35 000 Tonnen sind 35 Milliarden Gramm. Ein Gramm Gold würde dann also 100 Dollar kosten.

Wer also am Abrechnungstag zum Staatsschalter tritt, erhält je 100 Dollar Staatsschulden ein Gramm Gold ausgehändigt.

Da ein Gramm Gold heute nur ein Bruchteil dieser Summe kostet, wäre diese Aktion gleichbedeutend mit einer gigantischen **Goldpreisaufwertung** bzw. einer **Währungsabwertung.***)

Die Vorteile des **Vergoldens** liegen auf der Hand:

● Die Politiker ziehen noch einmal den Kopf aus der Schlinge. Denn daß sich die Weltbevölkerung eine ersatzlose Enteignung durch Streichung der Staatsschulden bzw. Auszahlung in wertlosen Papierfetzen nicht gefallen lassen würde, ist sonnenklar.

● Das gesamte Gold wäre in privaten Händen. Es gäbe einen neuen festen Kurs für Gold: Es könnte endlich wieder eine private Währung eingeführt werden – eine die tatsächlich auch »währt«.

● Da den Staaten mit einem Schlag die Zinskosten genommen wären, bestünde die Chance einer **durchgreifenden Sanierung,** die alle Staaten endlich wieder auf die **Gemeinwesen**-Funktionen zurechtstutzen würde.

---

*) Als ungefähren »Rahmen« kann man sich vielleicht die Relation **1 zu 10** merken (abhängig natürlich vom aktuellen Goldpreis bzw. vom weiteren Anstieg der Staatsverschuldung).

- Die wahnwitzige **Aufschuldung** wäre unterbrochen, es gäbe wieder ein *normales* Zinsniveau, auf das sich – nach einer zugegeben schwierigen Anpassungszeit – die Weltwirtschaft dauerhaft einstellen könnte.

Der große Nachteil des Vergoldens:

- Wer schon *heute* Gold besitzt, macht das Geschäft seines Lebens. Denn mit seinem Gold (egal in welcher Form, in Barren, alten oder »neuen« Münzen) kann er sich *sofort* nach der **Abwertung aller Währungen gegen Gold** ein Vielfaches in neuer Währung kaufen.

Ob ein solcher »Schnitt«, den die Schlauen machen, »sozial« vertretbar wäre – wer weiß. Da der Neid die Welt regiert, wird sich schon von daher der Gedanke an die **Goldene Lösung** verbieten.

Ein anderer Nachteil, daß sich mit dem **Vergolden** schlagartig die Preise verändern, ist nur vorübergehender Natur. Zwar wäre das »alte« Geld (bisher umlaufende Noten) auch entsprechend »abgewertet«, aber nach einem solchen einmaligen Schnitt würde sofort in »neuem Geld« (= goldgedeckt!) wieder gerechnet und *verdient,* so daß sich ein Effekt ergäbe, wie nach der **deutschen Währungsreform** von 1948: nach einer Anpassungszeit neuer Wohlstand.*)

---

*) Das Problem, vor dem die Staaten heute stehen, ist nichts als jener »Kaufkraftüberhang« (in Form von über hohe Zinseszins-Effekte »eingesperrten« Guthaben der Bevölkerung beim Staat), den schon **Ludwig Erhard** in seiner berühmten Schrift aus dem Jahre 1943/44 behandelte: »Die eigentliche Problematik liegt bei der finanzpolitischen *Ausschaltung der überschüssigen Kaufkraft* ...« Den Titel der Erhardschen Schrift »Kriegsfinanzierung und Schuldenkonsolidierung« muß man nur leicht abwandeln: **»Friedensfinanzierung und Schuldenkonsolidierung«** – seine Vorschläge sind dann so aktuell wie eh und je!

Die Anpassungszeit, das muß aber noch einmal wiederholt werden, wäre erheblich länger als nach 1948, weil man damals von der Kriegs- zur Friedenswirtschaft mit entsprechendem »Nachholbedarf« übergehen konnte, während man diesmal von einer Friedenswirtschaft zu einer anderen Friedenswirtschaft übergehen muß – zu einer Wirtschaft, in der sich aufgrund des gesunkenen Zinsniveaus mit entsprechend *völlig anderen Zeitpräferenzen* erst langsam »neue« Produkte ergeben werden.

Wiewohl nicht auszuschließen ist, daß auch Politikern mal etwas Vernünftiges einfällt, ist die **Gold**-Lösung doch die unwahrscheinlichste. Zum einen sind die einzelnen nationalen Goldvorräte zu ungleich verteilt, zum anderen müßte eine solche Sanierung schlagartig über Nacht kommen, da jede Diskussion darüber den Goldmarkt in die Höhe katapultieren und die Diskussion entsprechend entsachlichen würde.

Ein Königreich für eine neue Ideologie

Welche Parteien werden vor dem Crash regieren? Welche im und nach dem Crash? Wer wird herrschen, wenn es gelingt, den Crash so lange es geht hinauszuzögern? Da sich in der Geschichte alles bereits einmal gezeigt hat, können wir vielleicht abschätzen, was in den kommenden Jahren auch »politisch« vor uns liegt.

Da sämtliche traditionellen Ideologien abgewirtschaftet haben, voller Denkfehler stecken oder sich

in praxi nicht bewährten, ist allerdings mit einem sehr zähen Willensbildungsprozeß zu rechnen, der in eine allgemeine Lähmung (»Unregierbarkeit«) übergeht und im sozialen Marasmus endet. Jeder ist dann wieder ganz auf sich allein gestellt.

Folgende Szenarien sind zu beachten:
1. Solange der **Aufschwung** andauert, bleiben die konservativen Parteien am Ruder, die sich mit dem Aufschwung identifizieren lassen. Dies ist auch gerecht, da die konservative Politik der »Weckung der Marktkräfte« in sich völlig richtig ist. Die **Konservativen** haben überhaupt nur den einen Fehler begangen: Sie übersahen die verheerende Wirkung der **Staatsverschuldung,** die ihnen das Genick brechen wird. Die Konservativen hätten *vor* der Regierungs-Übernahme **Staatsbankrott** erklären sollen; und wenn sich jemand beschwert hätte – hätte man ihm nur die Privatadressen der großen Sozialisten und Volksbeglücker zustecken müssen mit dem Hinweis, sich doch dort Rat zu holen.
2. Bricht der Aufschwung zusammen, kann es noch einmal zu einem **Remake** der Volksbeglückungspolitik kommen, wenn sich z. B. in der Bundesrepublik jene Kräfte durchsetzen, die schon im letzten Wahlkampf (1983) vorgeschlagen hatten, das »Beschäftigungsproblem« durch einen **»zinslosen, tilgungsfreien Notenbankkredit«** zu lösen – also buchstäblich Barestes unters Volk zu streuen – woraufhin eine nur noch größere Verelendung beginnen würde, wie uns schon der Herr von **Struensee** oben gezeigt hat: Wer Geld »umsonst« bekommt – und ein zinsloser til-

gungsfreier Notenbankkredit ist umsonst –, strengt sich nicht mehr an, muß auch im Ernst nicht mehr arbeiten, er darf ein wenig in den Fabrikhallen herumlungern und sich dann wieder trollen – nur dadurch entsteht kein Sozialprodukt, schon gar keines, das auf freien Märkten von freien Konsumenten nachgefragt würde.

3. Es kann zu einer scharfen Kontroverse zwischen **Industrialisten** und **Grünen** kommen. So etwas haben wir auch immer wieder in der Geschichte erlebt: den Zusammenstoß zwischen den »Strammen« und den »Verweigerern«. Das kann in richtige Verfolgungen münden, wie nach dem Crash des Jahres 33, als sich die damalige Verweigerungs-Partei der **Christen,** die sich völlig vom römisch-kapitalistischen Streß abgewandt hatte und nur noch ans Jenseits dachte, unbeliebt machte und schließlich blutig verfolgt wurde. Ähnliche Verfolgungen mußten »Penner«, »Zigeuner« und sonstiges »Pack« immer wieder über sich ergehen lassen.

4. Eine **Zinsbeseitigungs-Partei** wird auftreten, da sich die privaten Bankrotte in ungeahnte Höhen schrauben werden. Die **NS-Bewegung** war ja nicht die erste dieser Art; wir hatten schon **Catilina** erwähnt und den großen Martin **Luther,** dessen Anti-Wucher-Schriften auch bestens in jene Crash-Phase paßten, in der die Lage des damaligen »kleinen Mannes« immer auswegloser geworden war. Die modernen **Zins- und Schuldenabschaffer** werden in allen möglichen Gewändern daherkommen. Willy Brandt wird den weltweiten Schuldenerlaß predigen, und die Staatspräsidenten Südamerikas werden in feierlichem Staatsakt feststellen, daß es mit den Zahlungen nunmehro ein Ende hat.

5. Versuche, die auseinandergleitenden sozialen Strukturen mit Hilfe von **Militärdiktaturen** wieder »zusammenzureißen«, sind sehr unwahrscheinlich, da das Institut der Militärdiktatur weltweit abgewirtschaftet hat. Früher kamen die Generäle, um die verlotterten Staatsfinanzen wieder zu ordnen und die Inflation zu stoppen. Heute haben sie kapiert, was Politik ist und machen noch schönere Inflationen und Haushaltsdefizite als die Demokraten vor ihnen. Weshalb sie dann auch so jammervoll verschwinden wie zuletzt in Argentinien, Brasilien, Peru usw.

6. Sollten sich die Gläubiger/Schuldner-Strukturen bis zum äußersten ausreizen lassen, wird also der **CRASH** à tout prix bis zum letztmöglichen Zeitpunkt verhindert, wird sich eine immer **tiefere Kluft zwischen Reich und Arm auftun,** die heute schon gut zu beobachten ist (»Neue Armut« ist beileibe kein dummes Schlagwort). Auf der einen Seite werden die »Reichen« immer schneller per Zinseszins-Effekt hochgebucht, auf der anderen Seite müssen die Schuldner (Armen) unter immer mieseren Bedingungen in immer größerem Schulden-Druck (= Produktions-Streß) malochen.

Es kann sogar zur Wiederholung der **antiken Geschichte** kommen! Bis heute rätselt die Forschung herum, warum sich in den alten griechischen und römischen Gemeinwesen die Vermögensverteilung immer weiter verschlechtert hat, obwohl doch nachweislich alle mit einem gleich großen Stückchen Akker angefangen haben. **Plutarch** schildert sehr drastisch, wie so eine Sache ausgeht:*)

»Es waren nun nicht mehr als 700 Spartiaten übrig, und von diesen waren vielleicht 100, die Grund und Boden besaßen; die übrige Menge saß verachtet und mittellos in der Stadt daneben.«

Derlei extreme Vermögens-Umschichtungen sind nicht mit Unterschieden in der Tüchtigkeit der (einst gleichen) Spartaner zu erklären. Da wirkt der Zinseszins-Effekt, dem immer wenigere standzuhalten vermögen (die meisten der Noch-Grundbesitzer Spartas waren auch stark verschuldet, standen also bereits auf der Kippe).

Ähnliches lesen wir beim Sozialisten **Plato,** der in seinen großartigen Staats-Entwürfen nicht ohne Not auf die Idee kommt, das Land, das man *zusätzlich* »verdienen« darf, zu beschränken und den Zins zu verbieten (Gesetze, V. 744 B – 745 A; XI. 921 D). In der römischen Geschichte traten die durch staatliches Aufschulden mit allen seinen Begleiterscheinungen erzwungenen Gegensätze deutlich unter den Gracchen zutage und endeten eigentlich erst mit dem Sieg der Volkspartei unter **Julius Cäsar** (der auch noch die Schuldsklaverei beseitigte) und **Augustus.**

7. Daß sich **sozialistisch-kommunistische Ideologien** erheben, um auf den vor uns liegenden Trümmern des »Kapitalismus« ihr neues Reich aufzubauen, ist denkbar, aber doch wohl fraglich, weil wir schon den **real existierenden Sozialismus** haben. Ein sozialutopischer **Zukunftsstaat** hätte nur dann eine Chance ge-

---

*) Plutarch, Agis, 5,4.

habt, wenn wir nicht seit Jahrzehnten schon Anschauungsunterricht in solchen herrlichen Gebilden hätten. In der Sowjetunion, in Vietnam oder auf Kuba will ja nun wirklich kein Mensch freiwillig leben. **Das Schlimmste am kommenden Ideologie-Defizit aber wird sein, daß just jene Instanz, die immer wieder angerufen werden konnte, um zu »helfen« – der STAAT – sich nicht mehr als Krisen-*Erlöser* entpuppen wird, sondern als Krisen-*Verursacher!***

Ganz gleich, wie welche Nation aus dem Schlamassel der Großen Depression der 1930er Jahre herausfand: *Überall* wurde mit *zusätzlicher Staatsnachfrage* und *Währungsabwertungen* gearbeitet. Wirtschaftspolitisch gibt es keinen Unterschied zwischen Hitlers Autobahnbau und dem Tennessee Valley-Projekt, mit dem Roosevelt die Krise in den USA bekämpfte. Ob der Staatssozialist Roosevelt den Dollar gegen Gold abwertete oder die konservative Schweizer Regierung. Ob Mussolini mit Staatsaufträgen die Werften in Triest ankurbelte oder die japanische Kriegspartei die Werften in Yokohama.

Ein überaus kaltblütiger, fast zynischer Beobachter der Szene, der ehemalige Reichsbankpräsident und spätere Reichswirtschaftsminister **Hjalmar Schacht,** erklärte 1936 vor Generalstabsoffizieren der Wehrmachtsakademie:

»Meine Herren, um jedem Mißverständnis vorzubeugen: Eine nationalsozialistische Wirtschaftspolitik gibt es ebensowenig wie eine nationalsozialistische Blinddarmoperation. Es gibt nur eine richtige oder eine falsche Wirtschaftspolitik, und über die richtige werde ich Ihnen jetzt vortragen.«

Schacht kann man ruhig etwas abwandeln: Jede *staatliche* Wirtschaftspolitik, also das berühmte »Ankurbeln« und/oder »Schuldenmachen« und so weiter, ist nationalsozialistische Wirtschaftspolitik. Und alle Staaten, die angeblich so untadeligen Demokratien inklusive, haben in den 1930er Jahren mit **NS-Wirtschaftspolitik** begonnen. Und heute, endlich heute, nachdem es nicht mehr weiter geht mit dem Schuldenmachen, heute *kommt die Quittung.*

Dieser **Aha-Effekt,** daß der »Staat« es eben *nicht* mehr »schafft«, die Wirtschaft noch einmal »rauszureißen«, weil es just der Staat gewesen ist, der die Wirtschaft reingerissen hat – dieses Aha-Erlebnis wird *der* Knüller der 1980er und 1990er Jahre werden!

Zusammenfassung

1. Die einzige Möglichkeit, die unglaublich anschwellenden Forderungen bedienbar zu halten, läge in einem »angemessenen« Wirtschaftswachstum.

2. Gerade die Staatsverschuldung, mit deren Hilfe man »früher« Wachstum erzielen wollte, verhindert aber, daß auf Dauer überhaupt noch gearbeitet wird. Durch die immer weiter anschwellenden Zinszahlungen aus diesen Staatsschulden hebt die größte SELBSTVERRENTUNG aller Zeiten an: Es gibt »Geld«, ohne daß man dafür noch etwas »arbeiten« muß.

3. Die Staatsschulden verhindern darüber hinaus, daß wir jemals wieder Vollbeschäftigung haben werden. Man kann vielmehr sagen: Je höher die Staatsschulden, um so höher die Dauerarbeitslosigkeit.

4. Lösungen des Problems lassen sich als Streichung, Monetisierung oder durch eine Währungsabwertung gegen die Goldbestände der nationalen Notenbanken denken.

5. Daß es zur »Goldenen Lösung« kommt, verhindert der Neid.

6. Die Probleme werden diesmal bis zum bitteren Ende ausgekostet werden müssen. Dabei wird vermutlich eine scharfe Trennung in Arm und Reich erfolgen und im Laufe des CRASH ein sinnloses Umhertapsen, weil eine »Ideologie« fehlt, die aus dem Schlamassel herausführen könnte.

PCM: Der STAAT war das Problem, die alleinige Ursache der Krise – wie könnte er die Lösung sein?

So rette ich meine Haut

Der soziale Umsturz nach dem Crash wird böse Folgen haben

»Der öffentliche Kredit und der Privatkredit sind der ökonomische Thermometer, woran man die Intensität einer Revolution messen kann.

In demselben Grade, worin sie fallen, steigt die Glut und die Zeugungskraft der Revolution.«

Karl Marx, 1850

Der Mann mit der Wasserwand

Im Sommer 1917 lag das alte Rußland in den letzten Zügen. Der Zar war verhaftet, der Krieg gegen das Deutsche Reich verloren, überall Streiks, Aufstände, Massenelend. Am 21. Juli wird der bisherige Kriegsminister, ein erst 36jähriger schwarzer Wuschelkopf mit vorgeschobener, feuchter Unterlippe namens **Kerenski** zum Ministerpräsidenten der provisorischen Regierung bestallt. Und Kerenski ernennt sein Kabinett, darunter auf dem – bei den damaligen dürftigen Verhältnissen – äußerst wichtigen Posten des Staatssekretärs für Ernährungsfragen einen sehr jungen Technokraten, den Volkswirtschaftler **Nikolai Kondratieff,** der damals gerade 25 Lenze zählt.

Diesem **Kondratieff** verdankt die westliche Welt zwar nicht die Rettung vor dem Bolschewismus, im Oktober 1917 sind schon Lenin und Konsorten an der Macht, aber tiefe Einblicke in das Wesen ihrer Wirtschaft. Nach der Oktober-Revolution kommt Kondratieff in einem Moskauer Institut unter, wo er sich mit dem weltanschaulich unverdächtigen Sujet der Statistik herumschlägt. Und während er so über endlosen Zahlenkolonnen brütet, macht er eine Entdeckung, die ihn als Experten im Dienste einer obskuren Macht unsterblich macht. Er entdeckt die **langen Wellen der Konjunktur.**

Daß es mit der Wirtschaft auf und nieder gehe, war den meisten schon seit **Joseph von Ägypten** geläufig, der seinen Kopf verwettete, daß auf sieben fette eben sieben magere Jahre folgen müßten. Im 19. Jahrhundert hatte sich in den Salons eine Spezialität des gehobenen Plauderns entwickelt. Artig machten sich die Herren beim Sherry darauf aufmerksam, daß es nicht nur siebenjährige Wirtschaftszyklen gäbe, sondern vielleicht auch zehnjährige oder solche, die noch einem ganz anderen »Rhythmus« folgen. Als sich die Sozialisten die Köpfe zerbrachen, ob, wie und wann denn nun der verhaßte Kapitalismus »zusammenbrechen« würde (siehe oben), war die Bourgeoisie nicht untätig, sondern legte das Stethoskop durchaus an den eigenen Leib. Genau zum Tiefpunkt der langen Depression der Bismarckzeit **1895** erschien der einschlägige Bestseller »Geschichte der nationalökonomischen Krisentheorien« von **Eugen von Bergmann,** der auch das erregende Kapitel enthielt »Die Lehren von der *Periodizität* der Krisen«.

Der Zyklus-Theoretiker, der zwischen Sherry und der Oxtail-Soup ganz oben stand in den Salons, war der Franzose **Clément Juglar.** Über seine Vorstellungen schreibt Bergmann:*)

»Seine Auffassung ist einfach die, daß die wachsenden Ersparnisse eines Volkes das *Steigen der Preise,* ›den normalen Zustand des Marktes‹, die Periode der Prosperität bedingen; daß dies Steigen der Preise eine *durch den Kredit ermöglichte wilde Spekulation herbeiführt,* welche ihrerseits die Preise noch mehr in die Höhe treibt; daß das Aufhören dieser Hausse aber ... ›die hauptsächliche, man könnte sagen *einzige Ursache der Krisis*‹ ist ... Da nun der *Kredit* die Spekulation und somit die gewaltige *Preiserhöhung* möglich macht, erscheint er schließlich bei Juglar auch geradezu als Ursache der Krisen bezeichnet ...«

---

*) **Eugen von Bergmann,** Die Wirtschaftskrisen. Geschichte der nationalökonomischen Krisentheorien, Stuttgart 1895, Seiten 235−260.

Die Vorstellungen **Juglars*)** entsprechen nicht nur jenen, die wenig später, wie wir sahen das Fräulein Doctor **Luxemburg** entwickelte (»Der Kredit (ist) weit entfernt, den Krisen entgegenzuwirken, gerade das Mittel, sie auf die *höchste Spitze zu treiben*«). *Sondern sie sind auch ganz einfach richtig.*

Wichtig ist natürlich nicht der »Aufschwung«, die Prosperität, die Hausse und so schöne Sachen, sondern der Absturz, eben die **Krise,** die unausweichlich folgen muß, wenn sich der **Kredit** nicht mehr weiter ausweiten läßt und sich daher die in der **Hausse** aufgebauten Erwartungen nicht mehr erfüllen lassen. Es kommt dann schlicht zu **Deflation** und **Depression,** was Juglar so beschreibt:

»Eine Handelskrisis ist eine Störung in dem Gang der Geschäfte ..., worauf *die Entwertung der Waren, die Zahlungseinstellung, die Bankerotte, der Verfall der Häuser, die unvorsichtige Verpflichtungen eingegangen haben, folgen.* Diese Erscheinung macht sich weithin fühlbar und wirkt auf alle Erscheinungen des Lebens der Völker ein ... Die *Erhöhung des Geldpreises* ... bedingt das *Sinken der öffentlichen Fonds.* Die Werkstätten hören auf zu arbeiten, die Preise fallen und die Konsumtion vermindert sich in der allgemeinen Verwirrung ...«

Den Start setzt Juglar ebenso eindeutig wie korrekt fest:

»Die Krisis wäre also das *Aufhören der Preissteigerungen,* d. h. der Moment, wo man nicht mehr neue Abnehmer findet.«

---

*) Der Franzose hat seine Untersuchungen seit 1856 in zahlreichen Zeitschriftenaufsätzen entwickelt sowie in seinem Hauptwerk »Des crises commerciales et de leur retour périodique ...«, 1. Auflage 1862, 2. schön erweiterte 1889.

Dies entspricht genau dem, was wir im vorigen Kapitel festgestellt haben, nur mit dem Unterschied, daß ich auch noch *beweisen* konnte, *daß* die Preissteigerungen aufhören *müssen,* weil die Kredit-»Spielräume« im Laufe einer Inflation automatisch immer kleiner werden, eine Inflation sich aber nur durch zusätzliches Schuldenmachen (= Kreditierungen) fortsetzen läßt.

Kurz nachdem **Kondratieff** in seinem Institut untergetaucht ist, beginnt auch er sich mit der Frage zu beschäftigen, ob und wann denn der Kapitalismus verschwinden würde. Diese Frage war ganz wichtig für den Fortgang der Weltrevolution, da es trotz der günstigen Umstände nach dem Weltkrieg nicht gelungen war, die Fackel des Sozialismus in andere Länder zu tragen. Nur in einem einzigen, wenn auch hübsch großen Reich, in Rußland, war das neue Wirtschaftssystem entstanden.

Kondratieff befragte wieder, wie schon **Karl Marx** in den endlosen Jahren im Lesesaal des Britischen Museums, die Mutter Statistik. Und er drehte sie und wendete sie und zeichnete große Diagramme. Und fand schließlich etwas, das zwar nicht die Entwicklung zu mehr Sozialismus unmittelbar fördern sollte, was aber doch einen Hinweis darauf gab, wann denn mit Sicherheit *nicht* mit dem Neuen Reich zu rechnen sei (nämlich wenn es allen »gut« geht) und wann es *möglicherweise* zum Großen Kollaps kommen könnte. Im Winter und Frühjahr 1925 schrieb er dann die Ergebnisse seiner Statistik-Erforschung nieder: **»Bol'schije cykly konjunktury«** (Die Langen Wellen der Konjunktur).

Außer den 7−11jährigen Zyklen und den (inzwischen von einem Mann namens **Kitchin** entdeckten) 3 1/2jährigen Zyklen*) stellt Kondratieff noch etwas viel Besseres vor:**)

»Man hat Grund zu der Annahme, daß es in der kapitalistischen Wirtschaft außerdem noch *lange* Wellen von einer Durchschnittslänge von etwa 50 Jahren gibt.«

Was uns der Russe erklären will, schauen wir uns am besten gleich im Original an. Es ist die Kurve »Indexzahlen der Warenpreise«, die von der Zeit vor der Französischen Revolution bis in die Zeit nach dem Ersten Weltkrieg reicht.

Wir sehen deutlich drei große Wellen. Eine mit Scheitelpunkt in der Napoleonischen Zeit, eine zweite mit Spitze um das Jahr 1870 herum, eine dritte, die sich besonders dramatisch aufbaut – wie eine plötzlich ansteigende Wasserwand – in den Jahren des Ersten Weltkriegs. Um uns gleich klarzumachen, wie es weiterging, schauen wir uns noch schnell die Entwicklung der Preise nach dem Ersten Weltkrieg an, wie sie in dem Standardwerk von **Milton Friedman** (»A Monetary History of the U.S.«) wiedergegeben ist.

---

*) **J. Kitchin,** »Cycles and Trends in Economic Factors«, in: Review of Economic Statistics, Januar 1923.

**) Im Westen erschien Kondratieffs Trouvaille als »Die langen Wellen der Konjunktur«, in: Archiv für Sozialwissenschaft und Sozialpolitik, Band 56, 1926.

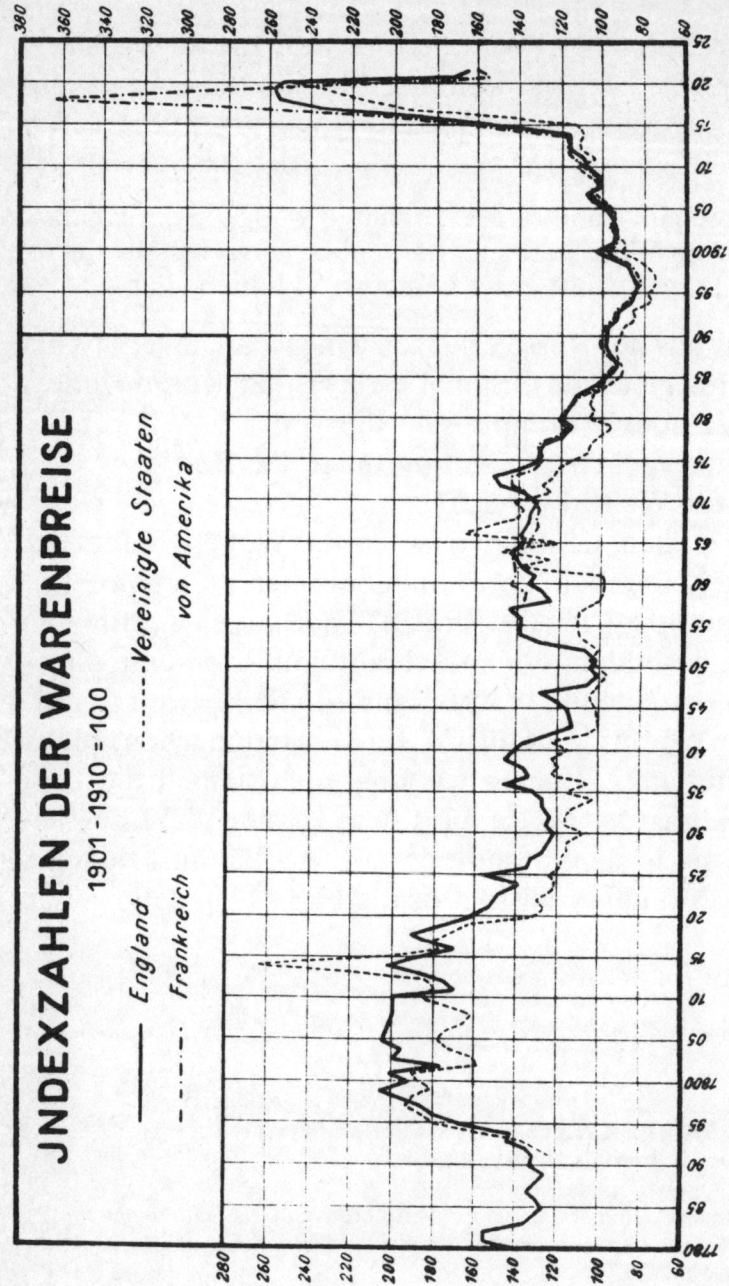

JNDEXZAHLEN DER WARENPREISE
1901 - 1910 = 100

England
Frankreich
Vereinigte Staaten
von Amerika

250

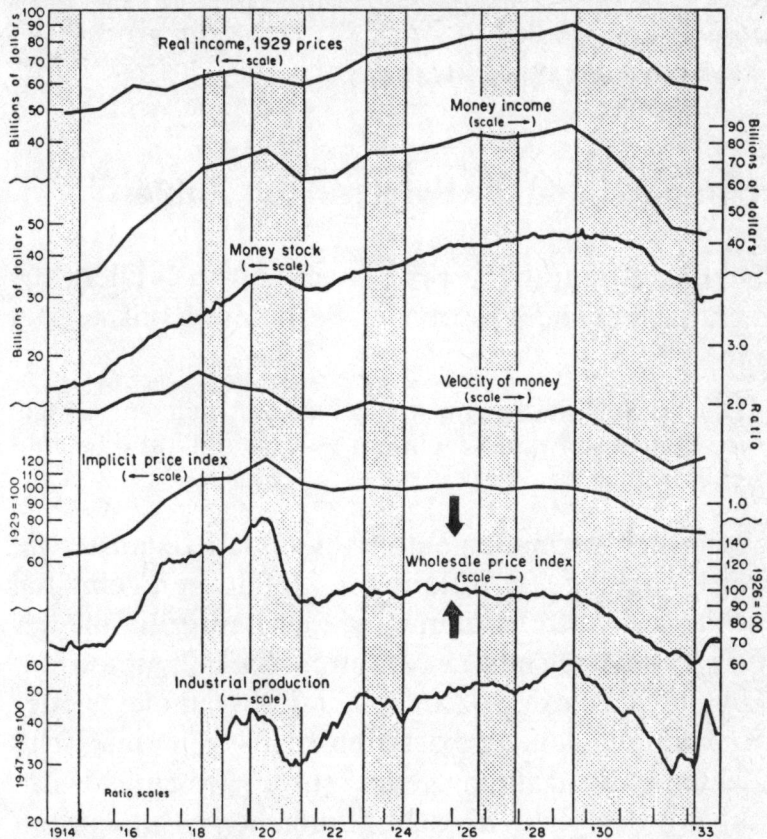

NOTE: Shaded areas represent business contractions; unshaded areas, business expansions.
SOURCE: Industrial production, seasonally adjusted, from *Industrial Production, 1959 Revision,*
Board of Governors of the Federal Reserve System, 1960, p. S-151 (manufacturing and mining
production only). Other data, same as for Chart 62.

Diese Kurven kann man nun gar nicht oft genug betrachten. Denn sie geben erstklassig Auskunft über
etwas, das wir aus unserem Denken vollständig verdrängt haben:

251

Daß die Preise immer wieder fallen! Und daß dieser Fall der Preise (wir nennen sowas DEFLATION) offenbar erst wieder zu Ende ist, wenn die »früheren« Preise wieder erreicht, ja sogar *unterschritten* sind!

Fibonacci und die Spielerei mit Zahlen

Nikolai Kondratieff spricht von langen Wellen, die sich nach etwa 50 Jahren wiederholen. Konkret sagt er:

»Die Wellen sind nicht von genau der gleichen Länge; ihre Dauer schwankt vielmehr zwischen 47 und 60 Jahren ...«

Wenn sich dermaßen einschneidende Ereignisse wie der Umschlag von Inflation in Deflation regelmäßig wiederholen, treten immer wieder Leute auf, die das Ganze »aus sich heraus« erklären. Sie behaupten einfach, es läge an den »Zahlen«, daß »es« immer wieder vorkommt. Danach existieren sozusagen »magische Zahlen«, die in allem wiederkehren. Man müsse also nur mit den Zahlen »richtig umgehen« – und schon könne man kommende Entwicklungen deuten.

Als Urahn solcher Mätzchen gilt der Mathematiker **Leonardo von Pisa,** genannt **Fibonacci** (1175–1250), ein Zeitgenosse Thomas von Aquins (der starb 1274). Dieser Fibonacci brachte die arabischen Zahlen und Rechenarten den Abendländern bei und lehrte sie auch gleich noch ein paar hübsche Spielchen, wie jenes, das von vielen Börsen-Experten, die ihren Meister liebevoll »**Fibo**« nennen, in allen möglichen Varianten angewandt wird, und das auf der Addition der Fibo-Zahlen beruht, die da lauten:

$$1+1=2+1=3+2=5+3=8+5=13+8=21+13=34+21=55 \text{ usw.}$$

Diese Reihe »paßt« auch sehr schön in die Theorie des Russen: So alle **55 Jahre** ist dann das »System« wieder mal »dran«. Der 55-Jahres-Zyklus, die »Super-Welle«, spielt auch eine große Rolle in den Publikationen von **Ralph N. Elliott** und wird heute – wenn auch kontrovers – von den beiden derzeit größten Zyklus-Theoretikern angewendet: von **Bob Prechter** und **Don Hoppe.** Zyklus-Theoretiker verblüffen immer wieder durch die geradezu stupende Exaktheit ihrer Vorhersagen, obwohl sie gelegentlich auch einen vollständigen Ausfall haben.*)

Die Vorstellung, daß Zahlen irgend etwas »bewirken« können, ist natürlich lächerlich. An irgendwelchen geheimnisvollen Zahlen *selbst* kann es nicht liegen, daß im Ablauf des Börsen- und Wirtschaftsgeschehens gewisse »Regelmäßigkeiten« zu beobachten sind. Das einzige, was die *Existenz* von Zahlen (solchen Zahlen und nicht anderen) bewirken könn-

---

*) Grundlegend sind die Arbeitern von **R. N. Elliott** aus den späten 1930er Jahren, die in »Financial World« erschienen sind; in seinem Beitrag »Nature's Law« entdeckt er als erster den 55-Jahres-Zyklus, wobei er Fibo und den Russen mixt. Ausführlich zu seiner Theorie **Frost/Prechter,** »The Elliott Wave Principle« (1978). Bob Prechter publiziert heute »The Elliott Wave Theorist« (P. O. Box 1618-B in Gainesville GA 30503), der im kommenden US-Aktien-Blow-off noch einen Dow-Jones-Index von fast 4000 Punkten sieht. Demgegenüber ist für den Elliott-Wave-Theoretiker **D. J. Hoppe** die Sache bereits gelaufen und der Crash nur noch eine Frage kurzer Zeit. Sein Newsletter: »The Donald J. Hoppe Analysis«, P. O. Box 513 in Crystal Lake, Il. 60014.

te, ist der **Lotto-Effekt:** Weil Lotto-Spieler gern mit Geburtstagen operieren und weil *alle* Geburtstage nur zwischen 1 und 31 liegen können, sind Zahlen-kombinationen zwischen 32 und 49 (beim Lotto 6 aus 49) mit höheren Gewinn-Quoten gesegnet als die zwischen 1 und 31. Man kann sich auch vorstellen, daß gewisse Tage als besonders günstig für geschäftliche Entscheidungen angesehen werden, weshalb vielleicht Wechsel mit Datum »Freitag, 13. ...« seltener sind als solche mit anderen Daten. Und sicher lassen sich aus diesen und anderen Zahlen-*Zufälligkeiten* auf Dauer bestimmte *Regelmäßigkeiten* ablesen.

Die eigentliche **Zyklik** beruht meines Erachtens auf bestimmten Verhaltens-Mustern, die in der menschlichen Natur *vorprogrammiert* sind. Die Zahlen, mit deren Hilfe dieses Verhalten (Jubel, Panik, um nur die Extreme zu nennen), *gemessen* wird, lauten nur *zufällig* so wie sie lauten. Die Zahlen sind also nur *neutrale* Beobachter, die selbst keinen Einfluß auf das Geschehen haben. So lautet eine der schlichtesten mit einer Zahlenangabe verbundene Börsen-Regel: Nach einem starken Kurs-Sturz (z. B. Oktober 1929) machen die Aktien anschließend wieder **50 Prozent** wett (bis Frühjahr 1930 tatsächlich geschehen!). Die »50-Prozent-Regel« heißt aber nur so, weil wir in einem Zehner-System rechnen. In einem Zwölfer-System (wie es in der Geschichte immer wieder gegolten hat) wäre es vielleicht die **6er Regel** usw. Die beste zyklische Interpretation, die mir bisher untergekommen ist, stammt von **Donald Hoppe.** Sie behandelt auch den größten zusammenhängenden Zeitraum und überdies die wichtigste Volkswirtschaft, die es je gegeben hat. Es ist das große Tableau »**U.S. Financial History 1787−2004**«. Sie können das Tableau direkt beim Meister selbst bestellen. Adresse s. Fußnote Seite 253.

Hoppe hat für 1984 den Höhepunkt des derzeit laufenden Super-Zyklus angesetzt, wobei er das Mittel aus den beiden vorangegangenen Super-Zyklen genommen hat: Panik 1819 – Panik 1873 – Panik 1929. Folgt man Hoppes imposanter und höchst akribischer Darstellung, so kann man entweder folgern: Haha, der Kerl hat doch unrecht gehabt; es ist nämlich nix passiert!

Man kann aber auch sagen: Oh, Verzeihung, laut Fahrplan sollte es eigentlich schon wieder mal so weit sein!

Eines zeigt der der Chart des Amis, der die Charts des Russen aus den 1920er Jahren sozusagen auf den aktuellsten Stand bringt:

Egal was und wann: Eines Tages kracht es wieder. Wenn man eine Lehre aus der Geschichte ziehen kann, dann diese: Alles kommt zurück.

Wenn auch die »Experten« noch so laut erklären: *Jetzt* habe die Regierung *endlich* alles im Griff. Jetzt könne nun wirklich nichts mehr passieren …

Die Zeichen an der Wand

Der Prophet Daniel beschreibt eine vorchristliche Fête:

»König Belsazar machte ein herrliches Mahl seinen tausend Gewaltigen und soff sich voll mit ihnen. Und da er

255

trunken war, ließ er die goldenen und silbernen Gefäße herbeibringen, die sein Vater Nebukadnezar aus dem Tempel zu Jerusalem weggenommen hatte ... und der König, seine Gewaltigen, seine Weiber und Kebsweiber tranken daraus. Und da sie so soffen ... eben zur selben Stunde gingen hervor *Finger wie einer Menschenhand,* die schrieben, gegenüber dem Leuchter, auf die getünchte Wand in dem königlichen Saal ... Da entfärbte sich der König und seine Gedanken erschreckten ihn, daß ihm die Lenden schütterten und die Beine zitterten ...«

Weil keiner von des Königs Experten die Zeichen an der Wand deuten konnte, entfärbte sich Belsazar noch mehr. Schließlich holte man den Juden Daniel, damit er die Schrift deuten solle. Das erledigte Daniel, indem er sprach:

»Da ist aber die Schrift allda verzeichnet: Mene, Mene, Tekel, U-pharsin. Und sie bedeutet dies: *Mene,* das ist: Gott hat dein Königreich *gezählt* und vollendet. *Tekel,* das ist: man hat dich in einer Waage *gewogen,* und zu leicht gefunden. *Peres,* das ist: dein Königreich ist *zerteilt* und den Medern und *Persern* gegeben ...«

Diese Story, die uns hier in der Übersetzung von **Martin Luther** aufgetischt wird, ist genau so eine fromme Lüge wie jene Story, die wir als **Oedipus-Saga** kennen und die ich bereits an anderer Stelle*) zurechtgestutzt habe. – Wenn also der mächtige Belsazar schon erbleicht, dann nicht wegen einer Schrift, die er nicht lesen kann. Er hat nämlich ganz genau gewußt, was da an der Wand stand, nicht etwa das, was

---

*) Zum **Oedipus-Schwindel** vgl. »Die Pleite«, S. 213–251. Vor allem die Lösung des »Rätsels« der Sphinx ist wichtig. Es handelt sich bei den 4-2-3-Füßen *nicht* um den Menschen, sondern um die Frage, nach dem **Zinsfuß,** der von 4 erst 2, dann aber 3 macht: **50 Prozent.**

ihm dann Daniel »interpretiert« hat und wofür Daniel auch noch bestens belohnt wurde (»Da befahl Belsazar, daß man Daniel mit Purpur kleiden sollte und ihm eine goldene Kette an den Hals geben ...«). Jemanden, der einem das nahe Ende prophezeit, läßt man nicht belohnen, sondern hinrichten.

Daniel tischte nur eine Story auf, die dem Kriegsmann Belsazar gefiel, denn als kriegserfahrenem Kämpen war ihm das nur recht, wenn jemand seine Möglichkeiten in Frage stellt, nach dem alten Frundsbergschen Motto: Viel Feind, viel Ehr.

In Wahrheit standen **Konsonanten** an der Wand, also, wie im Orient üblich, Schriftzeichen *ohne Vokale,* die man nur einsetzen mußte, um einen entsprechenden Sinn zu erhalten. (Wie wenn im Deutschen jemand eine Frau mit »blnd« beschreiben würde: Das kann eine »blonde« Schönheit sein – oder ein armes »blindes« Geschöpf.)

Der Alttestamentler **M. A. Beek** hat den Sachverhalt richtig dargestellt.*) Die Worte an der Wand sind die Buchstabenfolgen

»mnh, tkl. prs., prs«.

Und der Experte kommt zu dem Ergebnis, daß da mitnichten die Rede ist von mysteriösen Reichs-Untergangs-Prognosen. Sondern daß es sich um nichts anderes handelt als die Addition der **Staatsschulden,** die der Kollege Belsazar in seiner flotten Art gemacht hatte. Beek:

---

*) Ich verdanke diesen Hinweis dem vorzüglichen Buch von **Petra Eisele,** Babylon. Pforte der Götter und Große Hure. Knaur-Verlag, 1980, S. 271.

»Wenn wir diesen Spruch ansehen, begreift jeder, der etwas vom Aramäischen versteht, daß es sehr nahe liegt, daraus zu machen: meneh, tekel, peres, peres. Das würde die Gewichtseinheiten bedeuten: die Mine, der Sekel, die halbe Mine und nochmals die halbe Mine. Eine solche Aufzählung von *Reichstalern, Talern und Gulden* müßte jeden Weisen ... wohl verrückt machen.«*)

Nur uns, die wir den Staatsablauf und die unausweichliche Wiederkehr des Staatsbankrotts begriffen haben, macht das nicht verrückt. Im Gegenteil: An der Wand erschien zu Belsazars letztem Besäufnis, in das er sich um so trotziger schickte, als er um seinen mit Sicherheit herannahenden Bankrott wußte, nichts als der letzte **Kontenauszug.** Wie **Petra Eisele** mitteilt, lag der Zins für Geld (also auch für Staatskredite) im alten Babylon bei 20 Prozent p. a., und da arbeitet seine Majestät, der Zinseszins-Effekt, wie ein Weltmeister.

Die Story von Belsazar und seinem letzten Kontenauszug findet sich natürlich immer wieder in der Weltgeschichte. Obwohl es jedem klar ist, daß alsbald die Katastrophe hereinbricht, wird nochmals so getan, als könne nichts passieren. Man feiert groß, tischt auf. Und wenn die **Flammenzeichen** an der Wand erscheinen – was soll's! Man kauft sich einen »Interpreten«, damals war's der liebe Daniel, der

---

*) Witzigerweise haben die Israeli, nachdem ihre erste Währung, das »Pfund«, ausgelaufen war, just jenen alttestamentarischen **Schekel** (Sekel) zur Landeswährung gemacht. – Eine alttestamentarische Mine war ca. 0,5 Kilogramm Silber, eingeteilt in 60 Schekel (= ca. 8,42 Gramm Silber). Die Addition der Rechnung des Belsazar ergibt im Minimum eine halbe Tonne Silber; vermutlich handelt es sich nicht um eine Addition, sondern sogar um eine Multiplikation. – Der israelische Schekel läuft übrigens gerade wieder in einer Super-Inflation aus.

258

einem beruhigende Stories erzählt, so von wegen, es handle sich um »ganz was anderes«.

Der »gute« König Ludwig, es war der Sechzehnte, wollte auch nichts sehen

Selbst das mächtigste Reich geht unter, nicht weil es irgendwelche »äußeren« Feinde zertrümmern, sondern es zerbricht unter den Schlägen des »inneren« Feindes, an der Wucht der aufgelaufenen Staatsverschuldung. Als sich die britischen Staatsschulden zu Beginn des 18. Jahrhunderts zu Höhen aufgetürmt hatten, die dann zu den gewaltigen Bankrotten des Jahres 1720 führten, die unter dem Sammelbegriff »South Sea Bubble« in die Geschichte eingehen sollten, schrieb **John Trenchard,** ein Publizist und Abgeordneter, dem das Gemeinwohl sehr am Herzen lag:

»… I have compared in my own Mind, the constant Encrease of our Publick Debts, to a *cloud gathering over the … seas,* impregnated with Thunder and Lightning, and big with the Magazines of an *Hurricane,* which at last sweeps away Houses and Woods, *as well as every thing before it …*«[*])

Diesem Bild ist in seiner Sprachkraft nichts hinzuzufügen. Jawohl, die immer weiter aufgetürmte Staatsverschuldung wird zu einem Hurrikan, der *alles* hinwegfegen wird.

Einer, der die Probe aufs Exempel machen durfte, war Frankreichs König Ludwig XVI., den sie den »Guten« nannten, weil er doch mit zahlreichen öf-

---

[*]) **Trenchard/Gordon,** A Collection of Tracts, London, 1751, S. 221.

fentlichen Aufträgen Arbeitsplätze beschafft und seinem Volk Brot gegeben hatte. Wir haben den schönen Film »Die Flucht nach Varennes« noch vor Augen, worin **Hanna Schygulla** mit feuchten Augen berichtet, wie das Volk seinem König zugejubelt hat, weil er immer neue schöne Häfen an der Atlantik-Küste und damit Arbeitskräfte spendierte. Zum Schluß sank die Hanna sogar vor dem Gewand ihres Königs nieder. So anbetungswürdig fand sie ihn.

Ludwig XVI. war aber kein Gott, sondern ein Schuldenmacher der Sonderklasse. Hätte er »durchfinanzieren« können, etwa wie **Augustus** oder **Bruno Kreisky** oder **Helmut Schmidt,** wie andere Schuldenmacher der Sonderklasse, wäre ihm ein schöner Platz ganz oben in der Geschichte sicher gewesen. Nur leider, ihm ging schon vor seinem Ende das Geld aus, und damit war sein Schicksal, inklusive Fallbeil, vorgezeichnet.

Der französische König hielt es mit seinen Staatsfinanzen, wie es alle Staaten in der Geschichte immer wieder zu tun pflegen und in der unmittelbaren *Gegenwart* ganz besonders: Er schlug die Zinsen zur Schuld. Damit war er dem **Zinseszins-Effekt** ausgeliefert, gegen den es keine Rettung gibt. Immerhin konnten sich die Könige Frankreichs im 18. Jahrhundert noch zu 4 und 5 Prozent bedienen. Der größte Schuldenmacher aller Zeiten, Amerikas unsäglicher **Ronald Reagan,** ist gezwungen, schon die Zwölf zu greifen, wenn er flüssig bleiben möchte. Dafür geht es mit Amerika dann auch viel schneller zu Ende als mit dem Königtume Frankreichs.

Täuschen wir uns nicht! *Es gibt keinen Unterschied* zwischen »ganz früher«, »früher« und »jetzt«. Ob Belsazar, Ludwig XVI. oder Ronald Reagan. Der Bankrott ist immer wieder unausweichlich. Werfen wir zum Beweis einen Blick auf den Haushaltsplan **Frankreichs** aus dem Jahre 1785. Er ist auf der nächsten Doppelseite abgedruckt, original so, wie ihn Ludwigs letzter Finanzminister, der Genfer Bankier **Jacques Necker** publiziert hat.*) Der Etat umfaßt in den Ausgaben **610 Millionen Livres****), und wir finden in diesem Haushaltsplan im Grunde genommen alle Ausgaben wieder, die auch heute in den Haushaltsplänen »moderner« Staaten eine Rolle spielen, von Verteidigungsausgaben (Guerre, Marine) über Infrastruktur (Ponts & Chaussee), Polizei und Justiz bis Bildung (Universités, colléges) bis Regionalplanung (Provinces, Isle de Corse), sogar Soziales (Pensions, Dons & aumônes).
Der alles entscheidende Posten aber steht gleich obenan: »Intérêts de la dette publique« – die *Zinsen auf die bisher aufgelaufene Staatsschuld!*
Und das sind fröhliche **207 Millionen Livres,** will heißen: mehr als ein Drittel des Haushalts (33,9%) brauchte Frankreich 1785 aus dem einen und einzigen kühlen Grunde, weil es *vor* 1785 nie mit seinem Geld ausgekommen war.

---

*) **J. Necker,** De l'Administration des Finances de la France, 3 Bände, Paris 1785. Der Etat in Band 2, Seite 517/518.

**) Livre (= Pfund), französische *Rechen*münze aus der Karolinger-Zeit, wie das britische Pfund, und ebenso eingeteilt (1 Livre = 20 Sols (Sous) à 12 Deniers). Die wichtigste französische Goldmünze, der Louisd'or (= 6,8 Gramm Feingold), war 24 Livres wert.

RÉCAPITULATION
des dépenses de l'État.

1. Intérêts de la dette publique , . L. 207,000,000.
2. Remboursements , ... 27,500,000.
3. Pensions , ... 28,000,000.
4. Partie des dépenses de la guerre, . . 105,600,000.
5. Dépenses de la marine , ... 45,200,000.
6. Affaires étrangeres , ... 8,500,000.
7. Maison du Roi , ... 13,000,000.
8. Prévôté de l'hôtel , ... 200,000.
9. Bâtiments , ... 3,200,000.
10. Maisons royales , ... 1,500,000.
11. Maison de la Reine , ... 4,000,000.
12. Famille royale , ... 3,500,000.
13. Les Princes , freres du Roi , ... 8,300,000.
14. Frais de recouvrement , ... 58,000,000.
15. Ponts & chaussées , &c. . . . . . . 8,000,000.
16. Secretaires d'Etat , & employés dans l'administration , ... 4,000,000.
17. Intendants de provinces , ... 1,400,000.
18. Police , ... 2,100,000.
19. Pavé de Paris , ... 900,000.
20. Frais de justice , ... 2,400,000.
21. Maréchaussée , ... 4,000,000.
22. Dépôts de mendicité , ... 1,200,000.
23. Prisons & maisons de force , . . . 400,000.
24. Dons & aumônes , ... 1,800,000.
25. Dépenses ecclésiastiques , ... 1,600,000.

L. 541,300,000.

Kk 3

Tranſport . . . . . . L. 541,300,000.

26. Frais du tréſor royal & de diverſes caiſſes, ...	2,000,000.
27. Traitements divers , ...	400,000.
28. Encouragements au commerce, . . .	800,000.
29. Haras, ...	800,000.
30. Univerſités , colléges , &c.	600,000.
31. Académies., ...	300,000.
32. Bibliothéque.du Roi , ...	100,000.
33. Jardin du Roi , ...	72,000.
34. Imprimeries , ...	200,000.
35. Conſtructions & entretien des palais de juſtice , &c.	800,000.
36. Intendant des poſtes , & dépenſes ſe-crétes , ...	450,000.
37. Autres dépenſes relatives aux poſtes,	600,000.
38. Franchiſes & paſſe-ports , ...	800,000.
39. Ordre du St. Eſprit , ...	600,000.
40. Dépenſes dans les provinces , . . .	6,500,000.
41. Isle de Corſe , ...	800,000.
42. Dépenſes diverſes , ...	1,500,000.
43. Dépenſes particuliéres du clergé de France, ...	750,000.
44. Idem , du clergé étranger , ...	50,000.
45. Dépenſes particulieres aux pays d'E-tats , ...	1,500,000.
46. Entretien & confection des routes , .	20,000,000.
47. Dépenſes des villes , hôpitaux , & chambre de commerce , ...	26,000,000.
48. Dépenſes imprévues , ...	3,000,000.
Supplément additionnel , pour former une ſomme ronde , ...	78,000.

Total . . . . . . L. 610,000,000.

Als der König diese Zahlen sah, dachte er an alles mögliche, vor allem daran, daß es eigentlich eine Unverschämtheit sei, wenn der Herr Bankier Necker diese Dinge vor die Öffentlichkeit zerre, nur an eines geruhten Seine Majestät gewiß nicht zu denken: Daß er das zehnjährige Jubiläum der Publikation dieses Etats leider nicht mehr würde begehen können, da er dann schon, sein edles Haupt gewaltsam vom Rumpf getrennt, irgendwo verscharrt läge.

Wie es mit Frankreich zu Ende ging, nachdem **Necker** die Geheimnisse der Staatsfinanzen gelüftet hatte, ist schnell erzählt. Wir halten uns an die Darstellung eines zeitgenössischen Experten, des königlich-preußischen Staatsministers **Karl-August von Struensee***):

»Daß die Französischen Finanzen in Zerrüttung sind: ist eine Wahrheit, die ... ganz Europa bekannt geworden ist ...

Im November des vorigen Jahres (1787) kündigte das Französische Ministerium mit vieler Feierlichkeit an: daß eine gewisse Reihe aufeinander folgender *Darlehen* die *Ordnung in den Finanzen erhalten würde* ... Das erste Darlehn ward auf 120 Millionen Livre bestimmt. Bald nachher ward in den öffentlichen Blättern bekannt gemacht: daß dieses Kapital durch Unterzeichnung zu Stande gebracht sei; ja, daß *mehr Geld angeboten worden, als man nöthig gehabt hätte,* und daß daher Verschiedene mit ihren Anbietungen hätten *zurückgewiesen* werden müssen ...«

---

*) **K. A. von Struensee,** Abhandlungen über wichtige Gegenstände der Staatswirtschaft, 3 Bände, Berlin 1800, hier: Band 2, Seite 265 ff. »Über Necker's Französische Finanzverwaltung in den Jahren 1788, 1789, 1790«.

Eine glänzende Parallele zu heute: Jedermann weiß, daß die Staatsfinanzen weltweit zerrüttet sind, Brasilien läßt seine Schulden nur noch verlängern, wenn es gleichzeitig »fresh money« kriegt; Belgien hat Staatsschulden, die schon höher sind als die Wirtschaftsleistung eines ganzens Jahres (»Sozialprodukt«); in einer Amtszeit hat Reagan die US-Schulden verdoppelt usw. Dennoch werden immer wieder mit großem Pomp neue Anleihen placiert, deren Namen immer feierlicher und mysteriöser werden (Zerobonds, Strips, Early Bird Receipts, Floater, Cats, Tigrs, Mismatch, Minimax usw.) und die dennoch vom Publikum bestens akzeptiert werden. Die bekannten ersten »Schweden-Floater« mußten im Emissions-Volumen mehrmals angehoben werden, so groß war die Nachfrage.*) Struensee indes:

---

*) Am 14. Februar 1985 legte die belgische Notenbank ihren Geschäftsbericht vor. Darin warnt sie die Regierung in Brüssel in eindringlichen Worten, vor einer **»Währungskrise«,** die sich bis zum **Staatsbankrott** steigern könne, sollte die Regierung mit »ihrer Defizitwirtschaft nicht nachlassen«. Doch kaum zwei Monate später, am 8. Mai 1985 legt die Brüsseler Regierung die größte **Staatsanleihe** aller Zeiten auf: **190 Milliarden Franc,** das sind umgerechnet fast neun Milliarden Mark! Die Papiere werden den Banken aus den Händen gerissen, die gewiß zurückhaltende »Neue Zürcher Zeitung« spricht von einem **»überwältigenden Erfolg«** der Emission, und davon, daß der »Finanzminister bewies(!), wie liquide der Markt auch wirklich ist«. Ähnliches spielte sich zwei Tage später auf einer Auktion des US-Schatzamtes ab, als am 10. Mai 1985 Titel mit einer Laufzeit von 29 ¾ Jahren (!), die im Gesamtbetrag von 6,02 Milliarden Dollar gekauft werden sollten, mit einer Offerte von 15,87 Milliarden Dollar, so die NZZ, **»hoffnungslos überzeichnet wurde«.** – »Überwältigend« wird in Kürze nur eines sein: der Schmerz der Anleger, wenn sie endlich merken, wie »hoffnungslos« die Lage der Staatsfinanzen weltweit ist.

»Welches Vergnügen (!) mußten nicht alle Gläubiger des Französischen Staats über diese Versprechungen und Berechnungen empfinden! Allein, es hat leider nicht länger gedauert als bis zum 16. August des itzigen Jahres, wo das bekannte Arrêt erschien ...«

Dem Wunsch des Publikums, sich illusionieren zu lassen, sind niemals Grenzen gesetzt. Aber immer wieder wird es einen **16. August** geben. Über diesen Tag des Jahres **1788** berichtete Struensee:

»Das Wesentliche der Verfügung vom 16. August kömmt darauf hinaus: daß gewisse von dem königl. Tresor in baarem Gelde zu leistende Zahlungen nur *zum Theil in Gelde erfolgen werden,* und daß für den Rest *Anweisungen auf den Königl. Tresor gegeben werden,* deren Realisation am Ende des Jahres 1789 erfolgen soll ... Durch diese Verfügung, ward also der Französische Staat für *unvermögend erklärt, seine Verbindlichkeiten erfüllen zu können.* Denn, wer 100 Thaler baar bezahlen soll, und dagegen nur 60 entrichtet, ist nach dem Urtheil der gesamten kaufmännischen Welt, insolvent, wenn er gleich für die noch fehlenden 40 Thal. die *besten und sichersten Anweisungen ausstellt* ...«

Was danach kam, ist schnell erzählt. Struensee gibt dazu eine erstklassige Theorie der Folgen eines Staatsbankrotts. Denn:

»Es erfolgt eine allgemeine Stockung im Umlauf ... Um dies deutlicher zu denken, nehme man eine Reihe von Menschen: A, B, C, D, E, F, G; von welchen A die Klasse der unmittelbaren Empfänger aus dem Tresor (= Staatskasse, PCM) vorstellt, B bis F die mittleren Klassen bezeichnen, und unter G die niedrigste Klasse von Handarbeitern und Tagelöhnern verstanden wird ... Gesetzt nun, A bekömmt kein Geld, so muß es auch der

Klasse G abgehen. Das heißt: *Tagelöhner und Handwerker haben kein Geld; folglich können sie den Bäcker nicht bezahlen und bekommen also kein Brot!* Man stelle sich im Geist die Folgen davon vor ... wodurch ein unabsehbares Elend unter der niedrigsten Klasse des Volks hervorgebracht wird.«

Voilà, meine Damen und Herren. Sie haben soeben endlich die *Wahrheit* erfahren, die Wahrheit über die französische Revolution, die auch die Wahrheit ist über alle einstigen und künftigen Revolutionen:

Die Revolution ist die Folge eines Staatsbankrotts.

Auch die »Machtergreifung« – nichts als Folgen finanzieller Mißwirtschaft

Zu den wichtigsten Dokumenten der deutschen Geschichte zählt die Verfügung des Reichspräsidenten **Paul von Hindenburg** betreffend die Auflösung des Reichstags vom 18. Juli 1930.
Sie sehen das Dokument auf der übernächsten Seite im Original, damit Sie erkennen, warum die wunderschöne Weimarer Republik so plötzlich verschwunden ist – und vor allem, weshalb man die *wahren Gründe* immer wieder verdrängt. (Es kann doch wohl nicht wahr sein, daß es im »Wesen« einer Demokratie liegt, wieder zu verschwinden, im Staatsbankrott unterzugehen und per Revolution in schreckliche Diktatur umzuschlagen.)
Der Reichspräsident löst den Reichstag auf, weil eine seiner Verordnungen vom Parlament außer Kraft gesetzt wurde. Worum es sich bei der Verordnung ge-

handelt hat, soll offenbar vor der Geschichte ver-
tuscht werden. Die sechs Worte sind daher durchge-
strichen worden. Sie lauten:

**»... über Deckungsmaßnahmen für den Reichshaushalt
1930 ...«**

Schon ist alles klar: Im Reichshaushalt, da war ein
Loch. Die Demokraten sind mit ihrem Geld nicht
ausgekommen. Defizite, für die dann plötzliche
»Deckungsmaßnahmen« notwendig waren, fallen
nicht aus heiterem Himmel. Sie setzen immer *voraus,*
daß mehr ausgegeben wird als eingenommen. Um
was für tolle Ausgaben es sich gehandelt haben mag?
Zum Beispiel die *Beamtengehälter!* Die stiegen in
einzelnen Kategorien im Jahre 1927 um sage und
schreibe 40 Prozent. Über die verheerenden Wirkungen solcher Beglückungspolitik waren sich die Verantwortlichen übrigens *von vorneherein* im klaren.
So schreibt der berühmte Reichskanzler **Heinrich
Brüning** in seinen »Memoiren 1918−1934« (Stuttgart, 1970, hier Seite 127):

»**Hilferding** (SPD-Politiker, Ex-Finanzminister) **und ich
waren uns voll bewußt,** daß eine Gehaltserhöhung in diesem Ausmaße, der sich Länder und Gemeinden anpassen
würden, *kaum mehr als zwei Jahre finanziell ertragbar
sei* ... (So) wurden die Etats von Reich, Ländern und Gemeinden mit gewaltigen neuen *Ausgaben* belastet.«

Die zwei Jahre waren um, als Hindenburg prompt zur
Feder greifen und den Reichstag auflösen muß. Das
Defizit erreicht 1,2 Milliarden Mark. Zum Vergleich:
Für »Bildung« gab der deutsche Staat 1930 immerhin
3,1 Milliarden aus und für »soziale Sicherheit« 4,5

Verordnung

des Reichspräsidenten über die Auflösung des Reichstags

vom 18. Juli 1930.

Nachdem der Reichstag heute beschlossen hat, zu verlangen, dass meine auf Grund des Artikel 48 der Reichsverfassung erlassene Verordnung vom 16.Juli ~~über Deckungsmaßnahmen für den Reichshaushalt 1930~~ ausser Kraft gesetzt wird, löse ich auf Grund Artikel 25 der Reichsverfassung den Reichstag auf.

Berlin, den 18.Juli 1930.

Der Reichspräsident

von Hindenburg.

Der Reichskanzler

R. Brüning

Milliarden. Vielleicht hätte man dort weniger tun sollen? Dann wäre das deutsche Volk zwar weniger gebildet gewesen und weniger sozial gesichert. Dafür wäre es nicht zu Deckungsproblemen gekommen, nicht zur Reichstagsauflösung und vor allem nicht zu der berühmten Wahl vom September 1930, als aus der unbekannten *Splitterpartei,* genannt **NSDAP,** plötzlich eine gigantische politische Kraft entstand. Mit 107 Abgeordneten marschierte die braune Bewegung ins Parlament.

Wenn uns die Geschichte eines mit absoluter Klarheit lehrt, dann das:

Jeder Umsturz, jede Revolution, jeder noch so alberne kleine Staatsstreich, jeder Militärputsch, alles, was man als die »gewaltsame Veränderung« bestehender politischer und gesellschaftlicher Zustände bezeichnen kann, setzt *immer* finanzielle Mißwirtschaft voraus, und das heißt: SCHULDENMACHEN.

Abbaye = Auschwitz – Warum endet es immer gleich?

Im kommenden CRASH wird uns eine grauenvolle Mixtur aus all jenen Ingredenzien verabreicht werden, die die Geschichte parat hat.

Dabei zeichnen sich *drei Phasen* ab:
1. Erster Angriff auf die »bestehende Ordnung«.

270

2. Die große Abrechnung während des Zusammenbruchs.

3. Das sinnlose Morden in auswegloser Lage.

Wenn wir die beiden größten CRASHS auf nationaler Ebene, den französischen Staatsbankrott von Ende der 1780er Jahre und den deutschen von Beginn der 1930er Jahre, anschauen, sind die Parallelen mustergültig.

In der Vor-Crash-Zeit **(Phase 1)** gelten die »System-Gegner« eher als Exoten, die man belächelt. Was Leute wie **Morelly, Mably** und **Rousseau** predigten, wurde in den Salons mit herablassender Geringschätzigkeit behandelt. Dabei ging es aber um nicht mehr und nicht weniger als um die Beseitigung des Eigentums, der Kirche, kurzum des gesamten »Ancien Régime«. **Madame de Staël** hat das Treiben der »großen Geister« am Vorabend der Revolution, sprich in der Schlußphase der **Aufschuldung,** präzis bezeichnet:

»Rousseau erfand nichts, aber er setzte alles in Brand.«

In Deutschland war es anderthalb Jahrhunderte später ein Mann namens **Adolf Hitler,** der nichts erfand, aber alles in Brand steckte – obendrein auch noch in eigener Person. Es erscheint nur auf den ersten Blick unerhört, **Rousseau** mit **Hitler** zu vergleichen. Das liegt daran, daß uns die Rousseau'sche Ideologie *sympathischer* ist als die Hitler'sche. Rousseau setzt beim **Eigentum** an, Hitler beim **Zins.** Wie ich schon in meinem Buch über den SACHWERT gezeigt habe, gibt es aber nur diese beiden Ideologien: gegen den Zins die Nazis, gegen das Eigentum die Sozis.*) Am Ende jeder Aufschuldung steht dann der unausweichliche finanzielle Zusammenbruch. Es kommt zur großen Umwälzung **(Phase 2),** wobei die Daten 14. Juli 1789 und 30. Januar 1933 einander völlig entsprechen.

Auch Hitler bezeichnete sein Vorgehen dauernd als »revolutionär«. Zum Beispiel in »Mein Kampf«:

> »Die Auffindung des jüdischen Virus (ist) eine der größten Revolutionen, die in der Welt vollbracht worden sind.«

Die Juden waren nichts als (vermeintliche oder tatsächliche) **Gläubiger,** auf die man bei der »Schuldsuche« über kurz oder lang zu sprechen kommen mußte.

Die Phase der **Abrechnung** vernichtet zwar die Repräsentanten der »alten« Systeme und alle Existenzen, die am alten System profitiert hatten. Doch im Vergleich zum eigentlichen **Höhepunkt** der Revolution sind diese »ersten Säuberungen« harmlos. Der Sturm auf die Bastille und die ersten Toten bis zum Sommer 1792 entsprechen den ersten KZ's Hitlers, der Beseitigung der einstigen Weggefährten (»Röhm-Putsch«) bis hin zur »Kristallnacht«:

---

*) Ideologien vorwiegend gegen das **Eigentum:**
Religionen, die das »Herschenken« oder die »Bedürfnislosigkeit« predigen, Bettelorden, Plato, Thomas Morus, Morelly, Rousseau, Marx, »Freiland«-Theorien, Hausbesetzer, Umverteiler usw.
Ideologien vorwiegend gegen **Zins** (»Wucher«, Zinsknechtschaft):
Aristoteles, Mohammed, heutige Mohammedaner, Moses (»Erlaßjahr«), Catilina, Luther, Hitler, »Freigeld«-Theoretiker, Umschuldungs-Fans, Willy Brandt usw.

272

schreckliche, aber immer noch relativ »harmlose« Vorgänge – relativ zu dem, was danach kommt.
Wie die **Phase 3** in der Schlußphase des Hitler-Regimes aussah, wissen wir. Das Wort »Auschwitz« genügt. Die Parallel-Phase dazu in der Französischen Revolution haben wir indes verdrängt. Es war die Zeit der **September-Morde** 1792. In ihrer »Kulturgeschichte (!) der Menschheit« berichten **Ariel** und **Will Durant:**

»Am Sonntag, den 2. September, gegen 2 Uhr mittags, fuhren sechs Wagen mit ... *Priestern* am Abbaye-Gefängnis vor ... alle dreißig wurden erschlagen. Erregt durch den Anblick des Blutes und den Taumel des gefahrlosen, *anonymen Tötens* strömte der Haufe hinüber zum Karmeliterkloster und brachte die Geistlichen um ... Am Abend kehrte die Menge ... zur Abbaye zurück und holte gewaltsam alle Gefangenen heraus. Ein rasch exekutiertes Standgericht überlieferte den größten Teil von ihnen – einschließlich sämtlicher Schweizer, Geistlicher, Monarchisten und ehemaliger Dienerschaft des Königs oder der Königin – einem Exekutionskommando, das sie mit Säbeln, Messern, Piken oder Knüppeln niedermachte. Zu Beginn benahmen sich die Henker korrekt ... Die den Opfern abgenommenen *Wertsachen* wurden den städtischen Behörden übergeben ... Ermüdete einer der Mörder, so ruhte er sich aus, trank, nahm aber bald seine Tätigkeit wieder auf, bis alle Gefangenen der Abbaye das ›Volkstribunal‹ auf dem Wege zu *Freiheit oder Tod* passiert hatten.«

Es gehört keine Phantasie dazu, sich die Szene, einschließlich der »Rampe« (Freiheit oder Tod!) in Auschwitz vorzustellen: Priester etc. = Jude. Gefahrloses Töten. Ablieferung der Wertsachen. Abbaye = Auschwitz – was denn sonst!

Es gab auch andere »KZ's« im revolutionären Frankreich, wie es auch Buchenwald gab oder Bergen-Belsen:

»Am 3. September zogen Richter und Henker zu den anderen Gefängnissen, La Force und Conciergerie. *Dort ging dann die Schlächterei mit frischen Mördern und frischen Opfern weiter* ... Am 4. September begann das Schlachten in den Gefängnissen Tour St. Bernard, St. Firmin, Chatelet und Salpêtrière ...«

Wer annimmt, die Beseitigung »lebensunwerten Lebens« sei eine NS-Erfindung, irrt:

»Unter den Insassen von Bicêtre, einer *Irrenanstalt,* waren dreiundvierzig *Jugendliche* zwischen siebzehn und neunzehn; die meisten von ihnen waren dort von ihren Eltern zur *Behandlung* untergebracht. *Alle wurden ermordet.*«

Auch offizieller Zuspruch fehlte nicht:

»Pétion, der neue Bürgermeister von Paris, empfing die Henker als *schwerarbeitende Patrioten* und ließ ihnen Getränke servieren ... Billaud-Varenne, bevollmächtigter Anwalt der Kommune, begab sich zur Abbaye und *beglückwünschte* die Mörder: ›Mitbürger, ihr schlachtet eure Feinde; ihr tut nur eure *Pflicht!*‹«

Genau dasselbe wird uns von den SS-Leuten im Dritten Reich berichtet. **Joachim Fest** schreibt in seiner **Hitler**-Biographie:

»Die den Opfern gegenüber praktizierte Härte (erhielt) ihr *Recht* gerade daher, daß sie die Härte gegenüber sich selbst voraussetzte. ›Hart zu sein gegen uns und andere, den Tod zu geben und zu nehmen‹, lautete eine der von Himmler wiederholt apostrophierten Devisen der SS: *weil das Morden schwerfiel, war es gut und gerechtfertigt.*«

Wenn wir also heute die »Französische Revolution«
als ein Ruhmesblatt der Geschichte bezeichnen und
die Vorgänge im Dritten Reich als Schande eines
ganzen Volkes, dann haben wir vom Ablauf einer
Revolution, die sich automatisch aus einem staatlichen Finanzproblem heraus entwickelt, keine Ah-
nung. Auch der Hinweis, daß in den Septembermor-
den nur etwa 1300 Menschen unschuldig massakriert
wurden, während das Dritte Reich über 6 Millionen
Juden vernichtet hat, verschiebt das Problem nur auf
die Ebene der Quantität, wo es absolut nichts zu suchen hat.

In Tat und Wahrheit läuft die Geschichte immer wieder nach dem gleichen Schema ab, ganz genau so, wie
die Zinseszinsrechnung immer wieder dieselbe ist.
Und daher steht am Ende eines solchen »Durch-
laufs«, nach dem umfassenden Zusammenbruch der
Geldvermögen, wenn die »Revolution« in ihre
Schlußphase übergeht und überdies noch vom »äußeren Feind« bedroht ist, das **Blutbad.***)

Wer sich retten will:
In Sack und Asche oder gleich auf's Schiff!

Es gibt nur eine Regel, wie Sie physisch das kommende Desaster überleben werden:

---

*) Noch einmal die Parallelen zwischen Frankreich und Deutschland:
1792 war Paris bedroht, die Truppen der europäischen Mächte waren ein-
marschiert, der Herzog von Braunschweig hatte schon annonciert, demnächst in Paris dinieren zu wollen; 1944 brachen die Fronten des Deutschen Reichs zusammen.

Machen Sie sich so klein und unauffällig wie nur möglich! Und zwar SOFORT!

Das ist nicht einfach zu befolgen, zumal es zu jeder Vor-CRASH-Phase gehört, daß *ungeheure Gewinne* gemacht werden, die man schließlich auch gern zeigen möchte. Das um so mehr, als in der Schlußphase der Aufschuldung auch noch die *Kluft zwischen Arm und Reich immer größer wird!*

Wir kennen das mit der Kluft schon aus der Frühzeit Athens. Die Lage im Jahr 594 vor Christus beschreibt **Plutarch:**

»Da nun damals die Ungleichheit zwischen arm und reich gleichsam den *Gipfel* erreichte, so befand sich die Stadt in einer höchst *kritischen Lage* ...«

Heute beobachten wir in den Industrienationen das Phänomen der **Neuen Armut,** das selbstverständlich *existiert* und nicht etwa ein Propaganda-Trick der Linken ist.

Auf der einen Seite werden die Initiatoren der Aufschuldungsindustrie immer schneller immer reicher und mit ihnen natürlich die Masse der »Begüterten«, die nur »stehenlassen« müssen, um unbeschreibliche Reichtümer anzuhäufen. Wer zum Beispiel Ende der 60er Jahre bei Beginn der **Blow-off-Phase** der internationalen Aufschuldung ganze *tausend* Mark in eine Zinseszins-Aktie wie *Allianz Leben* gesteckt hat, konnte 1985 das *50fache kassieren,* also 50.000 Mark.

Am 31. März 1985 schrieb **Nancy Dunne** in der »Financial Times« einen Artikel über »die dunklere Seite der amerikanischen Erfolgs-Story« mit dem Titel:

276

»Gap grows between rich and poor in U.S.«

Es stimmt leider, die Reichen werden in der Blow-off-Phase immer reicher, die »Lücke« vergrößert sich!

Auf der anderen Seite finden die Menschen, die von ihrer Arbeit leben müssen, immer weniger Beschäftigungsmöglichkeiten, die Arbeitslosigkeit will nicht weichen, die sozialen »Leistungen« werden gekürzt, die Unterstützungszahlungen selbst für die Kleinbauern werden beschnitten. Und, und, und.

Natürlich kapiert keiner, warum das so sein *muß*. Warum es nur *einen* Schuldigen gibt am Massenelend, das sich dann epidemisch ausbreitet, sobald der CRASH daherspaziert kommt und die industriellen Strukturen vollends zusammenbrechen, weil auch noch so gut geführte private Firmen gegen den *Staat* als bewaffneten und ergo (beinahe) infalliblen Schuldner *keine Chance haben.*

Gerade vom **STAAT** erwarten sich die Ärmsten ja am meisten, und wenn das dann nicht funktioniert, weil der Staat die Ursache des Problems ist und nicht seine Lösung, dann beginnt – der **Bürgerkrieg!**

Auch das ist nichts Neues, wie ein Bericht des **Thukydides** von der Insel Korfu aus dem Jahre 427 vor Christus zeigt. Damals ließ die Partei der »Reichen« (die »Oligarchen«, heute: Tories, FDP, Teile der CDU/CSU, Republikaner usw.) 60 Angehörige der Partei der »Armen« ermorden (die »Demokraten«, heute: Labour, Democrats, Sozialisten). **Durant** dazu (im Buch »Die Lehren der Geschichte«, Bern, 1969):

»Die Demokraten stürzten daraufhin das oligarchische Regime, ließen fünfzig Oligarchen durch einen öffentlichen Sicherheitsausschuß aburteilen, richteten alle fünfzig hin und gaben Hunderte von Aristokraten (»Reichen«, PCM) *dem Tode durch Verhungern preis.«*

Kein Mensch sieht es der schönen Insel Korfu heute an, wie hoch es damals hergegangen ist. **Thuykdides** berichtet:

»Sieben Tage lang ... mordeten die Kerkyrer (= Einwohner von Korfu) jeden, den sie für ihren Gegner hielten ... Der Tod zeigte sich da in jederlei Gestalt ... *nichts, was es nicht gegeben hätte* und noch darüber hinaus. Erschlug doch der *Vater den Sohn* ... So tobten also *Parteikämpfe* in allen Städten, und die etwa erst später dahinkamen, die spornte die Kunde vom bereits Geschehenen erst recht an zum Wettlauf im Erfinden immer der neuesten Art ausgeklügelter Anschläge und *unerhörter Rachen* ... Die Ursache von dem allem war die Herrschsucht mit ihrer *Habgier* ... *Und die Mittelschicht* der Bürger wurde, weil sie nicht mitkämpfte *oder aus Neid, daß sie davonkäme, von beiden Seiten her gemordet* ...«

Wie sich Reich und Arm heute bekämpfen, zeigen jeden Abend Bilder aus Mittelamerika. Hie Sandinistas – hie Contras. Und daß sich ein »Mittelstand« in einem **Weltbürgerkrieg** halten wird, diese Vorstellung ist genauso absurd wie im alten Korfu. Diesmal wird die ganze Welt ein großes, auswegloses Korfu sein.

Die wichtigsten Überlebensregeln lauten also:
1. Absolute Abstinenz in politischen Fragen! Sobald sich jemand für die eine oder andere Partei einsetzt, steht er bei der Gegenseite auf der schwarzen Liste.

Demokratie ist eine herrliche Staatsform, fraglos die beste, die es gibt. Nur in der **Schlußphase** vor dem CRASH leider die gefährlichste!

2. Zu gar nichts eine Meinung haben! Wer auch immer Sie in eine (politische, soziale, sonstige) Diskussion verwickeln will: geben Sie ihm recht! Sonst könnte er in den kommenden Turbulenzen ihr Gegner werden, der es ihnen »zeigen« oder »heimzahlen« will.

3. Keinerlei Wohlstand demonstrieren! Wer sich heute noch – da die Katastrophe unmittelbar bevorsteht – einen Mercedes bestellt, spielt mit seinem Leben. Nichts gegen **Daimler-Benz,** eines der bestgeführten Unternehmen der Welt mit den besten Autos, die man nur produzieren kann. Nur, was machen Sie, wenn völlig verarmte, hungernde Menschen bei ihnen klingeln, Sie aus tiefliegenden Augen anstarren und mit leiser Stimme fragen: »Sind Sie nicht der, der immer mit dem 500er herumkutschiert ist?«

4. Jede selbstgenutzte Immobilie, die aufreizend ausschauen könnte, sofort verlassen! Die »Villen« sind heute, bei zusammenbrechenden Grundstücksmärkten, sowieso kaum noch zu verkaufen. Aber lassen Sie solche Häuser lieber leerstehen, als daß Sie darin wohnen bleiben. Denken Sie immer an die Villen-Besitzer im Berliner Grunewald, als die »Hausbesetzer« aus der Innenstadt kamen, um mal »nachzugukken«, wie »die« denn wohnen, denen die vielen leerstehenden Häuser gehören!

5. Die »Insignien« vergessen! Als die mordenden Bauern anno 1525 durch die Lande streiften, erkannten sie die Junker an Wams und Wappen. Auf jeden Fall sollten Sie Ihren **Schmuck** vergessen, wenn Sie ihn zur Schau tragen wollen. (Insgeheim sind Pretiosen möglicherweise überlebenswichtig.) Im Jahre 1705 erschien in Braunschweig eine **Kleider-Ordnung,** ein typisches Dokument für alle Nach-CRASH-Phasen, in denen – wie einst auf Korfu – der *Neid regiert.* In dieser Kleider-Ordnung wurden die Menschen in verschiedene »Klassen« geteilt, und selbst die »Reichsten« wurden arg zurechtgestutzt. Es heißt:

»Diejenigen nun, welche in den ersten Stand gehören, sollen *nicht* tragen, erstens Kleider von glatten oder Pluß- und allen Sammet, Item von dem erhobenen kostbaren *Brocaed,* und anderen dergleichen kostbaren seidenen Zeugen, auch ausländischen sehr teuren Tüchern. Zweitens vergüldete Schuhspangen ... und absonderlich die Frauen und Jungfrauen außer dem Trau-Ring *nicht mehr als einen gülden Ring* – bei Strafe von 6 Thalern ...«

6. Nie mehr in die Klatsch-Spalten! Nicht nur die Steuerfahndung schaut da regelmäßig nach, sondern auch jene Mitbürger, die Ihnen mit Sicherheit nichts Gutes wollen, nachdem »es« passiert ist.

7. Verlassen Sie den öffentlichen Dienst! Jede große Katastrophe braucht »Schuldige«. Ob Adel, Junker, Juden: Eine »gesellschaftliche Gruppe« wird wieder mal dran glauben müssen, ob es ihr nun paßt oder nicht. Dieses Mal bieten sich besonders die **Beamten** und die auf *sicherem* Posten sitzenden sonstigen öf-

fentlich-rechtlich Beschäftigten an. Die Wut auf diese Gruppe wird sich um so schneller artikulieren, je zäher sie auf ihren Privilegien und *Fest-Einkünften* beharrt.

Selbstverständlich stehen in der kommenden DE-FLATION, wie schon bei der Vorgängerin von 1930, wieder die Beamten-Gehälter zur Disposition. In der Notverordnung vom 1.12.1930 waren diese (nach einer ersten kleinen Kürzung vom Juni 1930) um 6 Prozent gekappt worden, später noch einmal. Nur waren in der Weimarer Republik die Beamten eine sehr kleine Gruppe und hatten überdies im Parlament kaum etwas zu melden. Heute sind in der Bundesrepublik über *5 Millionen Menschen* direkt oder indirekt beim Staat beschäftigt, und im Bundestag hat der öffentliche Dienst eine *solide Mehrheit*.

Außerdem wird man heute argumentieren, daß die Einsparungen des Reichskanzlers **Brüning** falsch gewesen seien, von wegen »Deflationspolitik«, man dürfe auf keinen Fall die staatlichen Zahlungen *kürzen* usw. Da der Staat aber trotzdem kein Geld mehr in der Kasse hat, die Verschuldungsspielräume ausgeschöpft sind, die Notenbank nicht angepumpt werden darf (es würde nur das Startzeichen für die nächste Währungsreform setzen und zum sofortigen Zusammenbruch der Kapitalmärkte führen) und weil obendrein die »Krise« da ist, wird das Spielchen sehr schnell auf die Paarung **»Staatlich Beschäftigte gegen Arbeitslose«** zulaufen, wobei sich der Haß bei den letzteren um so schneller aufbaut, je länger die Öffentlich-Rechtlichen »am Drücker« sind.

Wer der mit größter Wahrscheinlichkeit auf uns zukommenden blutigen Verfolgung der »Staatsdiener« schon jetzt ausweichen will, muß sich daher *sofort* aus dem öffentlichen Dienst zurückziehen.

8. Leben Sie auf dem Lande! Die Revolution ist ein zutiefst urbanes Phänomen. Athen im 4., Rom im 1. vorchristlichen Jahrhundert, Florenz im 14., Paris im 18. Jahrhundert, Petersburg und Berlin im 20.: Nur wer sich weit von den revolutionären Zentren entfernt aufhält, bleibt ungeschoren. Unter die europäischen Staaten, die man einschlägig empfehlen kann, zählt – neben der *Schweiz* mit ihrer ungebrochenen demokratischen Tradition, ihres unerreichten Gespürs für den »Gemeinsinn« und das gesellschaftlich Vernünftige, sowie ihrer erstklassigen Armee – *Norwegen*.

9. Ideal: Das Schiff! Wer es sich irgendwie leisten kann, sollte sich ein Schiff kaufen, mit dem er in den schlimmsten Phasen das offene Meer erreicht, wo keine nationalen »Hoheits«-Rechte gelten.

Zusammenfassung

1. Die ganz großen Krisen wiederholen sich mit periodischer Präzision, auf die als erster der Russe Kondratieff hingewiesen hat.

2. Wichtigstes Merkmal dieser Krisen: Die Preise von vor dem Anstieg der »langen Wellen« werden

nicht nur wieder erreicht, sondern sogar unterschritten.

3. Diese Krisen haben nichts mit Zahlenspielereien zu tun, wie sie zum Beispiel mit dem Namen Fibonacci verbunden sind (1,2,3,5,8,13,21 usw.) Der Ausbruch solcher Krisen wird allerdings zumeist »angesagt«, wie schon das Beispiel des Bankrotts von Belsazar zeigt.

4. Frankreich achtete 1785 nicht auf die »Schrift an der Wand«, das Budget von Jacques Necker, das die Zinsausgaben auf über ein Drittel des Etats ansetzte, eine Marke, der die »modernen« Sozialstaaten ebenfalls mit Tempo zueilen.

5. Auch der Zusammenbruch der Weimarer Republik war ein Finanz-Problem: Hätte man einen ausgeglichenen Etat vorgelegt, wäre es nicht zur Reichstagsauflösung von 1930 gekommen, aus der dann der dramatische Machtzuwachs der NSdAP resultierte.

6. Die sozialen Unruhen im Zusammenhang mit einem CRASH laufen auch immer nach dem gleichen Muster ab. Frankreich nach 1788 und Deutschland nach 1930 sind deckungsgleich, einschließlich des sinnlosen Mordens der »Gegner« in der Schlußphase.

PCM zeigt in ein paar Punkten auf, wie man sich den sozialen Folgen der revolutionären Nach-CRASH-Phase entziehen kann.

So rette ich mein Geld

Durch den CRASH hilft CASH
Gold ist nur vorübergehend Klasse –
und dann ganz zum Schluß

»Der Gläubiger ist immer der Dumme. In der
Inflation kriegt er sein Geld entwertet zurück.
In der Deflation aber überhaupt nicht.«

*L. A. Hahn, Privatbankier, zu Beginn der
1930er Jahre*

DEFLATION – aber bitte sehr, wohin?

Es gibt auf der Welt nichts Erstaunlicheres als eine Deflation. Denn sie zeigt uns etwas, was wir nie wieder zu sehen glaubten. Sie zeigt uns die Preise von ganz, ganz, ganz früher.
Ein solches Wiedersehen macht natürlich keine Freude. Wenn wir nämlich die Preise von ganz, ganz, ganz früher wieder schauen dürfen, sind 80 Prozent aller Firmen bankrott und vier- bis fünfmal so viele Menschen arbeitslos wie heute.
Die *Theorie* der Deflation ist simpel. Ich hoffe, daß sie nun jeder intus hat:

Die inflationären Preise waren nur deshalb »inflationär«, weil die Inflation nichts anderes ist als die Ausweitung der Kredite, die zur Ausweitung der Geldmenge führt. Nehmen wir nun diese Kredite wieder weg (siehe dazu den unausweichlichen Umschlag von der Inflation zur Deflation!) **dann verschwindet auch das mit Hilfe der Kredite geschaffene Geld. Und mit der Geldmenge gehen – logo doch – die Preise auch wieder »zurück«. Sie fallen.**

In der *Praxis* will so recht niemand an die Deflation glauben.*) Zumal nicht, wenn die Inflation es sich schon recht gemütlich gemacht hat. Wenn sich kein Mensch mehr vorstellen kann, daß die »alten« Preise noch einmal wiederkehren. Oh Einfalt!

---

*) Die Ausnahme ist in Deutschland der hervorragende Darmstädter Wirtschaftsstatistiker **H.-D. Schulz,** bei dem ich mich ausdrücklich bedanke, daß er mich in vielen Diskussionen auf die richtige Fährte gesetzt hat.

Da lebte jemand vor siebzehn Jahrzehnten in England. Napoleon hatte gerade die Schlachten von Leipzig & Waterloo vergeigt, eine Friedensperiode war angesagt. Die Preise lagen im Jahr 1814 auf Index 203, so ähnlich hatte man es schon mal 1805 (Napoleon war damals top!) mit 204, aber auch schon 1799 mit 205. Hätte man 1814 jemand gefragt, ob er es sich vorstellen könne, noch einmal die Preise von ganz, ganz, ganz früher zu sehen, also die Preise von *vor* der Französischen Revolution, mit der das alles angefangen hatte, was nun mit Waterloo zu Ende ging, er hätte solches entrüstet von sich gewiesen, mit einem »Never, never, never«!

Und doch. Die niedrigsten Preise, die England vor der Französischen Revolution gesehen hatte, waren 1785 bei einem Indexstand von 126. Und dieses Preisniveau kam tatsächlich *zurück*. 1828 war es soweit, die Preise lagen wieder auf Index 127 ...*)

Aber damit nicht genug. Es *fiel noch weiter.*

Erst 1849 war endgültig der tiefste Stand mit knapp 100 Punkten erreicht. Die Preise waren zwischen Waterloo und dem Jahr, da **Marx & Engels** mit ihrem »Kommunistischen Manifest« aufwarteten, um sage und schreibe die *Hälfte* gefallen.

Und so war es immer wieder in der *neueren* Geschichte, in jenem Zeitraum also – das muß ich betonen! – in dem es **Kreditgeld** gibt, das mit dem Kredit kommt und geht, was anders ist als die **Dauer-Inflation,** die

---

*) Die Preisbeispiele aus **Kondratieffs** Aufsatz von 1926, siehe auch die oben abgebildete **Preisgrafik** der Russen!

man durch zusätzliche Edelmetall-Funde oder **Münz-verschlechterung** machen kann:

In einer Zeit, in der das Geld auf Kredit basiert, in der unmittelbaren Gegenwart also, muß das Preisniveau immer wieder dorthin zurückkehren, woher es gekommen ist! Weil alle Kredite schließlich als »Staatskredite« enden, bei denen Gläubiger und Schuldner nichts sind als – ein und dieselbe Person! Und außerdem gibt es noch eine ganz besondere *Überraschung,* sozusagen als Trostpreis für alle, die es *doch* nicht glauben wollten:

In der eine solche massive DEFLATION abschließenden DEPRESSION fallen die Preise sogar noch ein Ideechen weiter als bis zu dem Punkt, da sie einst starteten, damals als die Politiker ihre Volksbeglückung zum ersten Mal in Szene setzten (und leider vergaßen, daß *alles,* was man sich auf Pump leistet, doch eines Tages zurückgefordert wird, und das mit Zins und Zinseszinschen!).

Die Preise fielen – siehe die Kondratieff-Kurven – in der 1830er Jahren auf das Niveau der Zeit *vor* der Französischen Revolution, aber in den 1840er Jahren noch das entscheidende Ideechen tiefer.

Die Preise fielen Ende der 1880er Jahre auf das Niveau der 1840er Jahre, aber Mitte der 1890er Jahre noch das entscheidende Ideechen tiefer.

Die Preise fielen zu Beginn der 1930er Jahre – siehe die Friedman-Kurve – auf das Niveau der Vorkriegszeit. Wir sprechen vom Ersten Weltkrieg. Aber in der schweren Depression Mitte der 1930er Jahre

noch das entscheidende Ideechen tiefer. Oben Seite 251
Und heute? Heute ist die Inflation gebrochen. Die DEFLATION hat begonnen. Die Preise werden fallen, alle Preise werden fallen. Wohin werden alle Preise fallen?
Auf das Niveau der dreißiger Jahre. Und dann noch das entscheidende Ideechen tiefer ...

Der Zucker hat es ja schon hinter sich – Wie die DEFLATION im einzelnen aussieht

Zucker wurde in den 1930er Jahren zu Preisen gehandelt, die zwischen 3,5 und 5 Cents pro US-Pfund lagen (1 Kilo = 2,204622 solcher pounds). Im März 1985 kostete Zucker an der New Yorker Börse weniger als 4 Cents.
Nach über einem halben Jahrhundert hat sich der *große Preiszyklus* bei Zucker wieder vollendet. Der Zuckerpreis ist wieder dort angelangt, *wo er hergekommen ist*. Der Zucker, von dem hier gesprochen wird, ist ein lupenreines Weltmarktprodukt. Es gibt davon abweichende »nationale« Zuckerpreise in jenen Staaten, die durch »Preisstützungsprogramme« versuchen, ihr Preisniveau von dem des Weltmarkts »abzuschotten«. Die USA gehören dazu, wo es einen sogenannten »domestic« Zucker gibt, und auch die EG, die ohnehin das höchste Agrarpreisniveau aller Staaten und Zeiten hält. Solche »Preisstützungsprogramme« brechen spätestens zusammen, wenn den Staaten das Geld ausgeht, sprich, wenn sie keine zu-

sätzlichen Schulden mehr machen können bzw. wenn die Bevölkerung ganz einfach deshalb nach billigerem Zucker verlangt (Zucker produziert Kalorien), weil sie nicht verhungern möchte.

Zucker ist aber ein Lehrstück in DEFLATION, weil es von jedem »Experten« für *absolut unmöglich* gehalten wurde, daß der Zuckerpreis noch einmal in solchen Tiefen versinken könnte – immerhin war er zum Zeitpunkt der Inflation in den 1970er Jahren *mehr als zehnmal so hoch gewesen wie heute!*

Ein Blick auf den Zuckerpreis zeigt aber, wie töricht solche Analysen sind, die sich einbilden, es sei da »eine neue Zeit« angebrochen, in der man eben *definitiv* ein »neues Preisniveau« erreicht habe. Dies sind alles törichte, durch nichts zu beweisende Sprüche.

Genauso unsinnig ist das Argument mit den **Produktionskosten,** das einem immer wieder aufgetischt wird. Es lautet: Es gibt eine Preis*untergrenze,* die von den Kosten bestimmt wird. Würde sie unterschritten, hörte die Produktion auf, und die entsprechende Verknappung des Angebots würde die Preise dann schon wieder steigen lassen. Vor allem beim **Gold** sind solche Sprüche zu vernehmen. Schon einmal war ähnliches zu hören, in der Krise zu Beginn der 1930er Jahre. Damals sagten die Experten eine »Preisuntergrenze« von Kautschuk voraus. Kautschuk könne »unmöglich« unter 10 Cents pro Pfund fallen, weil sonst die Leute, die in den Urwald gingen, um die Gummibäume anzuritzen, sich nicht mit den nötigen Lebensmitteln eindecken könnten. Und ein toter Gummisucher kann keinen Gummi suchen.

Dummes Zeug! Ende 1930 durchstieß der Preis für Rohkautschuk die »magische« 10-Cents-Grenze. Und zwischen Mitte 1932 und Anfang 1933 kostete das Pfund Kautschuk vom feinsten zwischen zwei und drei Cents. Von einem Massensterben von Gummisuchern hat man nichts gehört.

In einer DEFLATION können sich nur die Preise von jenen Produkten nach der **Goldenen Regel** verhalten, die sich nicht verändert haben.*) Ein Pfund Zucker ist heute dasselbe, wie vor 55 Jahren, ein Faß Öl ist ein Faß Öl und eine Unze Feingold bleibt eine Unze Feingold.

Solche Produktvergleiche sind nur bei **Rohstoffen** möglich; bei Waren, die durch komplizierte Produktionsverfahren geschickt werden, geht das nicht. Ein Daimler-Benz war zwar auch schon in der Depression der dreißiger Jahre ein erstklassiges Auto, aber mit einem heutigen 500er nicht zu vergleichen.

Insofern ist das mit dem »gleichen« Preisniveau nur eine *Näherungsangabe*. Dabei gilt:

Je identischer eine Ware ist, desto größer die Wahrscheinlichkeit, daß sie im Laufe der kommenden DEFLATION wieder den Preis erreichen wird, der Mitte der 1930er Jahre gegolten hat.

Diese Goldene Regel gilt vor allem für *eine* Ware, von der es nun wirklich nur Wahnsinnige behaupten würden, daß sie noch einmal die Preise der Vorkriegszeit erleben wird – für GOLD.

---

*) **Goldene Defla-Regel:** Alle Preise müssen wieder dorthin zurück, woher sie gekommen sind.

Aber *das* wird gerade die besondere Delikatesse der vor uns liegenden DEFLATION sein, daß GOLD preislich wieder dort landen wird, wo es hergekommen ist, wobei möglicherweise sogar drei Preise zur Auswahl stehen: 42,22 Dollar pro Unze, 35 Dollar oder 20,67 Dollar: der aktuelle Ankaufspreis des US-Schatzamtes, der Ankaufspreis von 1934—1968 oder der vor 1934.

Weil wir die Preise für Waren, die aus komplizierten Produktionsprozessen stammen, nicht »in sich« schlüssig analysieren können, da wir aber doch eine Aussage über die Entwicklung und vor allem auch über die *Dauer* der vor uns liegenden Deflation machen müssen, möchte ich formulieren:

Die DEFLATION ist erst zu Ende, wenn das (Dollar-)Preisniveau der 1930er Jahre bei jenen Welthandelswaren wieder erreicht ist, die in Qualität und Konsistenz seit damals identisch sind. Dies gilt insbesondere für Gold.

Bevor also nicht der Goldpreis bei weit unter 100 Dollar pro Unze angelangt ist, ist überhaupt kein Licht zu sehen, das uns das nahende Ende des deflationär-depressiven Tunnels ankündigt. Und selbst wenn Gold endlich wieder auf dem früheren Preis angekommen ist*), dauert es noch ein kleines, nicht un-

---

*) Die *einzige Lösung,* die es gibt, die Welt vor dem größten Elend aller Zeiten zu retten, d. h. den unaufhaltsamen Preis-Verfall mit Hilfe einer massiven **Goldaufwertung** (= Monetarisierung der Staatsschulden) zu stoppen, haben wir schon als **goldene Lösung** diskutiert: Ein Gramm Feingold würde dann mindestens 100 Dollar kosten. Die Unze läge also bei über 3000 Dollar!

erhebliches Weilchen, wie **Kondratieff** lehrt: Es kommt bei den Preisen dann noch zu einer allerletzten **Shake-out-Phase.**

Nun erholen Sie sich erst mal. Trinken Sie einen Cognac, gehen Sie ein bißchen an die frische Luft. Dann machen wir weiter.

Der deflationäre Prozeß – Ablauf im Detail

Die Preise von Waren oder Warengruppen entwikkeln sich unter dem Einfluß von INFLATION und DEFLATION immer nach einem *gleichen* Muster. Wir nennen es den **Zwiebelturm,** weil es an bayerisches Barock erinnert. Es sieht so aus:

Den **Zwiebelturm** zerlegen wir in sechs charakteristische Phasen, die sich sowohl in kurzfristigen als auch langfristigen Preisbewegungen immer wieder finden. Es gibt auch Abweichungen von diesem Grundmuster, die sind aber letztlich zu selten, um das Grundmuster in Frage stellen zu können.

Die **1. Phase** ist das aus der Inflations-Analyse bereits bekannte **Warmlaufen.** Die Preise beginnen zu steigen – ein Prozeß, der für den einzelnen Anbieter große Risiken enthält, weil er sich – wie gezeigt – mit jedem Preisschub *außerhalb* des Marktes stellt: alle anderen Anbieter sind bekanntlich *billiger*. Da kann es dann »Vorläufe« geben, die von plötzlichen Preis-Korrekturen abgelöst werden. Am besten erkennt man ein solches **Warmlaufen** der Inflation anhand

294

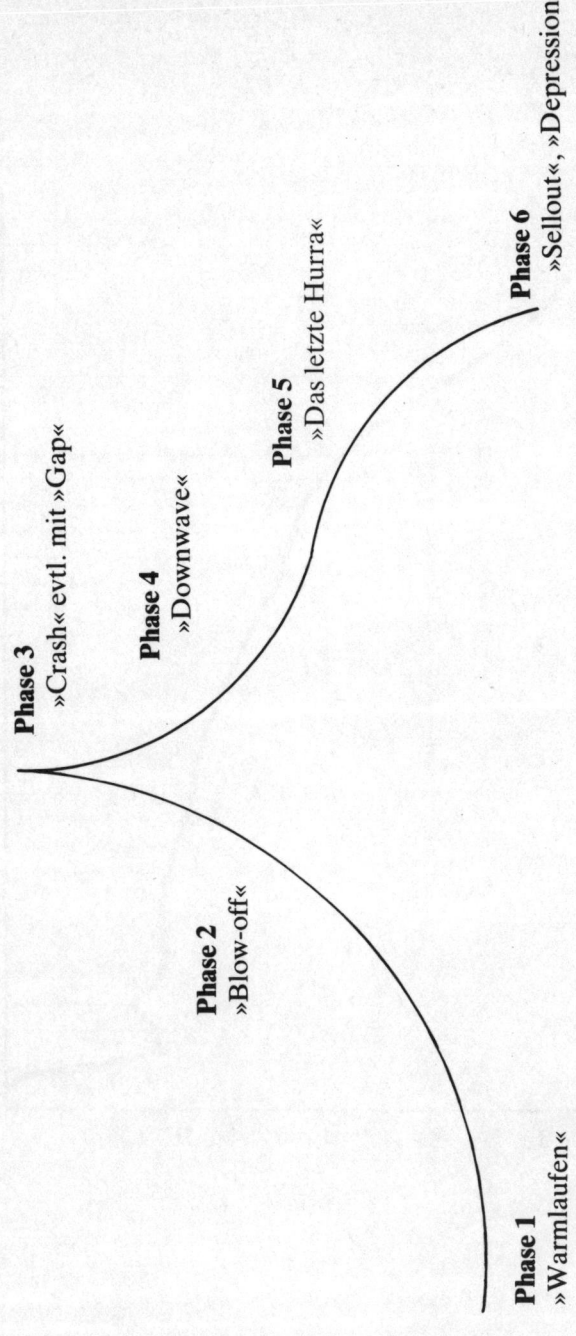

Phase 1
»Warmlaufen«

Phase 2
»Blow-off«

Phase 3
»Crash« evtl. mit »Gap«

Phase 4
»Downwave«

Phase 5
»Das letzte Hurra«

Phase 6
»Sellout«, »Depression«

Ablauf des deflationären Prozesses

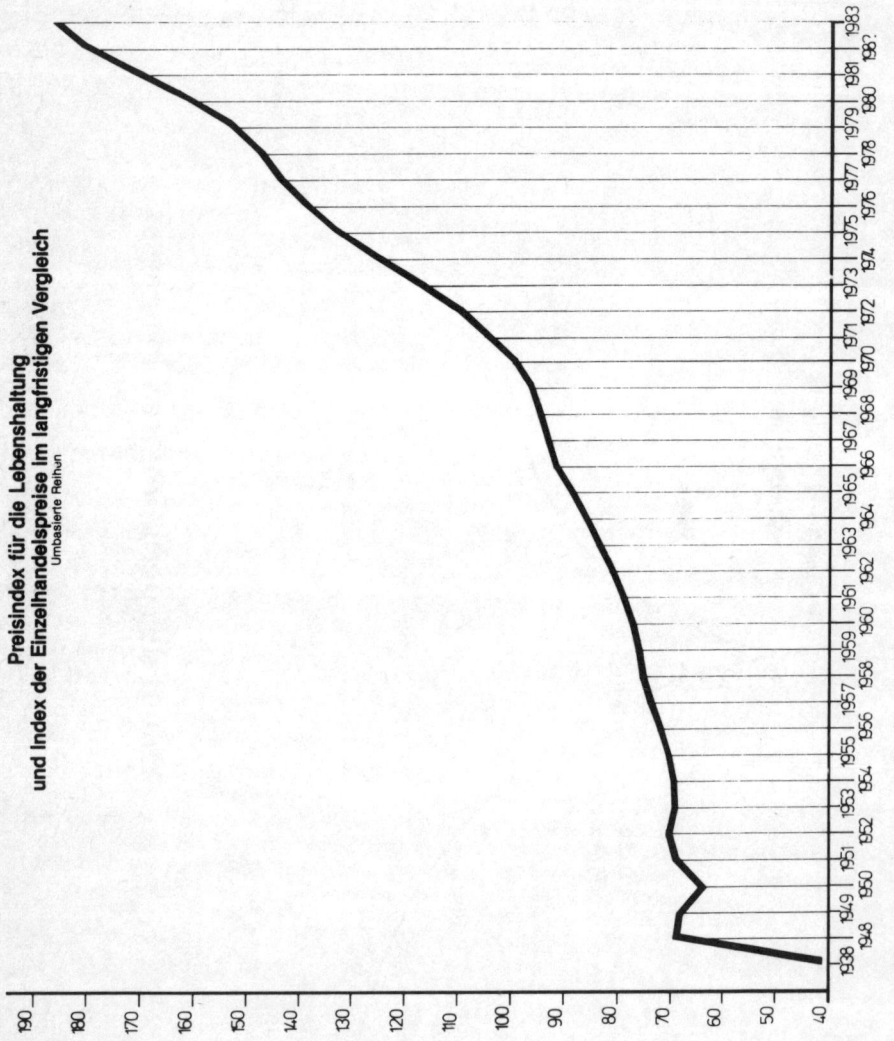

Preisindex für die Lebenshaltung
und Index der Einzelhandelspreise im langfristigen Vergleich
Umbasierte Reihun

296

von *Durchschnittszahlen auf »späteren« Stufen.* Zum
Beispiel laufen alle *Konsumentenpreis-Indices* nach
diesem Muster ab – also die berühmten **Lebenshaltungskosten.** Dies ist in der oben gezeigten Darstellung aus den USA die gestrichelte Linie, das gleiche
gilt für die deutschen Lebenshaltungskosten, die das
Statistische Bundesamt umbasiert hat (weil sich in
der Bundesrepublik Deutschland der Lebenshal-
tungskostenindex alle paar Jahre ändert und keiner
so recht weiß, was wirklich gespielt wird, wenn es immer wieder bei Index = 100 neu beginnt).
Nach dem Warmlaufen kommt die **2. Phase,** die dann
den bekannten **Blow-off** bringt, den wir ja in allen
möglichen Formen immer wieder als unverwechsel-
bares *Markenzeichen* jeder inflationären *Schlußphase* haben. In dieser zweiten Phase steigen die Preise
nicht mehr mit gleichen, sondern mit *steigenden Raten an.*
Das Auge läßt sich beim »Lesen« solcher Charts gern
täuschen: auch eine relativ geringe, aber gleichbleibende Preissteigerungsrate muß zum Schluß ein
Blow-off-Bild ergeben. 5 Prozent Inflation: Die Preise steigen von 100 auf 105; eines Tages sind 200 erreicht, Preisanstieg dann schon von 200 auf 210.
Dann sind 500 erreicht, Anstieg von 500 auf 525 usw.
Man vermeidet solche »Dramatisierung«, die in
Wirklichkeit (noch) keine ist, indem man Charts
(Kurskurven) anlegt oder bezieht, die mit logarithmi-
schem (oder halblogarithmischem) Papier arbeiten.
Auf solchem Papier führen *gleichbleibende* Verände-
rungen nicht zu Krümmungen, sondern zu *Geraden.*
Im deutschen Sprachraum sind die Charts der Firma

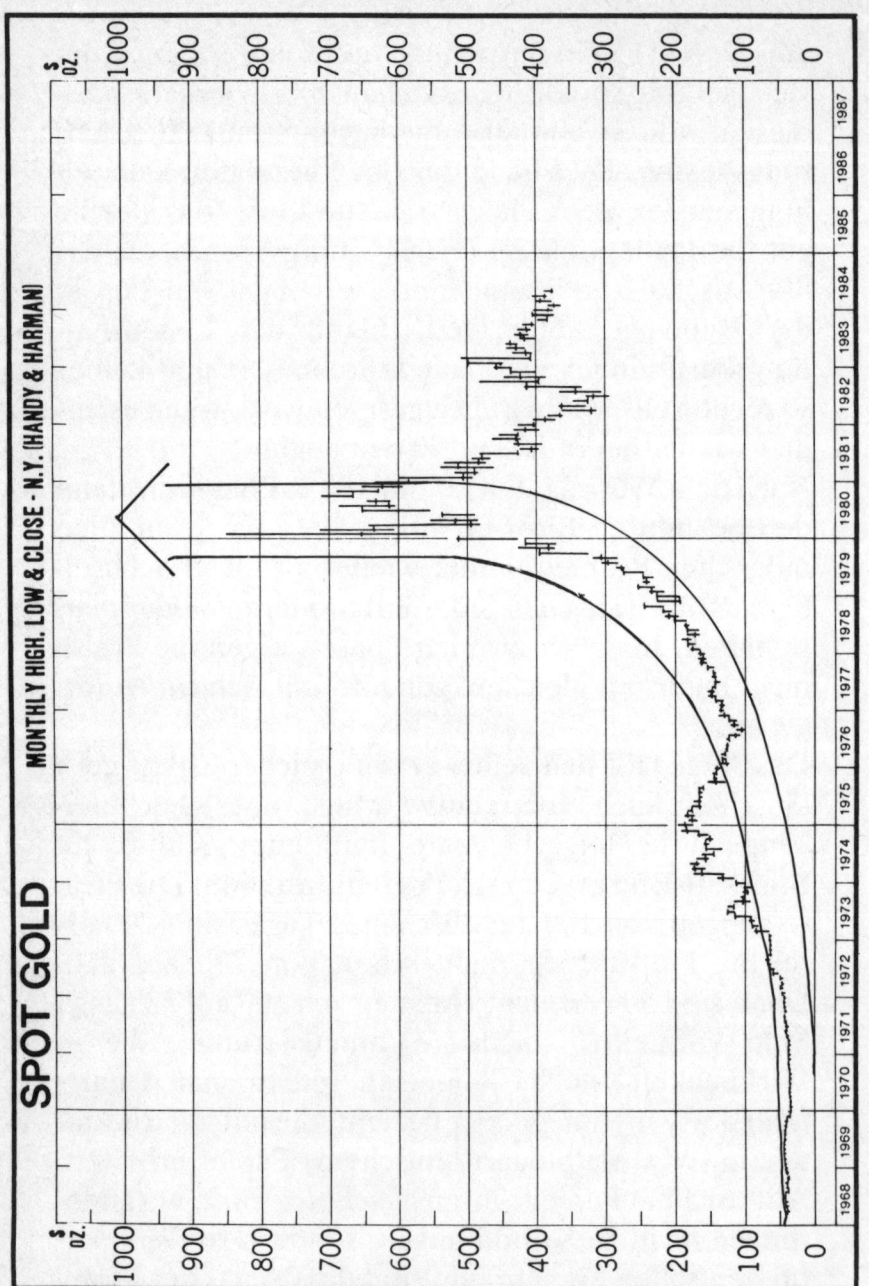

SPOT GOLD

MONTHLY HIGH, LOW & CLOSE - N.Y. (HANDY & HARMAN)

Hoppenstedt, betreut von **H.-D. Schulz, Udo Hielscher** und **G. Teufel** das absolute Nonplusultra.
Wie ein richtig schöner **Blow-off** ausschaut, bei dem sich auch auf logarithmischem Papier »Krümmungen« nach oben ergeben, zeigt **Gold** zwischen Mitte 1976 und Anfang 1980.

Die **3. Phase** ist dann besonders kritisch. In dieser Phase kommt es zum **Crash.** Dieser Crash ist nicht zu verwechseln mit dem Crash der Forderungsvernichtung, der uns erst noch bevorsteht. Der Crash in Phase 3 ist der Zusammenbruch einzelner Waren- oder Aktienpreise. Wann die **Phase 3** erreicht ist und der Umschlag erfolgt, läßt sich meines Erachtens nicht bestimmen, sondern nur *ahnen.* Da sich der betreffende Markt in dieser Phase mit unglaublicher Wucht in eine, und nur eine Richtung bewegt, kann man formulieren:

Je mehr Meinungen sich gleichschalten, um so näher ist der Umschlag.

Für den New Yorker Aktienmarkt des Jahres 1929, der einen klassischen **Blow-off** zeigte (siehe S. 300), war es für die Profis Zeit auszusteigen, als sich buchstäblich jedermann mit dem Aktienspiel beschäftigte. Für jeden dieser Blow-off-Märkte treten dann **Todesboten** auf; in der Hausse 1929 war es der Schuhputzer **Pat Bologna,** der die Wall Street-Größen bediente (er putzt heute übrigens nach wie vor Schuhe in der Wall Street). Als kühle Cracks wie **Joe Kennedy,** der Vater des späteren US-Präsidenten, vom Schuhputzer die »heißen Tips« erhielten, war ihnen

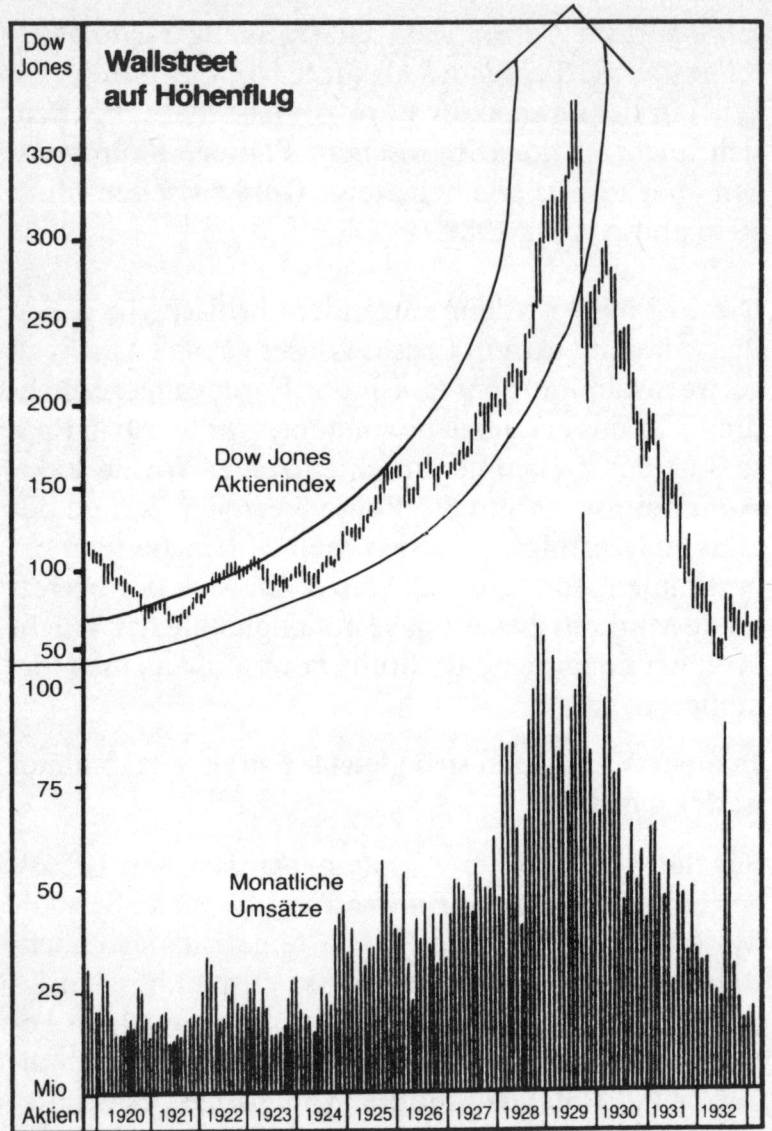

Wallstreet auf Höhenflug

Dow Jones

350
300
250
200
150
100
50

Dow Jones Aktienindex

100
75
50
25

Mio Aktien

Monatliche Umsätze

1920 1921 1922 1923 1924 1925 1926 1927 1928 1929 1930 1931 1932

klar, daß der Tag der Tage nicht mehr weit sein konnte. Sie stiegen aus.*)

In der **3. Phase** werden den *Baissiers,* die immer noch auf »mal wieder sinkende« Preise/Kurse gesetzt hatten, vollends die Hosen abgestreift. Zum ersten Mal kommt es zu richtig schweren *Verlusten.* Die machen wenig später, wenn es kracht, die Haussiers, die den »richtigen« Zeitpunkt zum Aussteigen verpaßt haben, weil ihre Gier, immer noch »mehr mitzunehmen«, sie blind machte für die Gegebenheiten des Marktes. In der Crash-Phase werden freilich zumeist vor allem Papiergewinne ausgelöscht. Trotz aller **Panikverkäufe** ist das *Fundament* im wesentlichen unangetastet. Die kleinen Spieler verschwinden vom Tisch. Und kaum sind sie draußen – oh Wunder –, kommen die Kurse/Preise wieder schön »zurück«. Es siegt dann oft die **50-Prozent-Regel,** und die Welt scheint wieder im Lot.

Da es aber nach einer Inflation *niemals* stabile Preise geben kann, beginnt nun der Abstieg in der **Phase 4.** Rechnet man *alle* Preise zusammen und arbeitet man mit Preisindices, so kommt es nach **Phase 3** natürlich nicht zu plötzlichen Preiseinbrüchen – etwa der *Lebenshaltungskosten* – auf breiter Front. Da überlagert sich dann alles, so daß die Phase 4 sich »gleitend« an die Phase 3 anschließt, obwohl bei *einzelnen* Preisen durchaus **Crash-** und **Gap-Phasen** zu beobachten sind (Gap: »Aussetzer«, der Preis fällt plötzlich wie

---

*) In der ganz vorzüglichen Geschichte des 1929er Crash »The Day the Bubble Burst« von **G. Thomas** und **M. Morgan-Witts** (London, 1979) sind dem Schuhputzer Bologna mehr Seiten gewidmet als dem amerikanischen Präsidenten **Herbert Hoover.**

losgelassen). Den »gleichmäßigen« Abstieg der Phase 4 zeigt z. B. der Palladium-Preis.
In dieser Phase bleiben die Preisnachläße ziemlich konstant, was optisch ein analoges Bild zum früheren Anstieg ergibt: von einem immer kleiner werdenden Niveau werden gleiche Prozentsätze abgezogen (10 Prozent von 300 ist 30, von 200 nur noch 20 usw.).

Die **Phase 4** ist eine relativ gemütliche Phase, mit sinkenden Umsätzen, aber sie ist die *Ruhe vor dem Sturm*. Denn in der **5. Phase** holen die Haussiers, die Leute, die es »wissen wollen«, die »jetzt endlich wieder dran« sind, zu einer letzten dramatischen Aufwärtsbewegung aus. In der **5. Phase** erleben wir einen plötzlichen Stimmungsumschlag, mit dem die »alten Zeiten« noch einmal beschworen werden. »Das kann doch nicht schon alles gewesen sein« und so weiter. Für das gesamte **Rohstoff-Preisniveau** war dieser Abschnitt im Sommer 1982 erreicht, als alles mit einem Mal nach oben schoß: Aktien, Gold, Dollar, Bonds – Preise und Kurse, die sich sonst oft gegenläufig entwickeln.

Die 5. Phase ist das letzte Hurra.
Rechnet man alle Preise zusammen, ist der **Preisbukkel** der 5. Phase insgesamt nicht so dramatisch und überdies von *kurzer Dauer*. Da die große **Inflation** bereits mit Phase 3 zu Ende gegangen ist, kann sich nur in ganz seltenen Fällen noch einmal eine neue Inflationierung aufbauen. Selbst wenn es noch einmal zu richtigen **Blow-offs** kommen sollte – der Zuckermarkt ist ein schönes Beispiel, mit seiner Infla-Preis-

spitze 1974 und dem Folge-Top 1980/81 –, sie erreichen *grundsätzlich nie mehr die früheren Hochs*. Danach ist der Preisverfall um so dramatischer. Es hat fast den Anschein, als wolle sich der zurückgewiesene Liebhaber rächen. Denn nun kommt die Verheerung, die **Phase 6.**

Die Preise fallen zum Schluß nicht mehr mit gleichbleibenden, sondern mit *zunehmenden* Raten, weil die **Liquiditätsprobleme** zu einem immer schnelleren Ausverkauf zwingen. **Clément Juglar** beschreibt die traurige Schlußphase, die in einen allgemeinen **Sellout** mündet:

»... die Preise sind schon gesunken ... Es bleibt die Liquidation der Häuser, welche unterlegen sind, eine *infolge des Preisfalls und der Abnahme der Geschäfte doppelt schwierige Liquidation.*«

Zwar kann es auch in der letzten Phase noch einmal überraschende Gegenbewegungen geben. Es kommt dann noch einmal zu einem **präletalen Aufbäumen.** Wie die Preiskurven von **Kondratieff** zeigen, gibt es dann immer noch Preiserholungen. Selbst in der deutschen Super-Krise nach 1929 gab es noch Preiserhöhungen: Bei **Maschinen, Mühlenprodukten** und **LKW** (!). Ja, sogar im Jahr 1931, als das gesamte deutsche Preisniveau gegenüber 1929 dramatisch gesunken war (Index 1929: 154,0; 1931: 136,1!), konnten die deutschen Wasser-, Gas- und Elektrizitäts-Werke und die Brauereien (!) noch die Preise *erhöhen*. Dann aber ging's dahin, und das Verbraucherpreisniveau sank bis 1933 auf 118 Punkte – also um ein rundes *Viertel.*

Selbstverständlich bestätigen auch die deutschen

Zahlen aus der **Weltwirtschaftskrise,** daß jede DE-FLATION erst zu Ende ist, wenn die »früheren« Preise nicht nur wieder erreicht, sondern auch *unterschritten* wurden. Nach den Angaben aus dem großen Sammelband der Bundesbank (»Deutsches Geld- und Bankwesen in Zahlen 1876–1975, Seite 7) ergibt sich dieses Bild:

Großhandelspreise im Deutschen Reich
(1913 = 100)

1924	137,3	1931	110,9	1938	105,7
1925	141,8	1932	96,5!	1939	106,9
1926	134,4	1933	93,3!	1940	110,0
1927	137,6	1934	98,4!	1941	112,3
1928	140,0	1935	101,8	1942	114,4
1929	137,2	1936	104,1	1943	116,2
1930	124,6	1937	105,9	1944	117,6

Selbst die vielgerühmten *Kartelle,* die »Kinder der Not« (die Not waren die verfallenden Preise), konnten den sagenhaften Preisverfall nicht stoppen.*) Die Großhandelspreise krachten um über ein *Drittel* zusammen. Branchen, denen es besonders dreckig ging, mußten die Preise 1932 gegenüber dem Durchschnitt von 1926/29 sogar noch weiter herunterfahren: **Holz** um 40,7 Prozent; **Elektroindustrie** um 45,0 Prozent; **Leder** um 51 Prozent; **Textil** sogar um 55,5 Prozent!

---

*) Im Deutschen Reich gab es zu Beginn der 1930er Jahre rund 3500 Kartelle, die keinen anderen Zweck verfolgten, als verzweifelt die *Preise zu halten.* Umsonst, umsonst. Selbst die zu fast 100 Prozent »kartellierte« Steinkohle kostete 1932 über 15 Prozent weniger als 1929.

Und wir bilden uns ein, solche Zeiten sind ein- für allemal vorbei. So etwas könne doch »nie wieder« passieren! Obwohl wir unser Preisniveau seit den 1950er Jahren mehr als verdoppelt, in vielen Bereichen sogar verdreifacht haben, sei nun »Schluß« mit diesen Preistreibereien? Die Politiker (auch das Kartellamt und andere tolle Behörden) haben jetzt die Inflation »im Griff«. Die Preise werden jetzt demnächst in »Ruhestellung« verharren. Und das **Goldene Zeitalter der Stabilität** beginnt.

Ach, wir Toren!

Die Schwachstellen-Analyse

Der amerikanische Spekulant **Daniel Drew** brachte die Summe seines Lebens vor 100 Jahren auf diesen Nenner:

»Immer wieder wird man von einem Crash überrascht. Und jedesmal fragt man sich: Was habe ich eigentlich übersehen, als er kam. Dann schaut man auf diese Symptome und hofft, rechtzeitig vor dem nächsten Crash auszusteigen. Der aber kommt dann wieder *in einer ganz anderen Ecke* – und mit *ganz anderen Vorzeichen,* die man wieder übersehen hat.«

So wird es auch diesmal sein. Wir starren in eine ganz bestimmte Richtung und suchen dort alles minutiös nach »Crash-Anzeichen« ab. Inzwischen hebt jemand den großen Hammer und gibt uns von hinten einen auf den Kopf.

Wir wissen gar nichts über den **Crash.** Außer: Daß er kommt.

Vielleicht sind wir sogar schon mitten drin. Dann waren die Preisspitzen Anfang 1980 bei den **Edelmetallen** bereits jenes Ereignis, das den Riß, noch unsichtbar zunächst, quer durch das gesamte Gemäuer getrieben hat. Dann ist es wie mit einem Riesen-Staudamm, bei dem ein haarkleiner Riß genügt, um ihn in berechenbar endlicher Zeit zum Bersten zu bringen. Von welchem Land wird der Crash diesmal seinen Ausgang nehmen, oder sagen wir besser: die aktuelle Phase des Crash? Mitte der 1820er Jahre wackelte die Börse in London. Der Crash von 1873 startete an der Wiener Börse. Der von 1929 begann in der Wall Street. Wird es diesmal die Börse in Tokio sein, die zu Beginn des Jahres 1985 in einem Rauschzustand ekstatisiert? Oder Frankfurt?

Wird es überhaupt gleich mit dem Paukenschlag eines Börsen-Crashs beginnen? Haben wir nicht schon zu Beginn der 1980er Jahre den Untergang der Börse von **Kuwait** erlebt, wo mit vordatierten Schecks gearbeitet wurde und zum Schluß offene Rechnungen über 90 Milliarden Dollar übrigblieben, ohne daß sich Schockwellen über den Erdball verbreitet hätten? Wurde damals nicht auch die Börse in **Mailand** geschlossen, weil die Kurse plötzlich keinen Halt mehr fanden? Und die Börse in **Bombay,** wo immerhin hunderte von Millionen Inder Zugang hatten, das größte Volk, das je unter dem Kapitalismus lebte, ist diese Börse nicht im März 1985 geschlossen worden, um unliebsame »Spekulationen« zu verhindern?

Wird es diesmal überhaupt eine Aktienbörse sein, die den Tanz einleitet? Warum ist es nicht der »Devi-

306

senmarkt«, wenn sich dort Dollar-Schieflagen zeigen
– egal in welche Richtung –, wie sie die Welt noch
nicht geschaut hat? Muß es überhaupt bei der alten
Reihenfolge bleiben: Erst **Börsen**-Krach, dann **Banken**-Krach? Kann sich das ganze nicht plötzlich umdrehen, und krachen die Banken (weil es ja jetzt niemand mehr für möglich hält, daß die Banken krachen
können, wo sie doch immer wieder aufgefangen werden), während die Aktien erst recht haussieren?
Vielleicht will sich alle Welt mit Hilfe von Anteilen
an funktionierenden Industrie-Unternehmen retten,
wenn schon alle Forderungen, Guthaben, Konten
und Bonds zu wackeln beginnen?

Als die 71 Sparkassen in **Ohio** geschlossen wurden:
sprang da nicht der **Goldpreis** um über 50 Dollar in
die Höhe? Der gleiche Goldpreis, der vorher so jammervoll gefallen war, daß er gleich mehrere allererste
Adressen mit sich riß, wie die Londoner Goldpool-Bank **Johnson Matthey** oder den langen Arm der sowjetischen Goldproduktion in der neutralen
Schweiz, die (inzwischen liquidierte) **Wozchod-Bank?**

**Was ist aber mit dem Goldpreis, wenn die Banken zu
sind? Und damit die Verfügung über das viele schöne
Geld »erloschen« ist, mit dem wir uns so reich gerechnet hatten? Kann Gold noch *steigen,* wenn kein Geld
mehr da ist, Gold zu kaufen – ja noch nicht einmal,
um die eingegangenen Goldkontrakt-Verpflichtungen** (Termin-*Käufe!*) **einzulösen?**

Alles was wir tun können: Die **Sollbruchstellen** des
»Systems« möglichst der Reihe nach aufzählen.

1. Die Inflationisten. Der Umbruch von der Prosperität zur Krise wird im nachhinein immer personifiziert. Die Leute, die in der Vor-Crash-Phase groß herausgekommen sind, brechen dann in der startenden Krise zusammen, und die Auflösung ihrer »Imperien« wird dann wahlweise als »Krisen-Auslöser« oder auch nur »Krisen-Ursache« gesehen.

Eine dieser Schlüsselfiguren in den 1920er Jahren war im Deutschen Reich der Unternehmer **Hugo Stinnes.** Von seiner Suite im Hotel »Esplanade« am Potsdamer Platz in Berlin aus leitete er 1924, wie die Festschrift »Die Kaufleute aus Mülheim« berichtet,

»... ein Imperium, das ihn zum mächtigsten Wirtschaftsführer seiner Zeit machte ... insgesamt 1664 juristisch selbständige Betriebe mit 2890 Betriebsanlagen und Teilbetrieben gleich 4554 Betrieben ...«.

Ein solches Imperium bekommt ein Kaufmann natürlich nicht durch Handelsfleiß in seine Hände, sondern durch spezielle, vom Staat geschaffene Umstände. Stinnes erkannte zu Beginn der 1920er Jahre mit genialem Scharfsinn, was eine Inflation ist. Das wußten damals – im Gegensatz zu heute – nur ganz, ganz wenige, lag doch die letzte deutsche Inflation (Verfall des preußischen Staatspapiergeldes im Krieg gegen Napoleon) um zwölf Jahrzehnte zurück, die Kipper- und Wipper-Zeit des 30jährigen Krieges noch viel weiter. Stinnes kaufte also *Sachwerte* auf Pump und ließ die Inflation für sich laufen.

Mit dem Ende der Inflation war indessen auch das Ende des Stinnes-Imperiums gekommen. Die Geschichte, die große Personen gern schönt, wenn sie rechtzeitig abtreten, tischt zwar die Mär auf, Stinnes, der Herr über 600000 Arbeiter sei »zu früh« gestorben, als er im April 1924 die Augen schloß, und »unfähige Nachfolger« hätten sein Erbe »verschleudert«. Tatsächlich konnten sie sich nicht an den Rat des Sterbenden halten, der auf dem Totenbett die klassischen Worte gehaucht hatte:

»Was für mich ein Kredit ist, sind für euch Schulden. Eure wichtigste Aufgabe ist: Schulden bezahlen, Schulden bezahlen und noch einmal Schulden bezahlen.«

Die Stinnes-Schulden hatten also die **Inflation** rätselhaft überdauert, obwohl man doch immer hört, in der Inflation würden die Schulden sozusagen »von selbst« verschwinden. Das Stinnes-Imperium hätte auch unter dem großen Hugo nie und nimmer die volle Phase der »Stabilisierung« überstanden, von der deflationär-depressiven Krise nach 1929 ganz zu schweigen.

In diesem Zusammenhang ist auch ein anderes, besonders frommes Märchen zum Thema »Untergang der Weimarer Republik« auszuräumen. Man hört immer wieder, die Inflation hätte damals dem Mittelstand alle Ersparnisse genommen, ihn wirtschaftlich »entwurzelt« und so Hitler in die Arme getrieben.

Eine solche Geschichte ist klitternder Selbstbetrug! In Wirklichkeit wollte ein Teil des Mittelstandes dem großen Stinnes nacheifern und flotte Inflationsgewinne einstreichen, blieb aber *nach* der Inflation leider auf den Schulden sitzen, während die zweifelhaften »Aktiva« nichts mehr brachten. Weiteres Schuldenmachen im »Aufschwung« nach 1925 kam dazu. Der deutsche Mittelstand war nicht etwa auf Null (wie jemand, der halt sein Sparbuch eingebüßt hat), sondern erheblich *im Minus!*

Hitlers zentrale Aussage war auch nicht:»Durch vermehrtes Sparen zu neuem Glück!« Sondern:»Ich mache euch schuldenfrei, indem ich die ZINS-KNECHTSCHAFT breche!«*)

Die großen **Inflationisten,** die heute zum **Leitfossil** der Vor-Crash-Phase geworden sind, sitzen in den USA. Schwerpunkt: Texas. **Nelson Bunker Hunt, W. Herbert Hunt, H. Ross Perot, Clinton W. Murchison** – das sind die ehemaligen »Milliardäre«, die bereits zusammenbrechen oder demnächst in richtig schöne Schwierigkeiten kommen werden. Die Hunts stehen besonders dumm da, weil sie gleich in drei Branchen sind, in denen die DEFLATION schon läuft oder erst noch richtig startet: Zucker (Preis unter Vorkriegszeit), Silber (Preisfall von 50 auf 6 Dollar) und Öl (bröckelt, bröckelt).

Die unternehmerische »Leistung« war nichts als das Differenzen-Geschäft, das jeder Inflationist beim großen Hugo lernen konnte: Kaufen, Schulden drauf, warten bis es teurer wird. Das »Wall Street Journal« bewundert diese Kerle noch, nachdem ihr Konzept sichtbarlich gescheitert ist. Der bankrotte Murchison (Öl, Gas, Immobilien), dem der Schreck über zahlreiche Zwangsvollstreckungen so in die

---

*) Zur NS-Bewegung als einer Partei der überschuldeten Schuldner, vgl. mein Buch über den **Sachwert,** vor allem Seite 59 ff. Die **Hitlers** sind eine Konstante der Weltgeschichte, siehe **Catilina** (»novae tabulae«), **Luther** (»Von Kaufshandlung und Wucher«, »Die Juden und ihre Lügen«) usw.

Glieder fuhr, daß er im Rollstuhl Platz nehmen muß, heißt im WSJ »Bold Empire Builder« – der »kühne Schöpfer eines Imperiums«, als sei vom römischen Kaiser Trajan die Rede. Und ein Bankrotteur namens **Victor Posner** (Immobilien, Miami Beach) wird als »Financier« angehimmelt, obwohl er genau das Gegenteil eines solchen war – ein Schuldenmacher.

2. Die Immobilien-Pleiten. Der amerikanische Silber-, Öl- und Zucker-Spekulant **Bunker Hunt** sieht so aus, wie sich der Maler **George Grosz** ein fieses, fettes Kapitalistenschwein vorgestellt hat. Wenn solche Figuren krachen, ist der Jubel groß. Die Behörden werden sich schwertun, Gründe zu finden, die Folgen einer Huntschen Pleite »aufzufangen«. Da hilft man nicht per Staatsbürgschaft und/oder Einschuß von »fresh money«, weil man den Wähler fürchtet. Der Untergang des größten indischen Rohstoffspielers, eines Rauschebarts, der drei Rolls Royce und eine Boeing 707 besaß, namens **Sethia,** erregte das Parlament in New Delhi, als Anfang 1985 klar wurde, daß der Herr eine 600-Millionen-Dollar-Pleite hingelegt hatte, die auf den Steuerzahler zukommt. Auch solche »sozial erwünschten« Groß-Pleiten sind nicht zu unterschätzen, denn fast alle großen Jungs haben mit Milliarden jongliert, nicht nur die Nadelstreifen-Bankiers, die unser Erspartes in Südamerika versenkt haben.
Dies gilt auch für die Batterien von Immobilien-Pleiten, die weltweit losgerumpelt sind und die erst noch richtig losrumpeln werden. Der Immobilien-»Speku-

lant« ist ebenfalls eine besonders verwerfliche Spe-
zies Mensch, weil er aus einer **Knappheit** Kapital
schlägt, die der Mensch durch seine schiere Existenz
verursacht.

**Jeder Mensch, der auf die Welt kommt, braucht
»Raum«, um sich darauf aufzuhalten. Niemand kann
schweben. Dieser Raum wird knapper, ergo teurer.
Bei Nicht-Raum-Eigentümern (»Mietern«) resultiert
daraus ein Gefühl der Ohnmacht, das sich in Politik
niederschlägt (»Mieterschutz«), die sich durchaus bis
zum Exzeß steigern kann (»Sozialisierung« von
Grund und Boden, u. a.).**

Schon als der Lübecker Bonvivant **Lutz Schumann**
mit seiner Bauherrenmodell-Firma Treuwo krachte,
ging ein anerkennendes Raunen durchs Land, das
lauter wurde, als noch andere »Baulöwen«, wie der
Präsident von Bayern München, der legendäre
»Champagner«-Willi (Hoffmann), in Probleme kamen. Vollends brach Jubel aus, als sich der Nation
»schlimmster« Spekulant, der Diplom-Kaufmann
und Steuerberater **Günter Kaußen** in seinem
Penthouse zu Köln erhängte. Keiner habe seine Mie-
ter so »gequält« wie er, konnte man lesen. Die Frage
ist dann freilich: Warum hat der Mann dann pleite gemacht?
Immobilien-Pleiten allergrößten Kalibers aber werden ex Amerika herüberstrahlen. Ende Januar über-
schrieb das »Wall Street Journal« einen Bericht aus
dem ehemaligen Ölgräber-Dorado **Houston:**

»Welcome to the most overbuilt city in America.«

312

Nur: Fast *sämtliche* US-Großstädte sind völlig überbaut. Und wenn in Houston Büroraum von einer Gesamtfläche leer steht, die 19 Empire State Buildings entspricht, so kann man ungefähr ahnen, was wohl los ist, wenn drüben erst richtig Krise angesagt ist. Im Januar 1985 lauteten die Schlagzeilen:

»Größtes US-Wirtschaftswachstum seit über 30 Jahren!«

3. Das Agro-Elend. Schon der pingelige Russe **Kondratieff** erklärte, über seine Zahlenreihen gebeugt:

»Während des Absinkens der langen Wellen macht die Landwirtschaft in der Regel eine *besonders scharf ausgesprochene, lang anhaltende Depression durch.* So war es nach den Napoleonischen Kriegen; so war es vom Anfang der 70er Jahre des 19. Jahrhunderts ab; dasselbe ist auch nach dem Weltkriege zu beobachten.«

Und wir dürfen Kondratieff ergänzen: Ab Mitte der 1980er Jahre wird sich dies erneut und ganz besonders dramatisch bestätigen. Weltweit.

Über den Niedergang der US-Landwirtschaft konnte man sich schon auf den Titelseiten der Tageszeitungen informieren, wo Senatoren aus Agrar-Staaten abgebildet waren, darunter der unterlegene Präsidentschaftsanwärter **Gary Hart,** wie sie Totenkreuze auf dem Rasen vor dem Ministerium stecken. In Iowa, einst die Kornkammer der Erde schlechthin, verteilen die Banken kleine Broschüren an Farmers-Gattinnen, in denen gleich das erste Kapitel heißt:

»So können Sie erkennen, daß Ihr Mann suizid-gefährdet ist.«

313

Nun erhängt sich kein Farmer, wenn er mal schlechtere Ernten einfährt oder wenn die Preise fallen. Er schreitet nur dann zum letzten Mal in die Scheune, wenn er in der Lage des *ausweglosen Schuldners* ist. Und vier von fünf US-Farmern sind in der ausweglosen Lage des Schuldners. Zwischen 1970 und 1982 stiegen die **Farm-Kredite** von 50 auf über 220 Milliarden Dollar. Das Geld wurde freilich *nicht* investiert, also in Maschinen oder Meliorationen gesteckt. Es diente einzig und allein dazu, *Farmen zu inflationär aufgeblähten Landpreisen umzusetzen!*

Wie wir aber aus unserer Inflations-Analyse wissen, schlägt ein solches Treiben *automatisch* in eine Deflation um: Wenn alle Farmen bis zur Beleihungsgrenze beliehen sind, fehlt das »Geld«, um einen weiteren Landpreis-Anstieg zu »finanzieren«. Dann drücken auf einmal die Zinsen, die man nicht mehr in höhere Preise »überwälzen« kann, weil es die eben nicht mehr gibt. Dann stehen die Banken auf der Matte, und der allgemeine Absturz beginnt.

Aber nicht nur die amerikanischen Farmen haben noch jede Menge Konkurse vor sich. Auch die staatlich hochgepäppelte Landwirtschaft der EG wird vollständig zusammenbrechen. Auf dem »Lande« wird das Elend unbeschreiblich sein.

Weil sich die »Preisstützungsprogramme« nicht auf Dauer finanzieren lassen! Die Bauern haben aber im »Vertrauen« auf das dauerhafte, unbegrenzte »Aufkaufen« durch den Staat investiert, was die Scholle hielt. Nimmt der Staat auch nur ein wenig von seinen Zusagen zurück, wie 1984/85 bei der **Milch,** beginnen bereits die Konkurs-Katarakte. Kein Berufsstand ist in der EG so überschuldet wie der Landmann. Beginnen erst die »richtigen« Budget-Krisen, weil die Staaten im nächsten Konjunktur-**Abschwung** dann weder Geld in der Kasse noch offene Kredit-»Spielräume« haben – Gute Nacht! Die »Getreidepreis«-Verhandlungen im Mai 1985 haben doch dem Dümmsten die Augen geöffnet!

4. Das Energie-Desaster. In den 1970er Jahren wurde der Ölpreis durch die OPEC, ein höchst unzeitgemäßes Kartell*), von etwa **2 Dollar** auf weit über **30 Dollar** getrieben. Da sich über kurz oder lang wieder der *alte* Preis einstellen wird, heißt dies im Klartext:

Sämtliche Energie-Einspar- oder Energie-Ersatz-Beschaffungs-Investitionen, die seit 1970 vorgenommen wurden, sind abzuschreiben.

Staudämme, wie jener Unfug von **Itaipu** zwischen Brasilien und Paraguay, der bis heute **18 Milliarden Dollar** gekostet, aber noch nicht für einen einzigen Cent Strom geliefert hat, sind eine ebenso groteske Fehlinvestition wie **Ölförder-Anlagen** in der **Nordsee,** die einen Ölpreis von mindestens **18 Dollar** brauchen, um wirtschaftlich zu sein, oder die meisten **Atomkraftwerke,** deren Kosten durch Umwelt-

---

*) Kartelle sind »Kinder der Not« und haben – als Preisstabilisierungs-Maßnahmen – erst ihre Stunde in der Deflation. Die ersten deutschen Kartelle entstanden in der Depression nach den Napoleonischen Kriegen, dann kam der große Schwung in der Depression der Bismarck-Zeit und die Sanktionierung auf dem **Tiefpunkt der Deflation** per RG-Urteil vom Februar 1897 (**Franz Böhm,** Das Reichsgericht und die Kartelle, in: ORDO, 1948, 197 ff.).

schutzauflagen so sehr in die Höhe getrieben wurden, daß sie mit sinkenden Ölpreisen sozusagen von selbst im Meer der roten Zahlen versinken.

»Angrenzende« Fehlinvestitionen, wie auf dem **Welttanker-Markt** oder auch in nationalen **Kohlebergwerken,** müssen in diesem Zusammenhang nicht eigens erwähnt werden. Der gesamte Welt-Energie-Sektor wird sich als eine märchenhafte Geldverschwendung entpuppen. Daß die sogenannten »Verantwortlichen« durchaus erkannt haben, was da auf uns zukommt, zeigt ein Beitrag in der »Financial Times« vom 25. März 1985 über den Ölpreis mit dem Titel »Es ist Zeit, die ›Marktkräfte‹ neu zu definieren«. Die Autoren, darunter jener unsägliche Energie-Lobbyist **Ulf Lanzke** von der Internationalen Energie-Agentur in Paris, schlagen sich klar auf die Seite der Preistreiber:

»Ein richtiger Preis-Kollaps würde dem Welt-Energie-System *eine Menge Schaden zufügen ...*«

Zur Begründung wird dann das Märchen aufgetischt, das alle Inflationisten immer auftischen, wenn es darum geht, sich der Wucht der Marktkräfte zu entziehen, und das da lautet:

»Die unvermeidliche Folge wäre nämlich ein sprunghafter Preis*anstieg,* der wiederum der *Weltwirtschaft als ganzer* wiederum *schweren Schaden zufügen würde.*«

Aha, die Preise dürfen also nicht fallen, weil sie danach nämlich so stark ansteigen, daß alles kaputtgeht. Man droht mit einem Preisanstieg, um eine Preissenkung zu verhindern – ein Manöver, das so dünn ist, daß man durchgucken kann.

316

5. Die Staatsbankrotte. Die finanzielle Situation der Staaten dieser Erde entwickelt sich planmäßig. In den schon erwähnten früheren Publikationen von **Walter Lüftl** und mir ist alles nachzulesen (»Formeln für den Staatsbankrott«, »Die Pleite«). Wer behauptet, irgendwo würde »gespart«, weiß nicht wovon er redet oder er ist der deutschen Sprache nicht mächtig.*)

In sämtlichen Industrie-Nationen (Ausnahme: Schweiz!) liegt der Zuwachs der Staatsverschuldung *weit über* dem Zuwachs des Sozialprodukts, so daß alle diese Staaten – gemäß dem 1. Lüftlschen Axiom – in berechenbarer Zeit den Bankrott anmelden *müssen*.

Viele öffentlich-rechtliche Körperschaften vom Bundesland **Bremen** bis zum fernen Kaiserreich **Japan** sind bereits voll auf der Zielgeraden: Wie im Königreich **Frankreich** des 18. Jahrhunderts sind die Ausgaben für den **Zinsendienst** bereits die **Nummer 1** in den Haushalten. Im Mittel der OECD-Staaten liegen die Ausgaben für die Zinsen auf die früher gemachten Schulden bei **18,6 Prozent** der Haushalte, und die Steigerungsrate dieses Etatpostens liegt im Schnitt bei 23,4 Prozent. In der Bundesrepublik Deutschland

---

*) »Sparen« kann wohl kaum als »weniger schnell noch mehr Schulden machen« definiert werden. Wie schnell es dennoch dahingeht: **Bundesrepublik Deutschland:** Staatsschulden 1970: 126, 1975: 256, 1980: 469, 1985 (laut Haushaltsplanungen): 745 Milliarden Mark. **Österreich** im gleichen Zeitraum: 72,8 – 157,1 – 370,1 – 680 Milliarden Schilling. – Die Bundesrepublik hat (nur Bund!) im Februar 1985 übrigens eine historische Marke hinter sich gelassen; der Bund hat jetzt mehr Schulden (Februar 1985: 382,9 Milliarden Mark) als Hitler am Ende des Dritten Reiches (379,8 Milliarden).

lagen die Zinsen noch 1970 bei etwa einem Fünftel der **staatlichen Sachinvestitionen,** inzwischen haben die Zinsausgaben die Sachinvestitionen **überrundet!** Wo aber soll das mysteriöse Wirtschaftswachstum herkommen, wenn der Staat noch nicht einmal mehr »richtig investiert«, hahaha!

Zur Abrundung paßt ins Bild, daß inzwischen selbst der reichste Mann der Welt mit seinem Geld nicht auskommt. **Saudi-Arabien** muß an seine »Reserven« gehen: Im laufenden Haushaltsjahr wurden bereits 13 Milliarden Dollar abgerufen, und die »Financial Times« ahnt:

»In Wirklichkeit werden sich diese ›Abzüge‹ (von den saudischen US-Konten, PCM) auf 20 Milliarden Dollar belaufen. Nur daß diese Zahl durch geschicktes Buchen (»creative accounting«) verschleiert wurde.«

Insgesamt sollen die Saudis noch zwischen 100 und 110 Milliarden Dollar Reserven haben, seit August 1984 wurden keine Zahlen mehr publiziert.

6. Der Banken-Krach. Würde alles mit rechten Dingen zugehen: Wir hätten den großen Crash längst *hinter* uns. Längst hätte man die Staaten, die sowieso nie mehr einen Cent zurückzahlen werden, für fallit erklärt. Längst wären die Banken, die unter Tarnnamen wie »**Recycling**« oder »**Arbeitsplätze in der Exportindustrie sichern**« unser schönes Geld zum Fenster hinausgeworfen haben, für diesen Unfug bestraft worden. Nach einer Aufstellung der (gewiß bankenfreundlichen) »Wirtschaftswoche« beläuft sich per Ultimo 1984 die Summe der von den deutschen Kreditinstituten an die bekannten Pleite-Staaten (Argentinien usw.) direkt verliehenen »Kredite« auf über 50 Milliarden Mark. Dieses Geld ist selbstverständlich verloren, es wird dem Publikum aber noch »gezeigt«, damit es nicht unruhig wird ...

So wird das Stück von des Kaisers neuen Kleidern wieder und wieder gegeben, weil sich niemand traut, den Mund zu öffnen, um die Wahrheit zu sagen.

Das Märchen höret nimmer auf. Nur muß man es jetzt zu Ende erzählen. Der Kaiser marschiert immer wieder nackt durch die Menge, die aber, weil sie sich nichts zu sagen traut (»Guck mal, der hat doch gar nichts an!«), bei jedem Vorbeimarsch der nackerten Majestät nun ihrerseits ein Kleidungsstück verliert. Zum Schluß stehen *alle* splitterfasernackt herum und versichern sich gegenseitig, was sie doch für tolle Gewänder trügen, von Barchent und Brokat.

Die wichtigste Schlagzeile des Jahrzehnts, sozusagen vom Kaiserlichen Herold selbst, war am Morgen des 29. Mai 1984 zu lesen. Sie lautete (aus der »Financial Times«):

»Fed pledge to maintain U.S. bank stability«.

Damals stand die achtgrößte US-Bank, die **Continental Illinois,** auf der Kippe, aber die US-Notenbank (»Fed«) machte ganz klar, daß da kein Wind rein geht, ins US-Bankensystem. Die Fed, so erklärte ihr Vizepräsident **Preston Martin** laut und deutlich, würde auf jeden Fall tun, was immer in solchen Fällen hilft, siehe oben die Geschichte mit **Walter Bagehot:**

»To lend, lend *boldly,* and keep on lending.«

Auf deutsch: Man druckt jede Menge Geld (Noten-banken nennen das vornehm »to lend«), und zwar ganz *kühn,* so lange, wie's halt nötig ist.

Damit ist das Banken-System also hinten zu!

Kleinere Institute wird man krachen lassen, rund um den Globus. Das sind dann Sparkassen in Ohio oder Landbanken im Corn Belt. Noch nie seit der Großen Depression sind so viele US-Banken geschlossen worden wie 1984/85. Aber das tut nichts zur Sache. Denn die **Größten** der Großen hat der Oberaufseher des amerikanischen Währungswesens, ein Mann na-mens **Conover,** für *sakrosankt* erklärt: Die wird das System auf alle Fälle stützen. Diese Banken heißen »T.B.T.F.-Banken«: »To big to fail« – zu groß, um pleite zu gehen ...

Und Gleiches gilt woanders. Als die Londoner Gold-bank **Johnson Matthey** am Ende war, gingen die lei-tenden Herren einfach zur Bank von England, deren Gouverneur sofort freudig erregt erklärte: Überneh-me alles! Die Bank von England kaufte die Pleite-bank auf, und wer will denn bei so etwas noch zwei-feln, daß nicht alles mit rechten Dingen zugeht.

Denn das haben die Notenbanken gelernt: Wenn man keine große Bank mehr fallen läßt, kann auch nie mehr was »passieren«.

Wie war es denn damals, 1929? In England machte gerade ein großer »Financier« pleite. Er hieß **Cla-rence Charles Hatry.** Und als er fertig war, stiefelte Hatry zum Gouverneur der Bank von England und bat ihn genauso um Hilfe wie 1984 der Chef der Plei-tebank Johnson Matthey. Der Gouverneur, **Monta-**

gu Norman, ein Mann mit Fliege und weißem Spitz-
bart, empfing ihn sofort. Das Gespräch endete wie
folgt:*)

»(Gouverneur): ›I'm sorry, Mr. Hatry.‹
›You mean ... you mean you will not help me?‹
›No, Mr. Hatry. I will not.‹
Norman rose to his feet and looked down at Hatry...
›That is your last word?‹
›Yes.‹
The interview was finally over.
Numbed, *unable to speak,* Clarence Hatry walked in a
daze to the door and out of the Bank of England.«

Heute verschlägt es keinem Bankrotteur mehr die
Sprache. Es ist vermutlich auch ganz überflüssig, daß
man noch die Notenbank aufsucht. Anruf genügt.

›Governor, we are pleite.‹
›How much?‹
›Billions.‹
›Of course, any time, any sum, gentlemen!‹

Finanzbanken, Banco Hispano America, Dubai
Bank, Crocker National, Midland, Bank Bhumipa-
tra, Overseas Trúst Hongkong, wann immer eine
Bank auch nur ins Gerede kommen könnte: schon er-
klärt der jeweils zuständige Notenbank-Chef, die
LKW seien unterwegs (»we keep on lending ...«).
Und einen **Run** könne man sich gefälligst sparen.**)

---

*) Nach Original-Aussagen, vgl. **Thomas/Morgan-Witts,** The Day the
Bubble Burst, a.a.O., Seite 315.
**) Unverbesserliche Pessimisten können ihre Statistiken nachtragen.
Diese Runs kosteten so viel Geld (= vom »System« letztlich zur Verfü-
gung gestellte Summe): Franklin National (1974): 1,7 Milliarden $, 1st
Pennsylvania (1980): 925 Millionen $, Greenwich Savings (1982): 430
Millionen $ Dollar), Seafirst (1983): 900 Millionen $, 1st National Mid-
land (1983): 800 Millionen $, Continental Illinois (1984): **15 Milliarden** $.

Das Ende der Fahnenstange

Den Wohlstand, den die Welt zu Beginn der 1980er Jahre erlebt hat, wird keiner von uns nach dem CRASH mehr schauen. Es wird Jahrzehnte dauern, um die Folgen des Desasters auch nur halbwegs zu neutralisieren.

Alles, was der einzelne für sich und seine Familie tun kann, wird sein:

Die relative Position gegenüber allen anderen zu halten und auszubauen – und dieses, wie wir im vorigen Kapitel gesehen haben – absolut unbemerkt!

Was vor uns liegt, vergleichen Sie am besten mit der wirtschaftlichen Lage am *Ende eines Krieges.* Die Kriegsproduktion ist absolut ausgereizt, der Staat hat den Krieg mit Krediten finanziert, die entweder gestrichen werden (Beispiel: Deutsches Reich) oder die er mit den Erträgen aus der zu erwartenden Friedensproduktion mit entsprechend hohen Steuereinnahmen zu bedienen versucht (Großbritannien, USA).

Das Schöne am Ende eines Krieges ist aber nicht, daß der Krieg zu Ende ist, sondern daß es einen *unendlichen privaten »Nachholbedarf«* gibt! Zum Krieg muß man die Menschen zwingen, zum Aufbau nach dem Frieden aber nicht. Da wirkt das natürliche Streben der Menschen nach einem besseren und angenehmeren Leben.

Heute ist es aber genau umgekehrt: Durch das wahnwitzige staatliche Schuldenmachen ist die private Produktion ausgereizt, die Chance, mit zusätzlicher

»Friedens-Produktion« die Schulden bedienbar zu halten, verrinnt täglich mehr.

Der immer wieder gern gehörte Einwand, da gäbe es doch »riesige neue Märkte«, die man nur »erschließen« müsse, ist zwar lieb gemeint. Nur leider: Es ist ein Denkfehler.

Die Produktion der laufenden Periode kann immer nur mit den *während und durch die Produktion entstehenden Kosten* vom Markt genommen werden. Niemand anders kauft das, was die Arbeiter produzieren – als die Arbeiter.

Ist nun bereits Produktion liegengeblieben, wird dies verheimlicht, indem man die Kosten der Produktion, die nicht vom Markt wieder eingespielt wurden, »vorträgt«, also per *Zinseszins aufschuldet*. Zu den laufenden Kosten der laufenden Produktion treten also noch die laufenden Kosten der nicht fristgerecht vermarkteten *alten* Produktion.

Beispiel: Eine Firma produziert zwei Autos im Jahr. Kosten 100.000, Zinssatz 10 Prozent. Preis der Autos: je 110.000 Mark. Nur ein Auto wird verkauft. Im zweiten Jahr werden wieder zwei Autos produziert, von denen wiederum nur eins verkauft wird. Das müßte aber schon 121.000 Mark kosten, um die Zinsen des ein Jahr lang unverkauft gebliebenen einen Autos der ersten Produktionsperiode mit einzuspielen. (Ausführlicher dazu oben PCM's Theorie vom unvermeidlichen Umschlag von der INFLATION zur DEFLATION).

Der Prozeß der liegengebliebenen Produktion, die bei steigendem Zinssatz immer fataler wird, läßt sich zwar durch *Staatsverschuldung* (Subventionen) und/

oder *Konsumentenverschuldung* (Teilzahlungskredite) und/oder *»Kredite ans Ausland«* (ach, die »Dritte Welt«) einige Runden lang durchhalten, aber irgendwann sind die *Verschuldungs-Spielräume* doch wieder erreicht, und dann bricht die Wahrheit des immer vor sich hergeschobenen Problems mit elementarer Gewalt über die Volkswirtschaft herein.

Wenn in den Haushalten der Industrienationen die *Zinsausgaben* an die erste Stelle rücken und einfache Menschen von den Banken, Beispiel Bundesrepublik, bereits aufgefordert werden, sich doch bitteschön, einen »Kredit zur freien persönlichen Verfügung« über sage und schreibe 50.000 Mark »zu holen«, dann kann das Ende der Fahnenstange nicht mehr weit sein.

Der Staat hat dem Industriesystem ein uneinholbares Schuldenproblem vorgegeben. Das Industriesystem kann dieses eine Zeitlang aus eigener Kraft (Beschleunigung der Produktion u. a.) umgehen und sich durch zusätzliches Schuldenmachen anderer (Staat, Konsumenten, Entwicklungsländer) am Leben erhalten. Am Ende steht um so sicherer der vollständige Zusammenbruch.

Es gibt kein Unternehmen, das einen *Zerobond* bedienen wird, der Ihnen in 30 Jahren 30faches Geld verspricht! Denn: 30 Jahre lang zahlt die Firma keinen müden Dollar aus. Woher soll aber die *Nachfrage* nach den Produkten der Firma kommen, die in 30 Jahren aber logischerweise 30mal so hoch sein müßte wie heute?

Spielen Sie den Schwindel mit den Zerobonds immer wieder gedanklich durch, und machen Sie sich klar, daß »Nachfrage« immer nur diejenigen »Kosten« sein können, die bei der »Produktion« der Güter entstehen, die nachgefragt werden *sollen.*

Aber vielleicht ist in 30 Jahren schon alles anders: Dann dürfen die Verbraucher ihrerseits Zerobonds ausgeben, mit deren Hilfe sie dem Produzenten seine 30fache Produktion abnehmen. Dann lesen wir in den Zeitungen solche Anzeigen:

»Mr. Miller gibt bekannt: Da ich mir morgen 30 Cadillacs kaufen will, lege ich hiermit auf: einen Zerobond über eine Million Dollar – fällig in zehn Jahren.«

Dann kriegt Mister Miller vielleicht seine Million Dollar, die er braucht, um die 30 klimatisierten Cadillacs zu kaufen, die General Motors ihrerseits verkaufen muß, um den »alten Zerobond« aus dem 20. Jahrhundert abzulösen?

Das **Kreditsystem** ist eine schicke Sache, und selbstverständlich muß es ein Kreditsystem für eine freie Wirtschaft geben, und selbstverständlich wird es nach dem CRASH wieder ein Kreditsystem geben. Heute aber ist das Kreditsystem in einem Umfang *mißbraucht worden,* der ohne Parallele ist in der Weltgeschichte. Wie lange sich die Teilnehmer noch gegenseitig betrügen können und betrügen lassen, das weiß keiner.

Wenn jemand kommt, sich von mir 10.000 Mark leiht und mir verspricht, mir nachmittags 20.000 zurückbringen, andernfalls am nächsten Tag 40.000 Mark und so fort, und ich *glaube* das (»credere« = glauben, vertrauen) – wer will mich hindern, den »Kredit« zu geben!

Womit wird noch Geld verdient?
ABWÄRTS!

Da das heutige Industrie-System todgeweiht ist, verdienen Sie ganz sicheres Geld beim **Zusammenbruch der Aktienkurse.** Das geht aber nur, wenn die Börsen *geöffnet* bleiben.

Es liegt sehr nahe, daß die Politiker die Börsen schließen werden, wenn das Grauen überhand nimmt. Die Schließung der Aktienbörsen von **Mailand, Kuwait** und **Bombay** kam auch über Nacht und »völlig überraschend«. Es ist auch denkbar, daß die Börsen aus *technischen Gründen* dicht machen. Sollte Wall Street krachen (und Wall Street wird mit absoluter Sicherheit krachen!), werden, wie **Joe Granville** sagt, »buchstäblich Tonnen und Tonnen von Papier« ausgekippt. Dann werden die »Specialists«, die für die Kursfeststellung zuständigen Makler, Kurse stellen, bei denen »Geld« und »Brief« (Ankaufs- und Verkaufskurs) *sehr weit auseinander liegen,* selbst bei Spitzentiteln fünf oder zehn Dollar. Das wird eine Verkaufswelle nach der anderen auslösen, so daß man für die Abwicklung der Orders und die Umschreibung der Papiere Tage, wenn nicht Wochen brauchen wird.

Wer beim **Aktien-Crash** kassieren will, darf also den Zeitpunkt zum Aufbau seiner **Shortpositionen** (short = Leerverkäufe) nicht verpassen. Da es andererseits bis kurz vor dem CRASH noch Traum-Haussen geben kann, die man andererseits auch nicht verpassen will, ist es diesmal besonders schwierig, den optimalen Punkt zu erwischen. Wie schnell, dramatisch und beinahe ansatzlos die Börse umschlägt, zeigt ein Blick auf den **Crash von 1929** (siehe Seite 330/331).

Folgende Überlegungen sollte der Börsen-Spekulant beherzigen:
1. Blow-off. Vor dem CRASH muß ein Kurs-Taumel herrschen. Der war diesmal in Amerika nicht so deutlich zu sehen. Das kann am Index liegen: Der **Dow Jones** entwickelt sich anders als die weniger bekannten Indices **Standard & Poors** oder **Value Line.** Die letztgenannten Indices sind relativ höher gestiegen als der Dow.

Das kann bedeuten: Der Blow-off in Amerika kommt noch! Möglicherweise als ganz kurzer »Spike« (dornenförmige, letzte Spitze), wenn die Nominalzinsen plötzlich dramatisch sinken (in der Bonitätskrise steigen sie wieder!), wenn die USA zum **Protektionismus** übergehen, wenn sich ein Agreement mit den Russen abzeichnet?

Oder es heißt: Der Blow-off kommt *nicht* in Amerika, sondern an jenen Börsen, an denen die Aktien notiert werden, die durch den hohen »Dollarkurs« am meisten profitiert haben (Japan, Deutschland). Dann würden die nicht-amerikanischen Börsen als erste krachen.

2. Crash. Im Kurszusammenbruch (mit und ohne Börsenschließungen) werden die Aktien sehr schnell sehr viel billiger. Nach bisheriger Erfahrung zieht sich ein Aktien-Crash in der ersten Phase nicht länger als eine Woche hin. Dann steht eine neues Kursniveau, das mindestens ein Drittel, wahrscheinlich um die Hälfte oder noch tiefer unter dem All-Time-High liegt.

Mit Sicherheit wird der Aktien-CRASH in Form einer **Panik** ablaufen. Weil es diesmal nicht einfach darum geht, daß halt irgendwo »mal wieder« irgendwelche Spekulanten auf die Nase fliegen.

Diesmal bedeutet ein erster schwerer Kurseinbruch *mehr*: Er zeigt allen an, daß es mit der versprochenen Prosperität der 80er Jahre, mit dem goldenen Zeitalter von Wachstum plus stabilen Preisen, offenbar doch nichts wird. Mit einem Schlag wird Ernüchterung eintreten: daß sich die großen Probleme, wie Schuldenkrise, Pleitenwelle, Dauer-Massenarbeitslosigkeit doch als stärker erwiesen haben!

Harry Shultz gibt uns seine wichtigste Panik-Regel an die Hand:

»Unterschätze nie das Ausmaß der Panik! Versuche nicht zu berechnen, was eine ›vernünftige Reaktion‹ wäre. Rechne lieber aus, bis wohin der Mensch fähig ist zu gehen, *um sich selbst zu zerstören*. Erst dann läuft seine Reaktion aus …«

3. Rebounce. Normalerweise baut sich nach dem ersten schweren Sturz eine Gegenreaktion auf. Selbst nach dem größten Zusammenbruch kehrt die Hoffnung wieder zurück. Am Aktienmarkt kann die dann kommende »Erholungs-Phase« (Rebounce = das Zurückspringen) durchaus die *Hälfte* des verlorenen Terrains wieder gutmachen, siehe 1929. Wer also Leerverkaufs-Positionen *vor* dem CRASH eingegangen ist, tut gut daran, nach der ersten Schockwelle einzudecken!*)

4. Höllenfahrt. Der »eigentliche«, langanhaltende Abstieg setzt erst ein, nachdem sich die Hoffnung auf eine schnelle Erholung zerschlagen hat, wenn jedem klar ist, daß es nicht nur ein »Ausrutscher« oder »Irrtum« gewesen ist, was an den Börsen geschah. Dann erst beginnt die richtige **Baisse,** die sich über Jahre hinziehen wird.

Am Ende der Höllenfahrt werden die Kurse nur noch einen *Bruchteil* der heutigen Kurse darstellen. Möglicherweise weniger als *zehn Prozent.*

---

*) Für das Studium des New Yorker Aktien-Crash, seiner entscheidenden Vorphase und seines Ablaufs gibt es nichts Besseres als das exzellent recherchierte Taschenbuch von **Thomas/Morgan-Witts** »The Day the Bubble Burst«. Der CRASH von 1929 war bekanntlich ein **Doppelschlag** am 24. und am 29. Oktober; zwischen beiden Daten baute sich noch einmal »Hoffnung« auf, für die folgende Schlagzeilen im »Wall Street Journal« typisch waren:

WORST STOCK CRASH STEMMED BY BANKS;
12,894,650-SHARE DAY SWAMPS MARKET;
LEADERS CONFER, FIND CONDITIONS SOUND

FINANCIERS EASE TENSION

Call Break ›Technical‹

Wall Street Optimistic After Stormy Day

Solche dummen Sprüche dürfen Sie nicht dazu verleiten, zu früh aus Ihren **Short-Positionen** auszusteigen! Andererseits mahnt das Schicksal von notorischen **Leerverkäufern,** wie des amerikanischen »Super-Bären« **Jesse Livermore,** zu größter Vorsicht. Obwohl Livermore im Crash durch aggressive Leerverkäufe 30 Millionen Dollar gewonnen hatte, mußte er im März 1934 schon einen Offenbarungseid leisten. Im November 1940 erschoß sich der völlig bankrotte Super-Bär auf der Herren-Toilette des »Sherry-Netherland«-Hotels in New York.

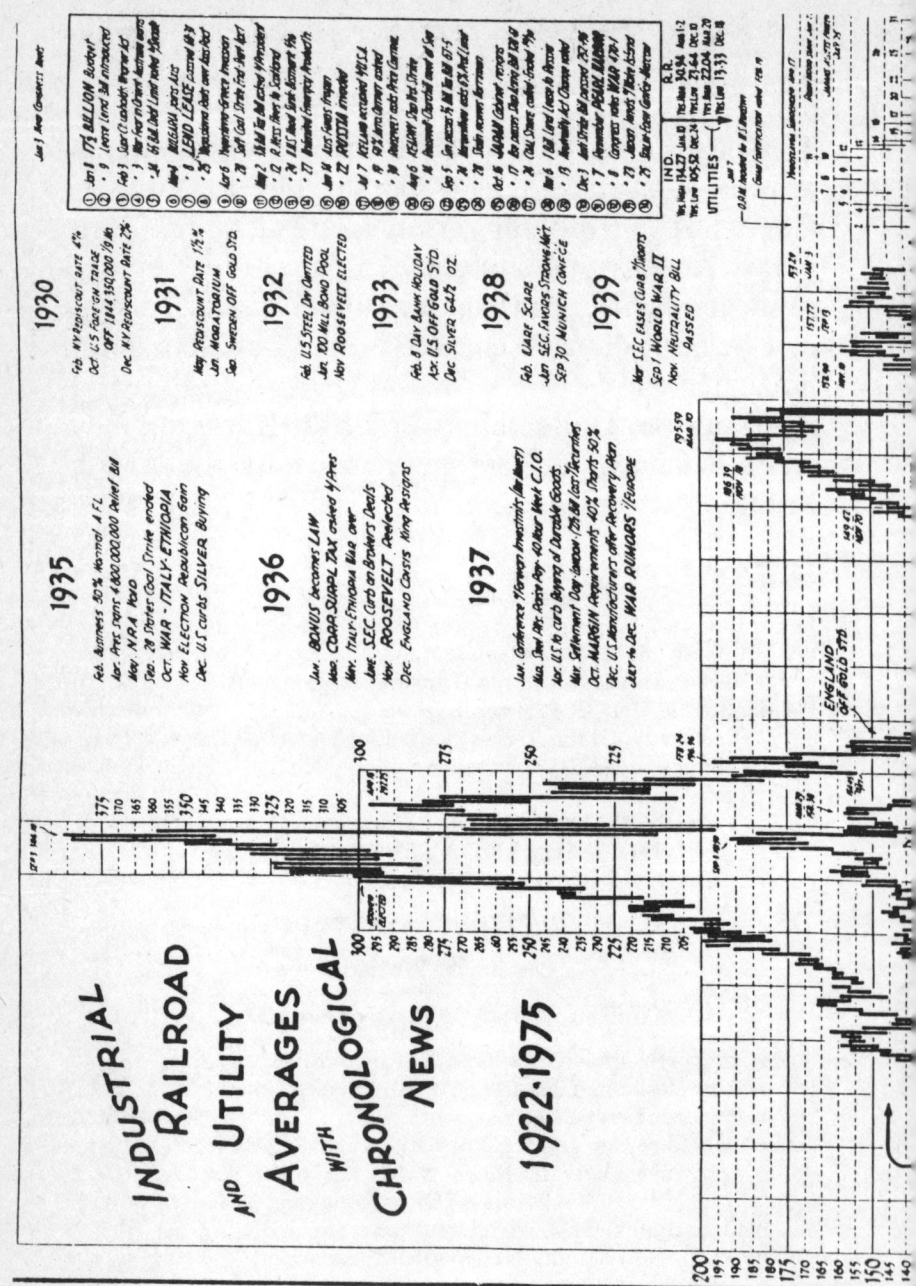

INDUSTRIAL RAILROAD AND UTILITY AVERAGES with CHRONOLOGICAL NEWS 1922-1975

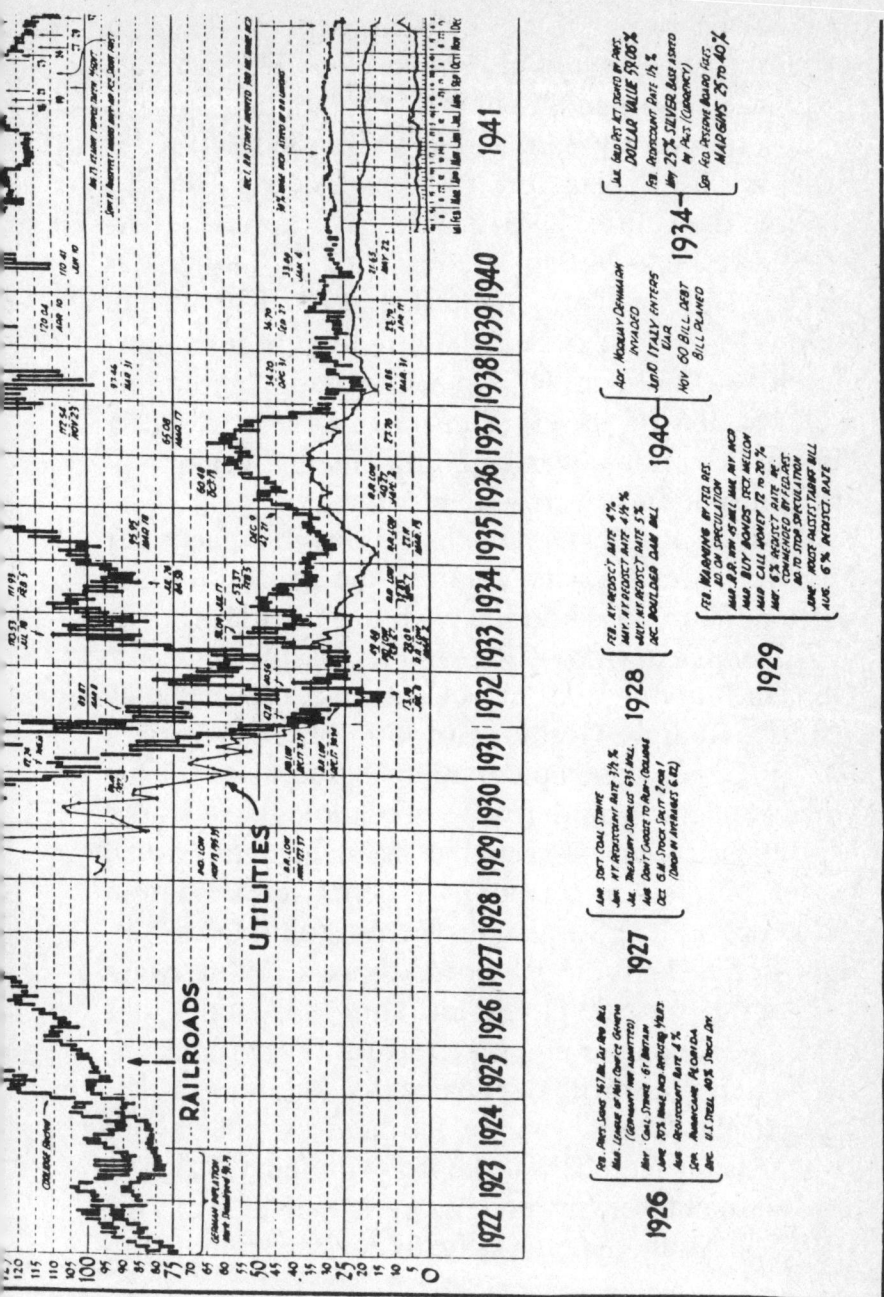

331

Daß solche Kursverläufe kein Kunststück sind, hat sich nach 1929 bewiesen: Im Oktober 1929 lagen die Aktien der **Citibank** (schon damals unter dem Namen National City Bank das gewichtigste Institut der Erde) bei 577 Dollar. Im Crash fielen sie auf 270, also um über die Hälfte. Und im März 1933 konnte jedermann Citibank-Aktien kaufen – für 20 Dollar das Stück. Das gesamte amerikanische Kursniveau (»Dow-Jones-Index« der 30 führenden Industrieunternehmen) fiel vom Höhepunkt Anfang September 1929 mit **386,10** auf ein Tief im Juli 1932 bei **40,56 Punkte** herunter – was beiläufig einem Gesamtverlust von runden **90 Prozent** entspricht.

5. **Maximal-Profit.** Den höchsten Gewinn macht der Leerverkäufer mit den Aktien, die prozentual am tiefsten fallen. Das können nach Lage der Dinge nur die *Lieblinge der Vor-CRASH-Phase* sein.

Der Darling der Wall Street vor dem 1929er Crash waren »Radio« (Radio Corporation of America RCA). Gegen das Papier war auch überhaupt nichts einzuwenden: modernste Technologie, starke Marktaussichten, erstklassiges Management und so weiter. Nur leider: Im und *nach* dem CRASH hatten die Leute andere Sorgen, als RCA-Produkte zu kaufen. So fiel denn die Radio-Aktie von 109 im März 1929 auf ganze 2,50 Dollar im Jahre 1932. Jeder, der das Papier auch nur einen Teil seines Weges nach unten begleitete, wurde ein gemachter Mann.

Die gleiche Chance haben Sie heute wieder – mit **IBM.** Auch gegen IBM ist heute – vor dem CRASH – absolut nichts einzuwenden, es ist die beste Vor-CRASH-Aktie, die man sich nur denken kann: Denn nichts hilft den Menschen bei der Bewältigung des durch die Staatsverschuldung immer auswegloser werdenden Zinseszins-, d. h. *Zeit-Problems* besser als – der **Computer.**

Nur: *Nach* dem CRASH, wenn das Zinsniveau wieder den Normalstand von *zwei* oder *drei Prozent* erreicht haben wird, *braucht kein Mensch mehr solche Zeitbeschleunigungs-Maschinen.**)

Die Rohstoff-Baisse – und: WOHIN MUSS GOLD FALLEN?

»The price of Texas oil dropped to four cents a barrel ...«

Mit diesem schlichten Satz ist alles gesagt, was in der Nach-CRASH-Phase auf die Rohstoff-Preise zukommt. Die 4 Cents galten Mitte der 1930er Jahre. Und da im Laufe jeder DEFLATION alle Preise wiederkehren müssen, die vor Beginn der INFLATION gegolten haben, können Sie also schon jetzt erraten, wie die beliebten Fernseh-Serien »DENVER« und »DALLAS« enden *müssen:* Mit dem Bankrott der **Ewings** und der **Carringtons.** »J. R.« und »Blake« sind in Wirklichkeit weder Strolche noch gar Unter-

---

*) Ich selbst habe in meiner »Penthouse«-Kolumne schon im Herbst 1984 öffentlich kundgetan, daß ich IBM-Aktien bei 125 Dollar das Stück leerverkauft habe. Sollte der Crash nach dem bekannten Muster ablaufen, wofür derzeit alles spricht, gibt es keinen Grund, ans Eindecken zu denken, bevor IBM bei 12,50 Dollar steht. – Das Operieren mit **Short-Positionen** ist in vielen Varianten und an vielen Börsen möglich. – Wer die einzelnen Techniken nicht selbst beherrscht, muß sich unbedingt von erfahrenen **Brokern** und **Bankern** beraten lassen, zumal man mit gewaltigen »Hebeln« arbeitet und dabei dennoch sein Risiko **begrenzen** kann!

nehmer, sondern schlichte **Inflationisten,** die schlagartig von der Bildfläche verschwinden werden.

Auch am **Zusammenbruch der Rohstoffmärkte** wird sich – so die Märkte für den privaten Anleger offen bleiben – jede Menge Geld verdienen lassen. Es gelten dabei im wesentlichen die selben Markt-Techniken wie beim **Leerverkauf** von **Aktien.** Damit Sie sich schon jetzt eine ungefähre Vorstellung vom Ausmaß der DEFLATIONS-Profite machen können, müssen Sie nur das derzeitige Preisniveau mit jenen Niveaus vergleichen, die *vor* dem Start der großen INFLATION gegolten haben, die sich jetzt endgültig verabschiedet.

Ich habe dabei *zwei* Vergleichs-Preisniveaus genommen: einmal das der dreißiger Jahre mit dem absoluten Tiefstpreis dieses Jahrhunderts und dann das der sechziger Jahre, als die Rohstoff-Preise, wie der Chart zeigt, eine *relativ stabile Phase* hatten, die mit absoluter Sicherheit demnächst wieder geschaut wird. Außerdem sind noch die absoluten Höchstpreise notiert, so daß Sie sehen, daß wir uns schon vom Preisgipfel verabschiedet haben und talwärts streben.

Genauso albern wie das Märchen von der »endlosen« Inflation oder gar von der »Rückkehr« derselben, ist das Märchen vom **GOLD** als einem Vehikel, mit dessen »Hilfe« man »demnächst« die großen »Gewinne« einfahren kann.

Nein! Auch GOLD ist nichts als eine Ware, die im Preis immer weiter fallen muß! Dies schließt allerdings nicht aus, daß der Goldpreis im Laufe des

CRASH »explodieren« und alle bisherigen Höchst-
marken weit hinter sich lassen kann! Nur: *Danach*
fällt er um so schneller tiefer!

Wie das mit dem Goldpreis ablaufen *muß,* ist dann
schön zu beobachten, wenn große Forderungs-Ketten anfangen zu wackeln: Als sich im Sommer 1982
der mexikanische Staatsbankrott begab und ein »Zusammenbruch« der internationalen »Schulden-Pyra-
mide« erwartet wurde, schoß der Goldpreis innerhalb weniger Wochen von 300 auf 500 Dollar hinauf.
Ähnliches war bei der Schließung der Sparkassen in
Ohio zu sehen, als Gold von 290 auf 350 sprang.
Der »Gold-»Anleger«, der mit seinem Edelmetall
einfach »long« geht, d. h. auf »steigende Preise« wartet, verhält sich zwar instinktiv richtig, weil er
GELDWERTE (= Forderungen, die demnächst mit
Sicherheit endgültig verschwunden sein werden) in
den **SACHWERT schlechthin** »umtauscht« und sich
insofern fraglos in Sicherheit bringt. Nur begeht er
einen entscheidenden Denkfehler:

**Der Goldanleger weiß zwar, daß die Forderungen
crashen, also verschwinden werden. Er übersieht
aber, daß es just diese Forderungen waren, die das
Preisniveau für Gold definiert haben! Sind die Forderungen endgültig verschwunden (inklusive der auf
solchen Forderungen basierenden »Geldmengen«),
kann es nur noch einen Preis für Gold geben – nämlich den »Definitions-Preis«, zu dem die Notenbanken Gold ankaufen bzw. den Preis, bei dem es egal
ist, ob GOLD selbst oder zu 100 Prozent durch
GOLD gedeckte BANKNOTEN kursieren.**

Diesen *untersten* Goldpreis gilt es immer im Auge zu behalten, weil dieser Preis der einzige Preis ist, der im Laufe der kommenden DEFLATION *nicht unter-*

Die Rohstoff-Preise auf dem langen, langen Weg nach unten

Alle Preise in US-Dollar, gemessen in handelsüblichen Einheiten für nächstliegende Termine oder Kassa, auf- und abgerundet

ROHSTOFF	Absolute Inflations- Spitze	wann?	Preisniveau in den 60er Jahre	Preisniveau in den 30er Jahren
GETREIDE/ÖLSAATEN				
Mais	3,70	1974	1,25	0,80
Sojabohnen	11,00	1973	2,50	1,00
Weizen	6,50	1974	1,80	1,00
FOOD & FIBER				
Kakao	2,50	1976	0,30	0,10
Kaffee	3,00	1977	0,40	0,10
Baumwolle	0,80	1981	0,30	0,10
Zucker	0,55	1974	0,10	0,04
INDUSTRIEROHSTOFFE				
Kupfer	1,30	1980	0,35	0,10
Aluminium	0,80	1983	0,25	0,25
Rohöl	40,00	1979/81	1,20	0,70
EDELMETALLE				
Silber	50,00	1980	1,50	0,50
Platin	1000,00	1980	100,00	40,00

schritten werden kann. Ist dieser unterste Goldpreis erreicht, kann der Goldpreis nicht mehr fallen, die Preise aller *anderen* Waren können aber durchaus noch weiter fallen, so daß man auch sagen kann:

●**Bis zum untersten Goldpreis ist GOLD relativ zu allen anderen Waren zu teuer!**

Tiefstpreis in diesem Jahrhundert*)	wann?	Der Preis muß noch mindestens sinken um:**)	Preise aktuell: Frühjahr 1985	Beim Buchkauf
unter 0,30	1932/33	55 %	2,80	....
unter 0,40	1936	60 %	6,00	....
unter 0,50	1933	50 %	3,70	....
unter 0,10	1933	75 %	1,40	....
unter 0,10	1932/39	70 %	1,50	....
unter 0,06	1933	55 %	0,70	....
unter 0,04	1930 ff.	angekommen!	0,04	....
unter 0,07	1933	45 %	0,65	....
0,15	1942/48	50 %	0,50	....
unter 0,10	1932	90 %***)	30,00	....
unter 0,40	1931	80 %	6,50	....
unter 40	1931/33	60 %	300,00	....

---

*) Zum Teil kurzfristige Sell-out-Tiefstpunkte.

**) Gemessen am Preisniveau der 1960er Jahre, das mit Sicherheit sehr bald zurückkehrt; der Zucker-Preis hat schon das Niveau der 30er Jahre wieder erreicht.

***) Der Zusammenbruch des Rohöl-Marktes fällt mit dem Ende der OPEC zusammen und fällt dann um so krasser aus! Diese ... Preise bitte selbst nachtragen!

●Erst am untersten Preis »lohnt« es sich, ins GOLD zu gehen – es sei denn, man will an den Preisexplosionen verdienen, konkret: an den danach jeweils stattfindenden Preiszusammenbrüchen.

Der unterste *derzeit definierte* Goldpreis liegt bei 42,22 Dollar pro Unze. Unter diesen Preis kann – nach der derzeitigen internationalen Rechtslage – der Goldpreis nicht fallen, weil das amerikanische **Schatzamt** sich verpflichtet, zu diesem Preis Gold *anzukaufen*. Ab 42,22 Dollar/Unze ist es also egal, ob Sie Gold oder Dollar in Cash bei sich tragen. Legt das US-Schatzamt einen höheren Ankaufspreis fest – ist das der neue Mindestpreis. Theoretisch könnte das Schatzamt auch tiefer gehen – zurück zu 35 Dollar oder zu 20,67, wie bis Anfang 1934 oder noch darunter –, dann würde ein neues »Gold«-Preisniveau für alle anderen Waren definiert, mit neuen Währungsbezeichnungen, wie »1 Gramm« oder »1 Unze« usw.

Auf jeden Fall bleibt GOLD das »letzte« Zahlungsmittel, sozusagen »Geld«, das immer und überall gilt, während alles andere »Geld« Forderungen sind, die jederzeit erlöschen können. Da niemand wissen kann, *wann* die Forderungen erlöschen, entweder in Schüben oder gleich ganz und gar, macht es der Goldbesitzer *richtig und falsch* zugleich: Richtig, weil er »zum Schluß« etwas in Händen hält, mit dem er *immer und überall* »bezahlen« und/oder »tauschen« kann. Falsch, weil er »bis zum Schluß« etwas in Händen hält, was – wenn auch unter großen Schwankungen – *immer wertloser werden muß,* weil zum Schluß einfach das »Geld« fehlt, um GOLD mit etwas anderem zu kaufen/tauschen – als eben mit GOLD (bzw. voll durch Gold »gedeckte« Banknoten bzw. Banknoten, die man jederzeit »voll« in Gold umtauschen kann).

Aus diesem Dilemma gibt es nur *einen* Ausweg:*)

Forderungen in Gold wechseln. Die sich in der »Endzeit« häufenden Preisspitzen (= Flucht in den »Sachwert schlechthin«) mitnehmen – und an der Differenz zu dem mit Sicherheit wiederkehrenden absoluten DEFLATIONS-Tiefstpreis verdienen. Die Gewinne aus den Differenzgeschäften werden wiederum in physischem Gold angelegt, so daß der Anleger am absoluten Tiefstpunkt der kommenden Krise mit der maximal möglichen *Menge* GOLD dasteht. Damit hat er sein Anlage-Ziel erreicht: RELATIV BESSER DASTEHEN ALS ALLE ANDEREN!

Es versteht sich von selbst, daß solche GOLD-Strategien nur mit professionellen Beratern abzuwickeln sind. Aber so leid es mir tut: Die Zeit des »leichten« Geldverdienens ist vorbei! Um an der INFLATION zu verdienen, reicht die Hirn-Substanz eines Neandertalers: Kaufen – Schulden drauf – Laufen lassen – Kasse machen. Für die DEFLATION aber braucht man den IQ eines Schach-Großmeisters, wenn man überleben will!

*) Ich darf an dieser Stelle besonders **Peter Schurr** danken, der die Grundidee des **Goldwertsicherungssystems** entwickelt hat, sowie **Walter Hirt** und **Hans Wild,** mit denen wir dieses Crash-Vermeidungs-Vehikel immer wieder durchdiskutieren konnten.

Und es versteht sich von selbst, daß *niemand* weiß, daß Sie wissen, was GOLD ist, und schon gar nicht, daß Sie auch noch welches haben ...

Zum guten Schluß:
MIT CASH durch CRASH

Wir sind am Ende unserer Reise durch die Zukunft angekommen. Mit der allergrößten Wahrscheinlichkeit bricht das Industrie-System diesmal so vollständig zusammen, daß am Ende zunächst einmal wieder nichts anderes herrscht als – **primitiver Tauschhandel.**
Wer dann nicht über das weltweit anerkannte Tauschmittel GOLD verfügt, wird schwerlich überleben.
Zwischen dem **Heute,** dem auf letztmöglichen Touren dahindonnernden Industriesystem mit gigantischen, sich immer schneller verlängernden Forderungs-Ketten, und dem **Morgen,** der Zeit nach dem unausweichlichen CRASH, gilt diese Faustregel:

Wer möglichst lange mitspielen will, kassiert auch die höchsten Zinsen. Wer als letzter an die Kasse tritt, räumt am meisten ab. Danach ist die Kasse aber zu. Wer möglichst lange mitspielen will, muß mit der Fristigkeit seiner Forderungen dem Markt immer um eine Runde voraus sein.

Wer heute noch sein Geld längerfristig anlegt, vielleicht gar in »Floatern« oder »Zerobonds« versenkt, kann es gleich zum Fenster hinauswerfen. Es ist mit

Sicherheit weg. Das einzige, was Ihnen durch die ersten Phasen des CRASH helfen wird, sind ganz, ganz kurzfristig liquidisierbare Titel allererster Adressen. Zyniker können sich sagen: Ich schaue mir die Schuldner an, die als letzte vom Schlitten gehen, und erwerbe deren Papiere. Das ist vor allem das **US Government,** das sich vermutlich noch ein Weilchen halten wird, bis es im größten Staatsbankrott aller Zeiten, dem amerikanischen, verschwindet. Also kann man noch eine Zeitlang sein Geld in kurzfristigen **US-Titeln** stehenlassen. Das kann sich auch vom »Dollar-Kurs« her lohnen, der erst dann »zusammenkracht«, wenn *allen* klar ist, daß kein Schuldner seine auf US-Dollar lautenden Schulden bezahlen wird. Dann wird alle Welt in alles mögliche rennen – und sei es in D-Mark oder Schweizerfranken – oder GOLD.

Nur werden in allen anderen »Währungen« danach auch die Forderungsketten reißen, so daß sich als **Vehikel nach der US-Bonitätskrise** nur noch die **Banknoten** der sichersten europäischen Notenbanken anbieten.

Mit anderen Worten: Solange die großen europäischen Notenbanken »stehenbleiben«, sind ihre SCHULDSCHEINE, alias »Banknoten«, alias »Bargeld«, eine erstklassige Geldanlage.

Zwar werden auch diese Notenbanken einen gewaltigen Wertberichtigungsbedarf haben, weil ihre berühmten **»Devisenreserven«** ausgebucht werden müssen (diese »Reserven« waren nichts anderes als die Staatsschulden der Amerikaner, die ihrerseits auf Null gestellt werden). Aber diese Notenbanken haben noch GOLD, das letztlich – wenn auch wiederum zum untersten Goldpreis, siehe oben – noch eine **Konkursquote** garantiert.

Wie hoch diese Konkursquote sein wird, läßt sich heute noch nicht sagen, weil niemand weiß, was diese Notenbanken bis zum Schluß noch an unsinnigen Forderungen ankaufen werden. So können in einem letzten verzweifelten Versuch, das Desaster aufzuhalten, der **Internationale Währungsfonds** oder die **Weltbank** auftreten, und sich bei den Notenbanken etwas »leihen« oder sie bitten, beim »Umschulden« zu »helfen«.

Da sich die Schweizerische Nationalbank mit Sicherheit solchen Ansinnen am tapfersten zur Wehr setzen wird, sollten ihre Banknoten auch das »Bargeld« sein, *das am längsten Bestand hat* und das »am Schluß« auch ein hohes Aufgeld bekommt: einmal *intern,* weil alle Preise gegen Bargeld *fallen* werden, zum zweiten *extern,* weil der Franken als »letzter Fluchtpunkt« angesehen wird.

Die Ausweise der **Schweizerischen Nationalbank** zeigen zwar seit Jahren eine *rückläufige Golddeckung* der umlaufenden Noten:

Golddeckung der Banknoten der Schweizerischen Nationalbank

Jahr:	Deckung:	Jahr:	Deckung:	Jahr:	Deckung:
1946	121,00 %	1960	137,94	1975	62,17
1950	128,13	1965	131,08	1980	49,38
1955	121,23	1970	90,20	1984	44,94 % !

342

Aber: Die Konkursquote ist bei der Schweizerischen Notenbank besser als bei allen vergleichbaren Notenbanken. Die österreichische Nationalbank steht zwar nicht viel schlechter da, aber der Tag, da der österreichische Staat die Notenbank »plündern« wird, ist aufgrund der ausweglosen Lage der österreichischen Staatsfinanzen abzusehen.

Bei der Deutschen Bundesbank ist das Verhältnis GOLD zu ausgegebenen BANKNOTEN erheblich ungünstiger. Es stellt sich per Frühjahr 1985 auf etwa 1:9. (Die »stillen« Reserven dürfen beim GOLD nicht berücksichtigt werden, weil – wie wir gezeigt haben – der Goldpreis auf jenen Preis fallen *muß*, zu dem die Notenbanken das Gold seit jeher auch bilanziert haben!!)

Zusammenfassung

1. In der kommenden DEFLATION werden alle Preise wieder dorthin fallen, wo sie hergekommen sind. Danach kommt es sogar noch zu einem Sell-out mit neuen, unerhörten Tiefstpreisen.

2. Der am Weltmarkt gehandelte Zucker hat diese Preisbewegung schon fast hinter sich.

3. Obwohl es viele Schwachstellen gibt, kann niemand vorhersagen, wo das »System« letztlich reißen wird. Jede Überraschung ist möglich. Es muß nicht »Südamerika« sein, die amerikanische Landwirtschaft oder der Aktien-Crash in Tokio.

4. Im kommenden Desaster kommt alles darauf an, sich relativ gegenüber den anderen zu halten oder zu verbessern. An einer brutalen, allgemeinen Verarmung führt kein Weg vorbei.

5. Mit zuerst krachenden, dann immer weiter fallenden Aktienkursen und Rohstoff-Preisen wird noch ein letztes Mal gutes Geld verdient.

6. Auch der Goldpreis wird – wenn auch unter starken Zuckungen – wieder dorthin sinken, wo er hergekommen ist. Der Goldanleger muß professionelle Techniken anwenden, wenn er »zum Schluß« mit möglichst vielen »ultimativen Zahlungsmitteln« dastehen und überleben will.

7. Bis zum absoluten Nullpunkt sind auch Banknoten, vor allem die der Schweizerischen Nationalbank, eine sichere Geldanlage.

PCM's Rat zum Schluß: SCHULDEN ZAHLEN! Gegen den »Staat«, vor allem das U.S. Government, als letzten Schuldner, kommen Sie nicht an!

Was Sie sich außerdem noch merken sollten:

Die zehn schlimmsten Denkfehler des Anlegers

1. **Die Zinsen sinken, *weil* sie doch so hoch sind.**
   Nein! Die Zinsen beziehen sich auch auf *früher* eingegangene Schuldverhältnisse. Je *mehr* davon uneinbringlich werden, um so höher muß der Zins steigen, um die wahre Lage zu verschleiern. Man schuldet *auf*.

2. **Schulden verschwinden durch *Zahlung*.**
   Nein! »Zahlungsmittel« sind ihrerseits auch Schulden (»Geld«). Beim »Bezahlen« verschwindet nur *dieser* Schuldner. Die Schulden selbst, und damit Zins- und Leistungsdruck, verschwinden per Konsum & Crash.

3. **Die Geldmenge kann *gesteuert* werden.**
   Nein! Geld kommt nur per *Schuldenmachen* auf die Welt. Das kann man bremsen. Aber man kann keinen zum Schuldenmachen *zwingen!* Mit einer Leine kann man ein Tier zügeln, aber nicht vorwärtsdrücken.

4. **Der Staat *entschuldet* sich in der Inflation.**
   Nein! Inflation kann auf Dauer nur durch staatli-

ches Schuldenmachen »gemacht« werden. Also muß der Staat immer mehr *neue* Schulden machen, wenn er seine *alten* Schulden »wertloser« machen will.

5. *Gold* **ist die beste Geldanlage.**
Nein! Gold bleibt ein *Tauschmittel,* das aufgrund seiner universalen Verfügbarkeit in der INFLATION den anderen Preisen vorauseilt. In der DEFLATION fällt aber auch der Goldpreis, da buchstäblich das »Geld« fehlt, um Gold zu kaufen.

6. **Nach einer Inflation kommt ein Zeitalter der** *Stabilität.*
Nein! Die Vorstellung, daß eine Inflation in eine Periode »stabiler« Preise »münden« könne, ist weder historisch noch theoretisch zu belegen. Nach einer Inflation *müssen* die Preise vielmehr *fallen.*

7. **Eine** *Inflation* **läßt sich beliebig fortsetzen und/ oder beleben.**
Nein! Jede Inflation endet, sobald die Kosten einer zusätzlichen bzw. erneuerten Inflation *höher* werden als ihre Erträge. Diese »Kosten« reichen von ZINSEN bis hin zu den Druckkosten für BANKNOTEN.

8. **Nach starken Schwankungen** *pendelt* **sich alles wieder** *ein.*
Nein! Nach starken Schwankungen kommen

noch stärkere. Weil sich die Summe des verfügbaren SPIELGELDES (= Staatsschulden) weiter erhöht.

9. **Der *Dollar* steigt. Der *Dollar* fällt.**
Nein! Der »Dollarkurs« ist nur das *Spiegelbild* der wahren Kurse.

10. **Der *Staat* kann noch was retten.**
Nein! Der Staat ist nicht die Lösung, sondern das *Problem.* Die Staatsschulden lösen die Katastrophe aus – wie könnten sie diese verhindern?

Jetzt aber ganz schnell alles wieder vergessen!

»Es ist nicht zu glauben, wie schlau und erfinderisch die Menschen sind, um der letzten Entscheidung zu entgehen.«

Sören Kierkegaard

Was haben Sie am 29. April 1985 gemacht? Haben Sie sich über den Dollar gewundert, der innerhalb nur einer Woche wieder mal 5 Prozent gewonnen hatte? Feierten Sie den 25. Geburtstag der schönen Stadt Brasilia? Reisten Sie gar schon ab an die Algarve, um dem Frühling zu begegnen?

Was auch immer Sie am 29. April 1985 gemacht haben – eines haben Sie bestimmt übersehen. Daß dieser 29. April 1985 einer der wichtigsten Tage der Weltwirtschaftsgeschichte war. Denn das »Wall Street Journal« nahm Ihnen mit dieser Schlagzeile jeden Zweifel:

Jawohl, meine Damen und Herren! Alles, was Sie in diesem Buch von PCM gelesen haben, ist Nonsens, Unfug, Schwarzmalerei, Panikmache. Denn das Finanzsystem ist **gesund,** wie uns die großen Experten versichern (»Analysten« sind bekanntlich noch kompetentere Experten als einfache »Experten«).

Einer dieser Top-Leute heißt **Lacy H. Hunt** von der angesehenen New Yorker Firma Carroll, McEntee & McGinley. Er sagt:

»The system is fundamentally (!) quite (!) sound (!)«.

So viel **Grundgesundes,** daß man es kaum fassen kann. **Leif Olsen,** ehemals Chef-Ökonom der größten Bank der Welt, der New Yorker Citibank, meint, angesprochen auf die Gefahr eines möglichen »Zusammenbruchs« per Domino-Effekt, eine solche Wahrscheinlichkeit sei

»ganz gering!«

Soso! Und ähnlich lassen sich die anderen Top-Leute aus, wie die Monetaristen **Allan Meltzer** von der Carnegie-Mellon-Universität oder **Jerry Jordan.**
Und damit Sie, lieber Leser, auch gleich sehen, wie die Presse, speziell die Wirtschaftspresse manipuliert, zeige ich Ihnen noch die Schlagzeile zum gleichen Artikel, wie er in der Europa-Ausgabe des »Wall Street Journal« erschienen ist:

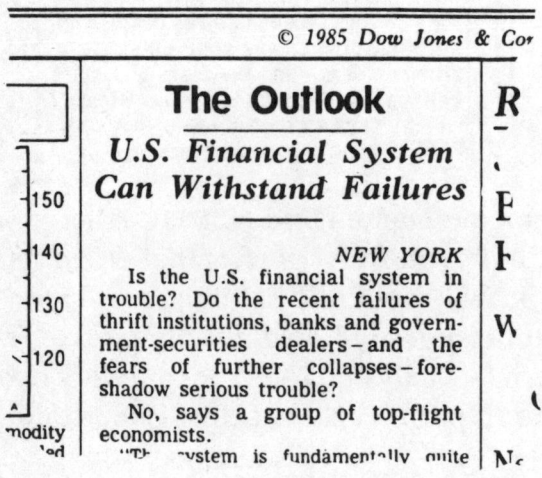

© 1985 Dow Jones & Co

The Outlook

U.S. Financial System Can Withstand Failures

NEW YORK
Is the U.S. financial system in trouble? Do the recent failures of thrift institutions, banks and government-securities dealers – and the fears of further collapses – foreshadow serious trouble?
No, says a group of top-flight economists.

Kleiner Unterschied, nicht wahr! Kleiner Unterschied, ob man »gesund« ist, oder ob man Zusammenbrüchen »widerstehen« kann, gell! In Europa kann man solche *Märchen,* von wegen, in Amerika ist alles paletti, natürlich schon nicht mehr auftischen. Zum Abschluß darf ich Ihnen noch aus einem Bericht einer *europäischen* Wirtschaftszeitung zitieren, der genau zehn Tage nach dem unsäglichen Schwachsinn vom »gesunden U.S.-Finanzsystem« in der kritisch-unbestechlichen »Financial Times« erschienen ist. Am 9. Mai 1985 berichtet das Blatt:

»Der Federal Reserve Board (US-Notenbank-Direktorium) ... versucht das schnelle Wachstum der ›**täglichen Überziehungen**‹ (daylight overdrafts) der US-Banken zu begrenzen, **um das Risiko eines größeren Zusammenbruchs im Geldüberweisungs-System zu verhindern,** in dem täglich mehr als 600 Milliarden Dollar gehandelt werden.«

Was war geschehen?
Na, ganz einfach: Die großen US-Banken *überziehen* morgens ihre Konten um sage und schreibe **110 bis 120 Milliarden Dollar** (schätzt die Fed), leihen das Geld tagsüber aus (»daylight overdraft«) und sammeln es – inklusive Zinsen – am Abend wieder ein. Das Blatt weiter, diesmal im O-Ton:

»The Fed is concerned, that **ONE DAY** a bank might not have enough **available funds to cover its daylight overdraft** and this could lead to **serious disruptions in the world's money markets**.«

Als eine Möglichkeit, hier noch »steuernd« einzugreifen, wird jetzt erwogen, statt Zinsen für täglich

Geld solches für **stündlich Geld** (!!) einzuführen, was die Banken dann aber mit »hourly overdrafts« beantworten werden. Dann sind die 110 bis 120 Milliarden luftgebuchten Dollar eben nur noch jeweils 59 Minuten unterwegs, kehren dann blitzschnell wieder heim und werden wieder hinausgeschossen, um dem Zinseszins-Effekt seine Reverenz zu erweisen.

Der Hamburger Rechtsanwalt **Helmut Löffler,** dem wir das Standardwerk »Geldanlage + Geldaufnahme-Tabellen« (Feldhaus-Verlag, Postfach 65 04 64, D-2000 Hamburg 65) verdanken, hat schon entsprechende **Turbolader-Formeln** parat, die beweisen, daß es nämlich einen Riesen-Unterschied macht, ob nur einmal im Jahr ein Zins von (beispielsweise) 10 Prozent gezahlt wird, oder auf Monatsbasis, auf Wochen- oder gar Tages-Basis, und jetzt halt dann auf Stundenbasis. **Jeder Zinsbruchteil, und sei er noch so klein, der zur Schuld geschlagen wird, verzinst sich im nächsten Zeitraum nämlich schon wieder *mit!***

Ein Zinssatz von 10 Prozent p.a. ist natürlich längst kein Zehnprozenter mehr, wenn die Zinsgutschrift nicht einmal im Jahr erfolgt, sondern anteilig jede Stunde dieses Jahres. Dann stellen wir nämlich fest, daß der Zinssatz nicht nur immer schneller gestiegen ist, sondern daß es obendrein auch *kein Mensch gemerkt hat.**)

---

*) Die Formel lautet: $q^n = (1 + \dfrac{i}{m \cdot 100})^{mn}$

Dabei ist: **q^n** der Aufzinsungsfaktor, also die Zahl mit der das »Startkapital« multipliziert werden muß, um das »Endkapital« zu erhalten;

i der Jahresprozentsatz; **n** die Laufzeit; **m** die Zahl der Zinszahlungen pro Jahr.

Wohin wir also schauen: **Es ist vorbei!** Das Wirtschafts- und Finanzsystem des freien Westens rast mit sich beschleunigender Geschwindigkeit auf die unausweichliche Katastrophe zu. Gleichzeitig wird das Publikum mit immer aberwitzigeren Sprüchen illusioniert.

Bis dann **ONE DAY** gekommen ist, von dem die »Financial Times« so weitsichtig kündet.

Großen Katastrophen, die er kommen sieht, weicht der Mensch in altbewährter Manier aus, indem er sie *verdrängt.* Auf der »Titanic« spielt das Orchester bis zum Schluß. Nach meinen Unterlagen entscheiden sich nur ganze **zwei von hundert** Anlegern, die alles begriffen haben, die notwendigen Konsequenzen zu ziehen. Etwa **80 Prozent** glauben, es sei »noch zu früh«, man würde »dann«, wenn es »soweit« sei, »sofort reagieren«. Die restlichen **18 Prozent** sind »noch nicht ganz entschieden«.

»Dann« ist selbstredend **zu spät,** weil es »dann« **alle** so machen wollen, alle die es heute schon begriffen haben, von jenen, die es »dann« erst begreifen werden, ganz zu schweigen.

Es liegt nunmehr ganz bei Ihnen, die Entscheidung zu fällen.

Anzeige

Alle großen Crashs der Geschichte sind ähnlich abgelaufen. Am Ende steht immer die Forderungsvernichtung.

Man kann aus der Geschichte lernen – und das sollten Sie auch tun, um nicht wieder alles zu verlieren.

Dr. Paul C. Martin, der führende Crash-Forscher und Crash-Analytiker hat sämtliche historischen Crashs studiert. Daraus hat er Überlebens-Strategien entwickelt, die trainiert werden auf den bekannten

PCM-Seminaren.

Ganztägig. Kosten: sfr. 550,– mit Essen und ausführlicher Tagungsmappe.
Bitte lassen Sie sich die Terminlisten zuschicken.

PCM-Seminare, Merkurstr. 45, CH-8032 Zürich.
Tel.: 69 00 44.

Anzeige

Wie komme ich durch die einzelnen Phasen des Chrash?

PCM hilft ihnen mit seinem neuen Nachrichtendienst

TRANS-CRASH-LETTER.

Der TCL erscheint zunächst in 40 Ausgaben pro Jahr. In den kritischen Phasen häufiger (Börsenschließungen, Banken-feiertage, Dollarmoratorien).

Umfang: 4−8 Seiten. Zahlreiche Abbildungen. Charts, Kurs-analysen, Länderbewertungen, Zinsen, Währungen, Aktuel-le Anlage-Empfehlungen.

Jahres-Abo: sfr. 550,−, halbes Jahr: sfr. 300,−, Probe-Num-mer kostenlos.

Auf Wunsch telex-alert-service nach Vereinbarung (Teilneh-merkreis begrenzt).

Ihre Bestellung richten Sie bitte an:
PCM-Seminare, Merkurstr. 45, CH-8032 Zürich.
Tel.: 69 00 44.

Paul C. Martin
Walter Lüftl

Die Pleite

Staatsschulden Währungskrise und Betrug am Sparer

Wirtschaftsverlag Langen-Müller/Herbig

Paul C. Martin

Wann kommt der Staats bankrott

Wirtschaftsverlag Langen-Müller/Herbig

Paul C. Martin

Sach-wert

schlägt

Geld-wert

Wirtschaftsverlag Langen-Müller/Herbig